Brei-technieken

Brei-technieken

ALLES WAT U MOET WETEN OVER BREISTEKEN EN -TECHNIEKEN

MELODY LORD

Veltman Uitgevers

Inhoud

Inleiding

De dwergen zeiden: 'Als je voor onze huishouding wilt zorgen, koken, de bedden opmaken, wassen, naaien en breien, en als je alles netjes en schoon houdt, dan kun je bij ons blijven en zal het je aan niets ontbreken.' *Jacob en Wilhelm Grimm,* Sneeuwwitje

Mijn eerste breiles was geen groot succes. Het was zomervakantie, mijn grootmoeder had schoon genoeg van mijn aanhoudende gezeur om naar het zwembad te gaan of om te gaan winkelen en ze probeerde me een tijdje zoet te houden door me de basisbeginselen van het breien bij te brengen. Ik geloof dat het wel even heeft gewerkt, maar ik kan me niet herinneren dat ik meer dan een paar naalden heb gebreid van die sjaal of wat het ook was waar ik aan begon en die ik nooit afmaakte.

Ik zie mijn grootmoeder nog voor me, in haar met zijdebrokaat beklede stoel, onder de lamp, altijd bezig met truien, mutsen en andere kledingstukken voor haar vele kleinkinderen – ik was een van de eenentwintig omazeggers aan mijn moeders kant. Ze zat altijd te breien en declameerde intussen gedichten die ze in haar eigen jeugd had geleerd, over grote reuzen met even grote ogen, of over het weesmeisje Annie.

Mijn aanvankelijke gebrek aan succes was vooral te wijten aan een gebrek aan geduld en doorzettingsvermogen, maar toch liet het me niet los hoe je, gewoon door garen om naalden heen te slaan, iets kon maken om bijvoorbeeld een baby mee aan te kleden, of om een theepot warm te houden.

Toen mijn jongste zus werd geboren, breide mijn moeder voor haar een heel hippe outfit die bestond uit een paar paarse kniekousen en een paars truitje met een grote gouden zonnebloem op de voorkant. Toen ik dit wonder van naaldkunst zag, vroeg ik mijn moeder of ze me wilde leren breien. Ze hielp me met het begin van een oranje vest voor mijn lievelingspop: een klein babypopje dat ik April had gedoopt. Deze keer wist ik mijn breiwerkje zelfs af te krijgen, hoewel mijn moeder het grootste deel van de minderingen voor haar rekening had genomen. En tegen de tijd dat ze alle steken die ik had laten vallen en óók nog eens al mijn fouten had gecorrigeerd, had ze misschien zelfs wel de helft van al het breiwerk gedaan. Toch herinner ik me nog hoe trots ik was toen ik Aprils nieuwe outfit kon laten zien aan mijn vriendinnetje – die zelf ook een pop had die ze 'Fatty-goo' noemde. Toen ik de slag eenmaal te pakken had, was er geen houden meer aan. Ik merkte al snel dat ik kon breien terwijl ik zat te lezen: zo kon ik mijn twee favoriete bezigheden tegelijkertijd uitvoeren. Ik breide in de pauzes, buiten op een bankje, in de bus van en naar school, in de auto, voor de televisie. Ik was vaste klant op de garenafdeling van de enige supermarkt die ons stadje rijk was, haalde patronen uit tijdschriften en verzon mijn eigen ontwerpen op basis van de kleuren en garens die ik te pakken kon krijgen.

Eenmaal op de universiteit bleef ik breien. Ik nam mijn eerste opdrachten aan. Niet om er iets aan te verdienen, maar ik hield zo veel van breien dat ik mijn vrienden liet weten dat ik alles wel voor ze wilde maken, als zij zorgden dat ik er het garen voor had. Mijn kamergenote wilde een schitterende mohair kabeltrui, en mijn vriendje wilde een Fair Islevest voor naar het werk. Ik breide een theemuts voor mijn moeder, die leek op een miniatuurtruitje – de ene mouw was lang en dun, zodat de tuit er doorheen paste, en de andere was ruim en kort, voor het handvat. Mijn zus vond dat zo leuk dat ze me vroeg om een thee-muts te maken die zij als trui kon gebruiken!

Breien is als een tweede natuur voor me. Eigenlijk heb ik altijd wel iets te breien bij me. Ik heb mijn gezin en iedereen die ik ken voorzien van meer gebreide spullen dan ze ooit kunnen gebruiken en daarom brei ik nu vaak dekens, hoedjes en sjaals voor goede doelen. Twee van mijn favoriete breidoelen zijn *Wrap with love* (www.artsandcraftsnsw.com.au/Wrap.htm) en de in Victoria gevestigde breiclub *Knit One Give One* (http://knitonegiveone.org/). Ik vind het een uitdaging om klassieke, comfortabele ontwerpen te bedenken voor mensen die een beetje extra warmte kunnen gebruiken en ik geniet van het idee dat de warme gedachten die ik koester terwijl ik zit te breien een plekje vinden in de sjaal die een onbekend iemand later warm zal houden.

Geen beperkingen

Nog niet zo lang geleden was breien helemaal uit de mode. Het werd beschouwd als een vaardigheid die hoorde bij de dagen van voor het feminisme, toen vrouwen nog niet buitenshuis werkten. Zelfgemaakte truien en sjaals kregen iets armoedigs over zich toen massaal, machinaal geproduceerd breiwerk in de schappen van de winkels kwam te liggen. En naarmate machinaal gebreide kleding goedkoper werd, werden de kosten (in termen van tijd en geld) voor handmatig breien steeds meer een beletsel om er nog aan te beginnen. Een trui van goede kwaliteit was te koop voor minder dan het geld dat het garen zou kosten om zelf zo'n trui te maken – en zo'n gekochte trui kon dezelfde dag nog gedragen worden.

Gelukkig is breien de laatste jaren weer aan een *comeback* bezig. Veel mensen herkennen weer de vaardigheid en de creativiteit die in een handgemaakt kledingstuk zit en de garens en patronen houden ook weer gelijke tred met de snelle veranderlijkheid van de moderne modetrends. Via internet vindt u gemeenschappen van gelijkgestemde breiers en hier en daar kunnen belangstellenden ook terecht in een plaatselijk café of andere gelegenheid om samen te breien. U kunt zelfs meedoen aan de ietwat illegale beweging die zich bezighoudt met 'wildbreien' (ook wel *guerilla knitting* of *yarn bombing* genoemd), waarbij iemand een omhulsel breit voor een bezienswaardigheid die op een onbewaakt ogenblik wordt aangebracht – over de parkeermeter, het standbeeld of iets anders.

Ooit werd breien vrijwel alleen gezien als een vrouwenwerkje. Maar ook mannen en jongens houden zich er nu mee bezig. Mijn zoon, bijvoorbeeld, die vaak met me meegaat naar een breiclubje – hoewel hij zijn eerste, volledig zelfgemaakte project nog niet af heeft. Ontwerper Kaffe Fasset is een van mijn favoriete breimannen, maar er zijn steeds meer mannen die graag met hun eigen breisels pronken op internet.

Misschien is dat de toekomst van het breien, maar intussen wilt u natuurlijk maar wát graag beginnen. Prima! In dit boek put ik uit mijn eigen ervaringen van het leren breien. Zo komen de basisbeginselen aan de orde die ik heb geleerd van mijn moeder en grootmoeder. Daarnaast vertel ik over wat ik gaandeweg heb bijgeleerd. Het beste advies dat ik een beginnende breier of breister kan geven, is om een maatje te zoeken dat al kan breien (dat is niet zo moeilijk: ga gewoon naar een breiwinkel en stel daar vragen, of knoop een praatje aan met iemand die in het openbaar zit te breien, in de trein of in een café). Begin met een klein, eenvoudig project zodat u kunt genieten van uw prestatie: er staan diverse kleine projectjes in dit boek om uit te proberen. Uw eerste creatie is waarschijnlijk niet helemaal perfect, maar geef niet op!

COL
LOT
772827

1

De boel organiseren

- Laat geen steken vallen
- Uw garenvoorraad en andere spullen bewaren
- Breiliefhebber worden

Lekker draagbaar

Moeder nam altijd haar breiwerkje mee naar de tuin en lette op ons. *Willa Cather,* ONE OF OURS

Een van de voordelen van breien is dat het gemakkelijk mee te nemen is, eigenlijk overal naar toe. Als ik vroeger naar school ging, moest ik een uur met de bus. Dat was een perfecte gelegenheid om mijn nieuwste breiproject tevoorschijn te halen en verder te werken. Intussen zat ik te kletsen met vrienden en vriendinnen die dezelfde bus namen. Later reisde ik dagelijks per trein naar mijn werk en had ik opnieuw volop de gelegenheid om mijn garderobe uit te breiden en om mijn tijd op een creatieve manier door te brengen. Mijn vader had me verboden om in de auto te breien: hij vond breinaalden gevaarlijke projectielen – als we een ongeluk zouden krijgen – en ze moesten daarom in de kofferbak.

Tegenwoordig zult u me vaker zien breien terwijl ik televisie zit te kijken. Alleen maar zitten en kijken, dat heb ik eigenlijk nooit gekund. Als ik niet brei, dan zit ik te haken, te borduren of te naaien. Ik kan er gewoon niet tegen om alleen maar te zitten zonder iets leuks of nuttigs te maken.

Dat geldt ook voor voetbalwedstrijden. Ik geniet ervan om met mijn partner en zoon naar een wedstrijd te gaan om onze favoriete club aan te moedigen (Zet 'm op, Newtown!). Vooral op zonnige winterdagen, als de wind niet te guur is. Als het warm genoeg is om de handschoenen uit te laten, dan is dat het perfecte moment om een muts of sjaal te breien – vooral wanneer ik ook nog eens de teamkleuren gebruik (zie het patroon voor de snelle sjaal voor voetballers op blz. 12-13). Als het koud is en het regent, dan lukt breien niet. Maar dan kunt u zich wel lekker hullen in die arme stukken die u tijdens andere wedstrijden heeft gemaakt en u verder concentreren op warm en droog blijven.

Snelle sjaal voor voetbalfans

Deze sjaal is recht gebreid op een rondbreinaald. Zo'n naald maakt het meenemen van uw breiwerk een stuk gemakkelijker. Maak de sjaal in de teamkleuren en draag die dan tijdens wedstrijden.

U HEEFT NODIG:

- ✱ twee bollen van 50 g (gemiddelde dikte) in de eerste kleur (limoen)
- ✱ twee bollen van 50 g (gemiddelde dikte) in de tweede kleur (aqua)
- ✱ een bol van 50 g (gemiddelde dikte) in de derde kleur (wit)
- ✱ een extra lange rondbreinaald nr. 5,5
- ✱ een breinaald nr. 6 voor opzetten en afkanten
- ✱ een maasnaald voor het afhechten
- ✱ een grote haaknaald
- ✱ een schaar

WERKWIJZE:

U hoeft geen proeflapje te breien, omdat een kleine afwijking in de afmetingen niet uitmaakt.

Gebruik breinaald nr. 6 om de steken op te zetten, en brei dan verder op de rondbreinaald nr. 5,5. Op die manier blijft de opzetrand lekker losjes. (U heeft een rondbreinaald nodig vanwege het grote aantal steken, maar de sjaal wordt heen en weer gebreid, niet in het rond.) Zet 175 steken op met de eerste kleur (zie blz. 67), en probeer losjes te werken.

Brei in ribbelsteek (brei elke naald recht; zie blz. 73) tot een hoogte van 12 naalden in de eerste kleur. Knip het garen af, maar laat een stukje van zo'n 10 cm hangen.

Neem dan de tweede kleur (zie blz. 87) en brei 10 naalden in ribbelsteek. Knip het garen af.

Neem dan de derde kleur en brei 8 naalden in ribbelsteek. Knip het garen af.

Neem dan weer de tweede kleur. Het is slim om daar de tweede bol voor te nemen (ook wanneer er misschien wat garen over is van de eerste bol), omdat u daardoor uiteindelijk het aantal af te hechten losse draadjes zo laag mogelijk houdt. U voorkomt hiermee bovendien dat de bol halverwege een naald op raakt. Brei 10 naalden in ribbelsteek. Knip het garen af.

Neem de eerste kleur (gebruik de tweede bol). Brei 12 naalden in ribbelsteek.

Gebruik dan breinaald nr. 6 om alle steken losjes af te kanten (zie blz. 94). Knip dan het garen af. Hecht de loshangende uiteinden af in de achterzijde van het werk (dat is de kant waarin de kleuren zichtbaar in elkaar haken) met een maasnaald. Zie blz. 102-103 voor instructies over het afhechten.

Voor de franje knipt u van elke kleur twaalf stukjes van 30 cm. Maak dan bosjes van telkens twee stukjes van elke kleur en vouw die dubbel. Haal de lus die daardoor ontstaat met een grote haaknaald door een hoekje van het breiwerk en haak de losse uiteinden door de lus. Trek stevig aan. Doe hetzelfde aan de andere hoek van de sjaal en op de plaatsen waar de kleur wisselt. Maak aan het andere uiteinde op dezelfde manier franjes.

Leg de sjaal vlak neer op een tafel en kam de franjes door met uw vingers. Knip de uiteinden af zodat de franjes overal even lang zijn.

Doe dan de sjaal om en moedig uw favoriete team aan! Er is vast nog genoeg garen over om een mutsje van te maken, of een paar handschoenen.

Eenvoudige buideltjes met trek-touwtjes zijn ideaal voor het mee-nemen van kleine breiwerken.

Rubberen naaldbeschermers voor-komen dat de steken van de pen glijden.

Laat geen steken vallen

Het belangrijkst om te bedenken wanneer u uw breiwerk met u meeneemt, is dat het netjes, schoon en op de goede plek blijft. U hoeft niet het hele project mee te nemen: neem gewoon genoeg garen mee om bezig te kun-nen blijven (u leert vanzelf hoe lang het duurt voordat u een bol op heeft gebreid), de breinaalden, het patroon en een schaar als u die nodig heeft. (Laat de rest van het garen en alle delen van het project dat u al klaar heeft thuis.) U kunt alle benodigdheden meenemen in een speciaal breitasje, maar ook in een katoenen tas met een aansnoerkoordje.

Bij het meenemen van een breiwerkje levert een bol garen altijd de meeste problemen op. Tijdens het breien trekt u telkens een stukje garen naar u toe, waardoor de bol gaat draaien en rollen. Laat u de bol vallen, dan ligt er meer garen los dan u lief is of de boel raakt in de knoop. Bovendien komt er allemaal viezigheid in. De eenvoudigste manier om dit te voorkomen is door met het uiteinde uit het binnenste van de bol te beginnen.

① Laat de wikkel om de bol zitten als dat maar even kan. Soms gaan de wikkels door het midden van de bol en dan moet u die waarschijnlijk wel verwijderen. Ga met uw vingers naar het midden van de bol.

② Trek voorzichtig een klein beetje garen uit de bol.

③ Ontwar dat beetje garen en zoek het uiteinde op. Gebruik dat om te beginnen met breien.

④ Doordat de werkdraad nu uit het midden van de bol komt, blijft die stil liggen. Zo kunt u de bol in uw breitas laten liggen of in een schone beker bewaren. Op die manier blijft het garen schoon (zie blz. 32).

⑤ Ook naaldbeschermers vormen een goede preventie tegen reisonge-lukjes met het breiwerk. Naaldbeschermers zijn kleine rubberen kapjes die over de punt van de naalden passen. Zo kunnen de steken er niet

afglijden, ook niet als er af en toe wat wild met de tas wordt omgesprongen. Naaldbeschermers vindt u in handwerkwinkels, maar u maakt ze ook gemakkelijk zelf door het eind van de breinaald in kleine plastic gummetjes te steken.

Zorg dat u thuis alle delen van uw project bij elkaar bewaart. Er is niets vervelender dan in een mand met garen te zoeken naar de laatste bol van de kleur die u nodig heeft, om vervolgens eindeloos lang bezig te zijn met het ontwarren van de hele boel. U wilt ook niet het hele huis, de auto en uw handtas op de kop hoeven zetten, omdat u de mouw niet kunt vinden die u twee weken geleden klaar had. Dit probleem lost u eenvoudig op met een grote projecttas of -bak, met veel vakjes voor alles wat u nodig heeft. Die hoeft niet duur te zijn. Een canvas boodschappentas, een stevige doos (bij voorkeur met een deksel) of een breimand werken prima.

Voordat u aan een project begint, zorgt u dat u alles heeft wat u nodig heeft om het af te ronden: patroon, garen, breinaalden in de juiste dikte en vorm, een schaar, stekenhouders, markeerders, kabelnaalden enzovoort. Houd alles bij elkaar, op één plek (behalve wanneer u het breiwerk meeneemt naar het werk, in de bus of naar voetbal).

Uw garenvoorraad en andere spullen bewaren

Voor een beginner lijkt het misschien vreemd dat mensen een obsessie kunnen ontwikkelen voor het verzamelen van garen. Welja, denkt u dan, je koopt toch gewoon wat je nodig hebt en daarmee is het toch klaar? Ik kan u verzekeren dat het niet zo werkt. Het gaat namelijk als volgt.

U gaat naar de wolwinkel om materiaal voor een volgend project te halen. Terwijl u daar bent, ziet u prachtig garen liggen, en nog wel in uw favoriete kleur. De textuur is ook geweldig en u kunt niet nalaten om er even aan te voelen. Intussen bedenkt u wat voor schitterende kleren of accessoires u ermee zou kunnen maken – nadat u het project af heeft waarvoor u naar de winkel was gekomen, natuurlijk. Dus maakt u alvast een schatting van hoeveel garen u denkt nodig te hebben, voor wat u ook denkt te gaan maken met dat garen. U neemt er nog een paar bollen extra bij, gewoon voor de zekerheid, en loopt de winkel uit met genoeg garen voor twee projecten in plaats van een.

> **TIP**
> Met rondbreinaalden (zie blz. 23) kunt u ook heen en weer breien. Ze zijn gemakkelijker mee te nemen dan lange, rechte naalden doordat u ze om de bol garen heen kunt draaien en ze minder ruimte innemen in uw breitas.

Maar denk niet dat het daarmee ophoudt. Het duurt even, maar dan is uw eerste project klaar. Met een beetje geluk heeft u intussen niet nog meer garen gezien waarvan u dacht 'dat moet ik echt hebben'. Nu zoekt u een patroon voor dat schitterende garen dat u eerder 'extra' had gekocht. Iets gevonden? Hè bah, u komt precies een bol te kort, en de wolwinkel heeft geen bollen meer van dezelfde kleur en hetzelfde verfbad. Dus koopt u een iets andere kleur, net zo mooi als de eerste, zodat u dat nieuwe patroon kunt gaan maken. Het garen dat u eerder had gekocht legt u weg, totdat u daar een geschikt patroon voor heeft gevonden.

Natuurlijk ziet u in de wolwinkel weer een nieuw garen dat heerlijk aanvoelt. U ziet al voor u hoe schitterend het eruitziet als u er iets van heeft gebreid, en daarom neemt u er iets van mee naar huis. Dat komt bij uw gestaag groeiende voorraad. Intussen heeft u nog anderhalve bol over van uw eerste project. Net niet genoeg om er iets mee te maken, maar veel te mooi om weg te gooien. Dus koopt u nog wat garen in contrasterende kleuren of met een andere textuur. Dat wordt uw eerste gestreepte project – ooit.

Zo gaat dat dus.

Een breinaaldenrol met lagen van smalle zakjes om uw breinaalden en andere accessoires in te bewaren is heel handig om uw spullen bij elkaar te houden.

Het belangrijkst bij het bewaren van uw voorraad garen, is dat u zorgt dat er geen vuil bij komt en dat het niet in de war raakt. Het is ook verstandig om de kleurnummers te bewaren (vooral de verfbadnummers, zie blz. 42), de samenstelling en de garendikte. De wikkels waar al deze informatie op staat hebben de neiging om van de bollen te glijden en u moet echt niet afgaan op uw geheugen voor alle details.

Heldere plastic zakken met een zipsluiting zijn geweldig om garen in te bewaren. Die zijn er in allerlei afmetingen – groot genoeg om alle garen voor één project in op te bergen of klein genoeg voor restjes van een bol met de wikkel erbij. Die zakken kunt u op een plank leggen, maar ook rechtop in een opbergbox zetten, zodat u in een oogopslag kunt zien wat u heeft.

Een leuk mandje voor restjes ziet er uitnodigend en leuk uit. Ik heb er een vlakbij mijn favoriete breiplekje en ik gooi er alle restjes en bollen in die zijn overgebleven van andere projecten, maar ook restjes en bollen die ik van vrienden en familie krijg. Van het garen in die mand heb ik geen wikkels, maar dat is niet zo erg want het garen dat erin zit gebruik ik voor kleine breiwerkjes – gebreide eierwarmers, gehaakte bloemen en krullende versieringen voor haarknipjes en haarbanden – of voor projectjes voor goede doelen. Mutsjes, bijvoorbeeld, voor Knit One Give One, of vierkantjes waar ik dan later dekentjes van maak.

Het opbergen van uw breigereedschappen is een stuk eenvoudiger. Als u ook maar een klein beetje op mij lijkt, dan wilt u al uw brei- en haaknaalden in een oogopslag kunnen zien: u zet ze dus in een vaas of een grote pot, op een plank. Wilt u het wat netter, dan is een doos van karton of plastic een handige opbergplek. En voor wie dol is op orde en structuur bestaan er breinaaldenrollen, met lange, smalle zakjes voor breinaalden. Met zo'n rol heeft u in een oogwenk de juiste maat te pakken. U kunt zelf zo'n rol maken, om plaats te bieden aan uw groeiende collectie breinaalden, of u koopt er een.

Andere breibenodigdheden zijn vaak klein en raken gemakkelijk zoek. Toch zijn ze ook heel eenvoudig te bewaren. Een oude koektrommel, een schoenendoos of een doorzichtige plastic opbergbox (die met allemaal vakjes zijn zó handig) houden alle losse rommeltjes netjes bij elkaar. Een opbergdoos voor tijdschriften is perfect voor het bewaren van patronen en breibladen.

Breiliefhebber worden

Wanneer u een tijdje heeft gebreid, zult u merken dat uw vingers het meeste werk doen zonder dat u erbij na hoeft te denken. Het is alsof u via een vaste route naar huis rijdt en u zich, wanneer u uitstapt, eigenlijk nog maar nauwelijks iets van de trip kunt herinneren. U heeft het al zo vaak gedaan dat u het met de ogen dicht zou kunnen. Bij breien gaat het precies zo. Zelfs wanneer ik tv kijk of met een vriendin zit te kletsen, weet ik precies wanneer een steek niet goed voelt of van de naald glijdt. Dan stop ik even om te herstellen wat er mis is gegaan. Dat zult u geleidelijk aan ook leren.

Tot die tijd heeft u drie dingen nodig om met uw garen iets te maken wat u ook kunt dragen: geduld, oefening en trots.

GEDULD

In het begin lijkt breien moeilijk en misschien ook saai. U vraagt zich af of u het ooit voor elkaar krijgt om een steek van de ene op de andere naald te krijgen of een herhaling van vijf naalden kunt onthouden zonder dat u telkens weer in de beschrijving moet kijken.

Als u honderden steken heeft gebreid, is het stukje stof aan de breinaalden nog maar een paar centimeter lang. Uw vingers worden er kriebelig van en u bent nog niet eens aan het eind van het boordje.

OEFENING

U breit sneller en met meer zelfvertrouwen en daardoor wordt uw taak eenvoudiger. De tijd lijkt te vliegen. Lastige stukjes gaan u steeds beter af en u onthoudt de patronen steeds beter, omdat de motieven steeds vertrouwder worden. U leert met welke garens u het gemakkelijkst breit en voor welke garens u wat meer aandacht nodig heeft, bijvoorbeeld om te voorkomen dat de draad splijt of dat u steken laat vallen. Het is zoals Lady Catherine de Bourgh zei tegen Elizabeth Bennet, in Jane Austen's *Pride and prejudice*: 'Ik vertel jongedames dikwijls dat uitblinken (...) zonder onophoudelijk studeren niet mogelijk is.'

TROTS

Voor alles zult u trots zijn op wat u maakt. U houdt steeds meer van de texturen en kleuren van wol en andere soorten garen in de creaties van uw hand en geniet van kleine onregelmatigheden die uw kledingstuk nu eenmaal uniek maken. Wanneer u een van uw dierbaren een handgebreide sjaal geeft of u een complimentje krijgt voor uw kekke nieuwe trui, dan voelt u het kriebelen in uw borst en wilt u het haast wel uitschreeuwen: 'Ik heb het zelf gemaakt!' Wat wilt u nog meer?

2
Breibenodigdheden

* Breinaalden * Speciale breinaalden * Accessoires
* Meethulpjes * Scharen en naaigerei
* Andere hebbedingetjes

Breinaalden en -pennen

Vrouw Dörr zat met grote houten pennen een blauwe, voor haar man bestemde trui te breien, die, voorlopig nog vrij vormloos, als een soort grote vacht op haar schoot lag. (...) Gesproken werd er weinig en zo hoorde men dus niets dan het tikken van de houten breinaalden.

Theodor Fontane DOLINGEN DWALINGEN

Koop niet meer dan u nodig heeft. Breinaalden hoeven niet zo duur te zijn, maar voor uw eerste project hoeft u niet allerlei pennen van elke mogelijke maat of vorm te verzamelen.

Breinaalden

Met een beetje geluk krijgt u een setje breinaalden van een ouder familielid die ze niet langer gebruikt. Ik heb een aanzienlijk deel van mijn pennen geërfd van mijn oudtante Hazel. Andere dankbare bronnen voor breibenodigdheden zijn tweedehands winkels en liefdadigheidszaken. Vaak kunt u daar vrij goedkoop aan breinaalden komen en soms zelfs ook aan garen en patronen.

Breinaalden zijn er in alle mogelijke diktes, van dun als draad tot dik als bezemstelen. De vuistregel is dat hoe fijner de breinaalden zijn, des te dunner garen u ermee kunt verwerken. Voor dikker garen worden dikkere pennen gebruikt, hoewel dun garen op dikke naalden wel een leuk net-effect kan geven.

Als u tweedehands breinaalden gebruikt, heeft u beslist een naalddiktemeter (zie volgende bladzijde) nodig om te bepalen hoe dik die zijn. De aangegeven dikte kan na verloop van tijd en door veel gebruik namelijk slecht leesbaar worden. Probeer in welk gaatje de breinaald het best past: dat geeft u de diameter van de naald in millimeters (eventueel in Amerikaanse of Britse maten: veel naalddiktemeters geven ze alle drie aan).

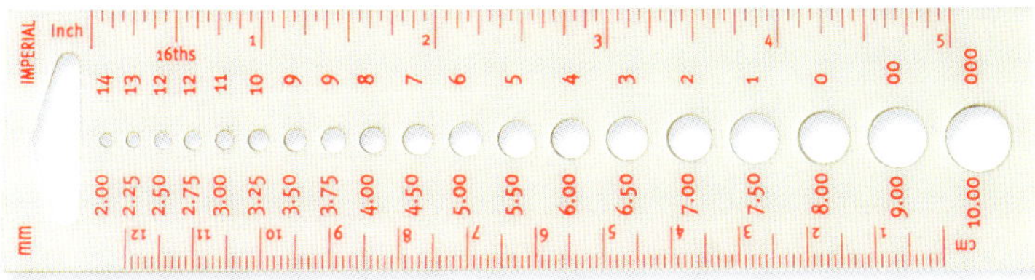

Met een naalddiktemeter meet u de dikte van naalden: op deze staan zowel de metrische als de Britse diktes aangegeven, net als liniaaltjes in cm en inches.

Een standaardbreinaald (ook wel 'breipen' genoemd) heeft een knop aan de ene kant en een punt aan de andere. De knop houdt de steken op de naald, zodat ze er niet afglijden tijdens het breien. Het puntige deel maakt het gemakkelijker om tijdens het breien tussen het garen en de andere naald te komen. De punt moet scherp zijn, zodat die gemakkelijk kan glijden tussen het garen en de naald, maar ook weer zo rond dat u er niet zomaar mee door het garen heen prikt. Breinaalden worden verkocht en gebruikt in paren met dezelfde dikte (tenzij u met de spanning wilt spelen voor een grappig, willekeurig effect).

De schacht van de naald is niet altijd even lang: meestal tussen de 25 en 40 cm. De steken kruipen dicht bij elkaar op de naald, dus de breedte van uw breiwerk is niet per se beperkt tot de lengte van de breinaalden. Als u met een groot aantal steken (zoals voor sjaals en dekens) werkt, dan kunt u ook kiezen voor rondbreinaalden (zie de volgende paragraaf).

De dikte van de schacht wordt gemeten in millimeters. Deze naalddikte bepaalt de maat van de steken die u breit. Standaardnaalden variëren van 2 tot 25 mm doorsnee, maar soms kunt u ook nog fijnere of dikkere naalden vinden. De maat wordt meestal ergens op de naald aangegeven, op de knop of op de schacht. De meeste nieuwe breinaalden worden verkocht en gemerkt met metrische maten – zelfs in de VS. Toch kunt u in tweedehands winkeltjes of in het buitenland ook op naalden stuiten met afwijkende maataanduidingen. Als uw naalden gemerkt zijn met een getal waar geen 'mm' achter staat, dan bestaat de kans dat het een Britse of Amerikaanse maat is. Op zo'n moment is het handig om een naalddiktemeter te hebben, zodat u zeker weet dat u de juiste naalddikte kiest voor uw project.

De maten van de Britse breinaalden komen overeen met de standaardmaten van het draad waarmee de naalden werden gemaakt: hoe kleiner de naald, hoe hoger het cijfer. Het Amerikaanse systeem werkt precies andersom, met hogere cijfers voor dikkere naalden. De tabel op blz. 22 geeft u de conversies voor deze drie standaarden.

De maat van de breinaald staat vaak vlak bij of op de kop aangegeven.

NAALD-DIKTE (MM)	BRITSE MAAT	VS MAAT
2,0	14	0
2,25	13	1
2,5	--	--
2,75	12	2
3,0	11	--
3,25	10	3
3,5	--	4
3,75	9	5
4,0	8	6
4,5	7	7
5,0	6	8
5,5	5	9
6,0	4	10
6,5	3	10½
7,0	2	--
7,5	1	--
8,0	0	11
9,0	00	13
10,0	000	15
12,0	--	17
16,0	--	19
19,0	--	35
25,0	--	50

DE SAMENSTELLING VAN BREINAALDEN

Er wordt algemeen aangenomen dat het breien is ontstaan in het Midden-Oosten, en dat het zich in de middeleeuwen via mediterrane handelsroutes over de wereld heeft verspreid. De eerste naalden waren waarschijnlijk stukken draad van brons, hoewel de techniek van breien met een frame, spijkers en een haakje (zie Frans breien, blz. 114) ook al werd toegepast.

Voor grovere steken werden naalden van been of hout gebruikt en later groeide ook de vraag naar naalden van ivoor of hoorn. Moderne naalden worden nog altijd gemaakt van metalen als staal en aluminium, maar ook van hout en bamboe, glas en plasticsoorten, zoals celluloseacetaat en caseïne.

Iedereen heeft zo een eigen voorkeur voor de verschillende materialen. Als ik de juiste dikte heb, brei ik zelf het liefst met naalden van aluminium of staal. Die naalden hebben een bepaalde stijfheid en zijn stevig, en daar houd ik van, net zoals ik houd van hoe de steken over de naalden glijden. Sommige breiers en breisters houden van de warmte van natuurlijke materialen, zoals hout, bamboe of caseïne (plastic gemaakt van melkeiwitten); dat zijn ook geweldige naalden wanneer u last heeft van artritis of RSI. Plastic naalden zijn prima te gebruiken, vooral voor grotere maten. Naalden van metaal of hout zouden dan te zwaar worden. Toch breken ze tamelijk gemakkelijk. Ik heb ook gemerkt dat ik zelf losser brei op plastic naalden dan op metalen naalden. Afhankelijk van het project is dat een voordeel, maar soms ook een nadeel.

Het best kunt u een paar verschillende soorten naalden uitproberen om te ervaren welke materialen u het best bevallen. Naalden zijn meestal niet zo duur, en uw verzameling breinaalden kan bijna niet groot genoeg zijn!

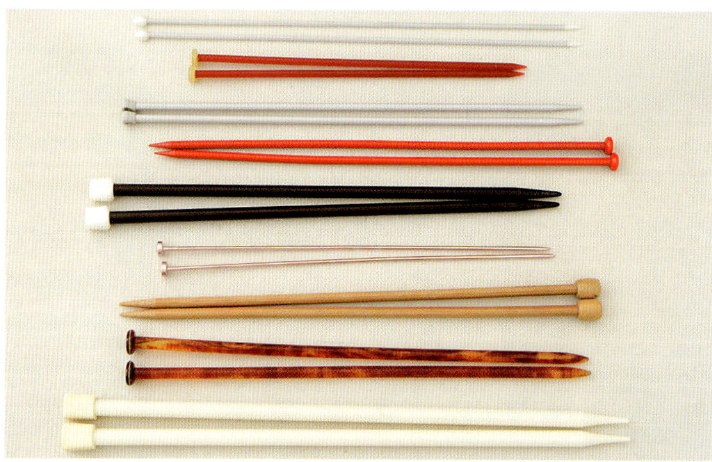

Naalden die (van boven naar beneden) zijn gemaakt van met plastic gecoat metaaldraad, glas, staal, plastic, celluloseacetaat, aluminium, bamboe, namaak-schildpadschild, caseïne.

Speciale breinaalden

Sommige soorten breinaalden zijn heel handig voor bepaalde projecten. Ik kan niet genoeg benadrukken dat u echt de breiwinkel niet hoeft af te struinen voor al die soorten in alle denkbare maten. Het best kunt u dergelijke naalden pas aanschaffen wanneer u met een project begint waarvoor u die naalden nodig heeft.

Breien met rondbreinaalden

RONDBREINAALDEN

Rondbreinaalden zijn heel handig om in het rond te breien (zie blz. 90), maar ook wanneer u zoveel steken op de pen heeft dat die nauwelijks meer op standaardbreipennen passen. Ze zijn ook heel handig wanneer u breiwerk meeneemt, omdat ze zo flexibel zijn dat u uw project gemakkelijk op kunt vouwen. Zo neemt het in uw tas maar weinig plaats in.

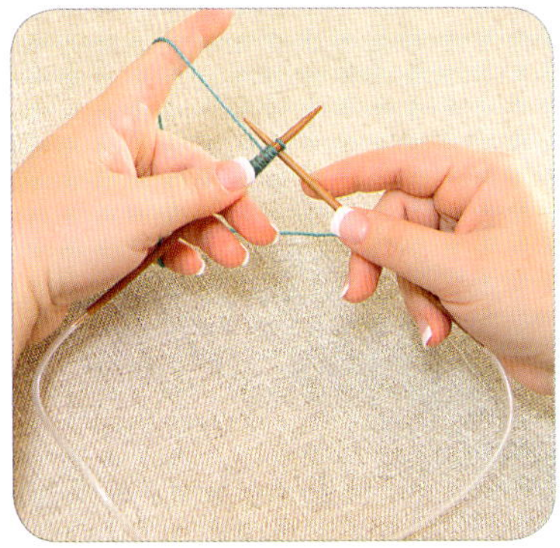

Rondbreinaalden bestaan uit een paar puntige schachten, net als gewone breinaalden eigenlijk, maar ze zijn aan elkaar verbonden met een flexibele kabel (meestal van nylon of plastic). De naaldschachten hebben dezelfde diktes als standaardnaalden, maar de kabel is dunner. Dat heeft geen invloed op het breiwerk, omdat de steken immers over de naaldschacht heen moeten wanneer u ze breit. De draadspanning blijft daardoor gelijk.

De lengte van de kabel bepaalt hoeveel steken er op de naald passen. In het patroon dat u gebruikt, staat meestal wel aangegeven hoe lang de kabel moet zijn: dat varieert van 22 cm tot meer dan een meter. Er bestaan ook systemen voor rondbreinaalden met verwisselbare punten en kabellengtes. U kunt dan een setje naaldschachten kopen met een schroefdraad aan het uiteinde, met kabels in verschillende lengtes die u aan die naaldschachten vast kunt draaien. Als u denkt dat u vaak met een rondbreinaald zult breien, is dat op termijn vaak een voordelige oplossing. In eerste instantie is zo'n setje echter wel prijzig.

U kunt rondbreinaalden ook gebruiken in plaats van een paar standaardbreipennen. U breit dan gewoon de pen uit, keert het werk en breit opnieuw een pen. Voor rondbreien zet u het vereiste aantal steken op en begint u te breien met de steek die u als eerste heeft opgezet: u keert het werk dus niet, maar maakt een cirkel van alle opgezette steken. Vervolgens breit u alle naalden alsof u de goede kant breit. Daar gaat u mee door totdat het werk de vereiste lengte heeft (zie blz. 91 voor meer details over rondbreien). Het lastige aan deze manier van breien is dat u gemakkelijk vergeet in welke naald u bent, of waar u het patroon weer moet herhalen. Als het belangrijk is om dat bij te houden, plaats dan een markeerring (zie blz. 26) op de rechternaald, aan het

Breien met vier naalden (zonder punt)

eind van de opgezette steken. Telkens wanneer u een volledige naald heeft uitgebreid zet u de markeerring weer op de rechterbreinaald. Zo houdt u eenvoudig bij hoeveel naalden u heeft gebreid.

BREINAALDEN ZONDER KNOP

Naalden zonder knop (met aan beide uiteinden een punt) worden voornamelijk gebruikt voor rondbreien. Wat betreft vorm en afmeting zijn ze niet anders dan standaardbreinaalden, behalve dan dat ze aan weerszijden van de schacht een punt hebben.

Deze breinaalden zijn handig voor het rondbreien van kleine dingen die te klein zijn voor rondbreinaalden. Hierbij kunt u denken aan sokken, kragen en manchetten. Maar u kunt ze ook gebruiken voor andere doeleinden, zoals het afwisselend breien van verschillende pennen met verschillende soorten garen (zie blz. 41), of (voor meer ervaren breiers) voor een tweekleurige patentsteek (zie blz. 194).

Breien met breinaalden zonder knop lijkt in het begin misschien lastig en misschien bent u bang dat u steken laat vallen van de uiteinden van de naalden die tijdens het werken rusten. Gelukkig gebeurt dat minder gemakkelijk dan u misschien denkt, want de spanning van het garen houdt de steken doorgaans prima op de plek. U hoeft alleen maar te zorgen dat er niet te veel steken op de naalden staan.

Meestal wordt bij het breien met naalden zonder knop met vier of vijf naalden gewerkt: drie of vier naalden waar het breiwerk aan hangt, en een naald om mee te werken. Het aantal steken wordt zo gelijkmatig mogelijk verdeeld, waarbij het bij het breien van een patroon het handigst is om het begin ervan te laten samenvallen met de eerste steek op een naald (dat vergemakkelijkt het tellen). Zet niet meer dan 30 steken op één naald: als u meer steken op uw werk heeft, dan is het waarschijnlijk het handigst om een rondbreinaald te gebruiken.

Door te oefenen leert u wel wat voor u de beste manier is om breinaalden zonder knop vast te houden. Ik werk het liefst met de twee actieve naalden onder de uiteinden van de rustende naalden en om de rustende naalden achter mijn werk te laten hangen. Maar er zijn ook mensen die de rustende naalden graag parallel houden met de actieve naalden, juist onder de te breien naald. U merkt vast snel wat u het best bevalt. Op blz. 91 vindt u meer instructies over het werken met breinaalden zonder knop.

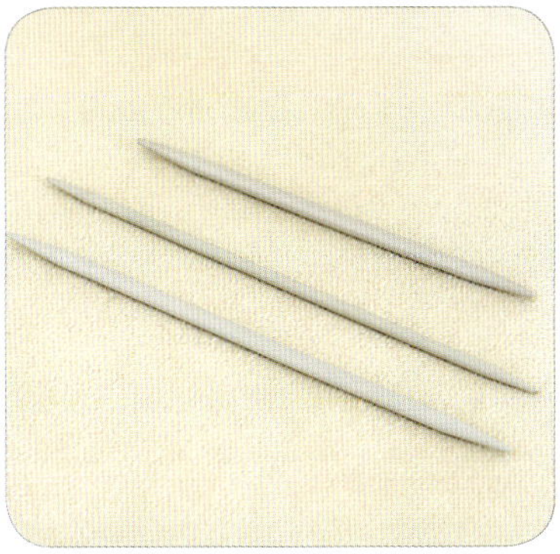

Rechte kabelnaalden

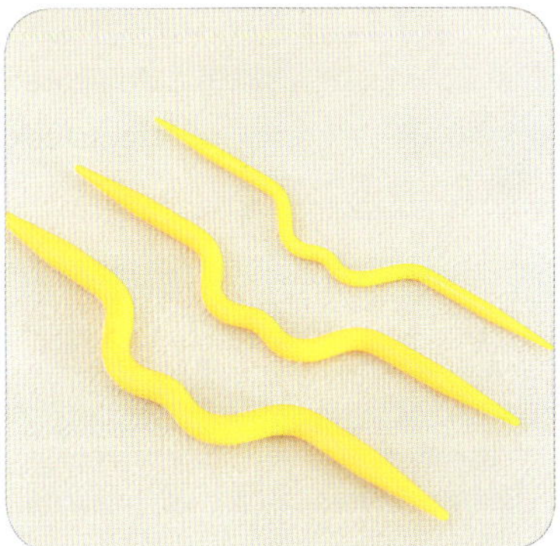

Kabelnaalden met een kromming

Stekenhouders in de vorm van een veiligheidsspeld

KABELNAALDEN

Kabelnaalden zijn korte breinaalden zonder knop die worden gebruikt om tijdens het breien van kabels afgehaalde steken even op te kunnen parkeren (zie hoofdstuk 9: Gedraaide steken en kabels, blz. 160). Kabelnaalden kunnen gewoon korte, rechte schachten zijn met aan weerszijden een punt, maar ze zijn er ook met een kromming in het midden zodat de steken gemakkelijker op de plek blijven. Zelf werk ik het liefst met rechte kabelnaalden – ik vind ze gemakkelijker in gebruik – maar de naalden met een kromming zijn heel fijn wanneer u voor het eerst kabels breit. Ze geven u gemakkelijker het gevoel dat u geen steken zult laten vallen.

Ook kabelnaalden zijn er in diverse diktes, maar u hoeft bij het breien van kabels niet per se hulpnaalden met precies de juiste dikte te hebben. Heeft u geen kabelnaald, dan kunt u ook een stekenhouder of zelfs een grote veiligheidsspeld gebruiken om de afgehaalde steken even op te bewaren.

Accessoires

STEKENHOUDERS

Stekenhouders zien er meestal uit als een enorme veiligheidsspeld. U haalt de steken die u niet breit af met het rechte uiteinde en sluit de stekenhouder dan. Op die manier kunt u steken laten rusten waar u later mee verdergaat, zoals de

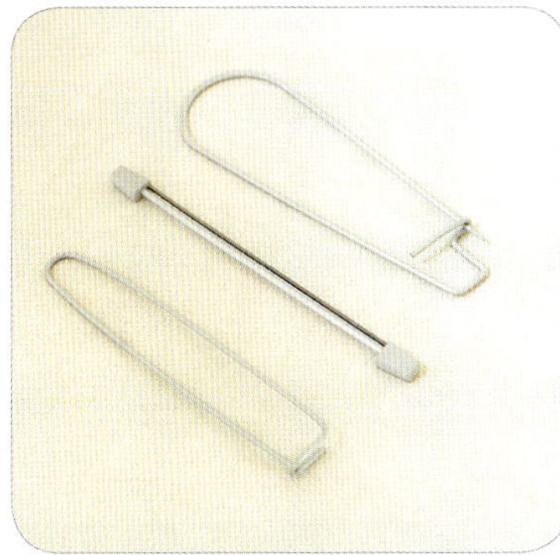

Stekenhouders in verschillende vormen

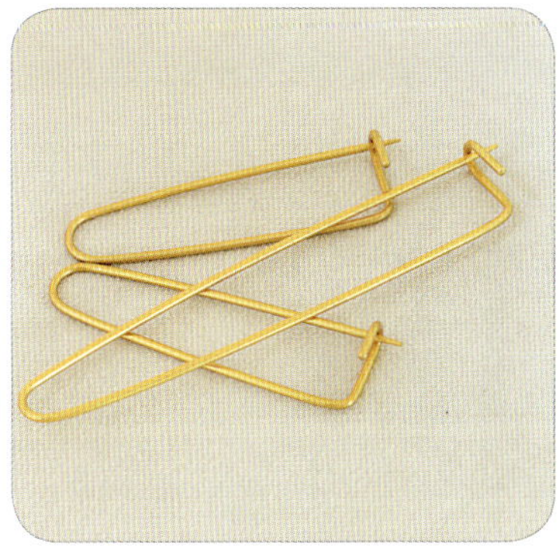

Stekenhouders in diverse maten

steken in de halsopening van een trui. Intussen kunt u dan gewoon verder breien aan de schouders. (Maar u kunt stekenhouders ook gebruiken wanneer u een breiwerkje een tijdje weg wilt leggen, zodat u de naalden voor iets anders kunt gebruiken.)

Andere stekenhouders lijken op een staafje met een kapje aan de uiteinden, waarbij het geheel met een veertje bijeen wordt gehouden. U verwijdert een van de kapjes, zet de steken op een staafje en zet het kapje weer terug. Het voordeel van zo'n stekenhouder is dat u de steken vanaf beide zijden weer op een naald kunt zetten, afhankelijk van de richting waarin u wilt gaan breien.

Stekenmarkeerders in veel maten

Een stekenmarkeerder aan de naald

STEKENMARKEERDERS

Het lastigst tijdens het breien is om bij te houden hoeveel steken of naalden u heeft gebreid. Met hoe meer steken u werkt, des te lastiger wordt het. Stekenmarkeerders zijn een heel handige uitvinding die u veel tijd en moeite kunnen besparen tijdens het breien. De meeste stekenmarkeerders zijn kleine plastic of metalen ringetjes die u gewoon over de punt van de breinaald schuift, tussen de steken in. Zodra u de markeerring in het breiwerk bereikt, schuift u die op de andere naald. Zo blijft de ring op de juiste plek en u kunt gewoon verder breien.

In veel handwerkwinkels zijn eenvoudige markeerringen, maar ook mooie, met kralen versierde markeerders te koop. Maar u kunt ook gewoon een kleine veiligheidsspeld over de breipen schuiven of een lusje van garen in een contrasterende kleur.

Stekenmarkeerders met hangertje

NAALDMARKEERDERS

Het tellen van het aantal gebreide naalden is minstens zo vervelend als het tellen van steken. Daarom kan het prettig zijn om een naaldmarkeerder te gebruiken. U haakt eenvoudig zo'n markeerder met een open einde om de laatste steek van de naald die u wilt markeren (de eerste of de laatste naald van een herhaling, bijvoorbeeld). Soms lijken dergelijke markeerders op plastic paperclips, maar andere werken als het sluitinkje van een ketting of armband.

Ook hier geldt weer dat u heel eenvoudig uw eigen markeerder kunt maken: gebruik een veiligheidsspeld of een paperclip. De gemakkelijkste manier om een naald te markeren is om een kort stukje garen in een contrasterende kleur om de laatste steek te binden. Dat is later weer heel gemakkelijk te verwijderen.

Naaldmarkeerders

NAALDEN- OF TOERENTELLERS

Wanneer u de naalden en steken eenmaal heeft gemarkeerd, wilt u natuurlijk nog weten hoeveel naalden u heeft gebreid na het plaatsen van de markeerder. Het gemakkelijkst gaat dat met een potlood en een vel papier: zet gewoon een turfje zodra u een naald heeft gebreid. Toch is dit niet altijd praktisch, bijvoorbeeld wanneer u in breit in de bus of zelfs in een hangmat.

In die gevallen kunt u een mechanische naaldenteller gebruiken. U plaatst dat apparaatje over de breinaald of maakt het vast aan uw breiwerk. Meestal bestaan dergelijke tellers uit een plastic houdertje dat mooi over de naald past, en dat kleine venstertjes heeft waarin cijfers van 0 tot en met 9 te zien zijn. Aan weerszijden van het houdertje bevindt zich een tandwieltje, waar u aan het eind van de naald even aan draait totdat u het volgende cijfer in het venstertje ziet.

Er zijn ook naaldentellers met een soort trekker, die u aan het eind van een naald met uw duim overhaalt: het cijfer verspringt dan. Naaldentellers kunnen heel grappig zijn, en bijvoorbeeld de vorm van een kikker, kevertje of stuk fruit hebben. Meestal haakt u ze aan de naald vast, maar u kunt ze ook aan het werk spelden alsof het een broche is.

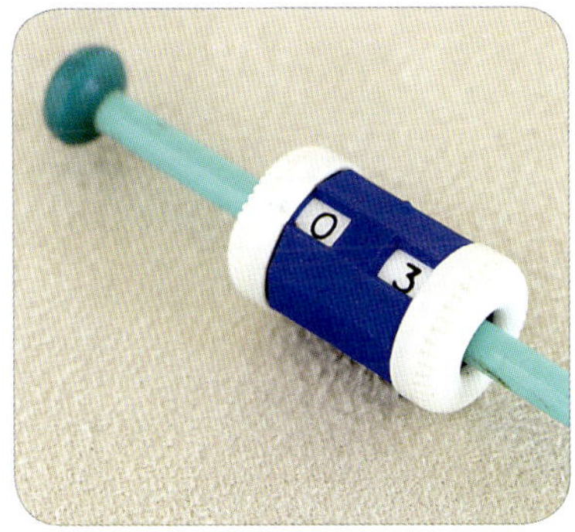

Een toerenteller voor uw gemak

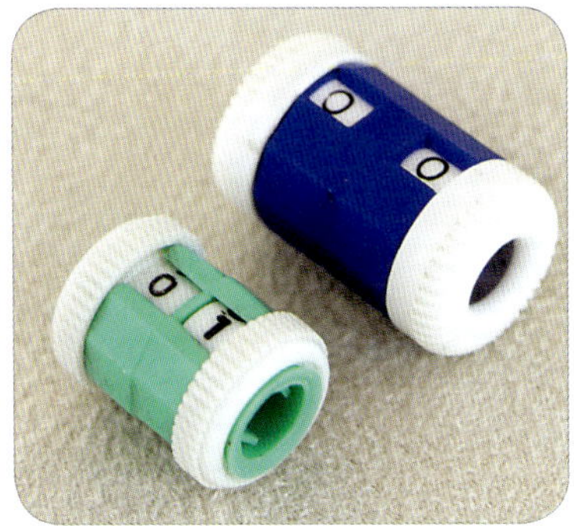

Toerentellers zijn er in diverse maten

PUNTBESCHERMERS

Puntbeschermers zijn kleine, rubberen kapjes die u over de punten van breinaalden schuift wanneer u die niet gebruikt. Zo kunnen de naalden niet ergens doorheen prikken waar ze niet in horen en raken ze niet beschadigd. Maar misschien vindt u het ook handig om ze tijdens het breien aan naalden zonder knop te prikken, zodat u geen steken laat vallen. Dat kan vooral handig zijn wanneer u nog niet eerder met naalden zonder knop heeft gebreid.
U kunt ook een stukje gum of zelfs een propje opgedroogde lijm gebruiken bij wijze van puntbeschermer.

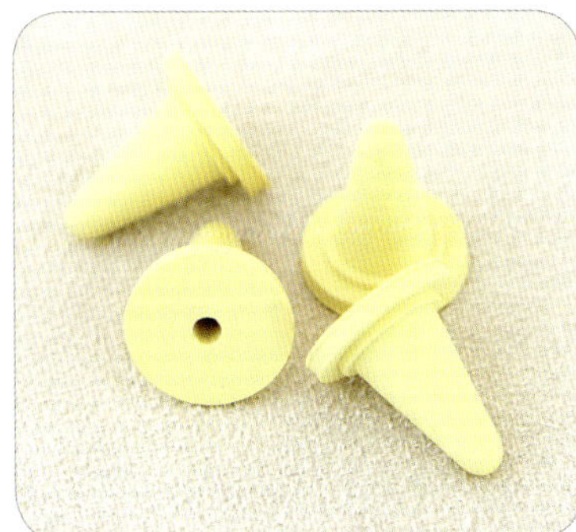

Rubberen puntbeschermers

VEILIGHEIDSSPELDEN

Veiligheidsspelden komen heel vaak van pas en voor breiliefhebbers zijn ze een must. U kunt ze gebruiken als stekenhouders voor een klein aantal steken; als stekenmarkeerder door een gesloten veiligheidsspeld over de breinaald te schuiven; als naaldmarkeerder door er een om de laatste steek van de naald te hangen; om delen van een breiproject bijeen te houden zodat u niets kwijtraakt terwijl u aan het volgende pand verder werkt; of zelfs om een project bijeen te houden wanneer u de panden in elkaar zet.

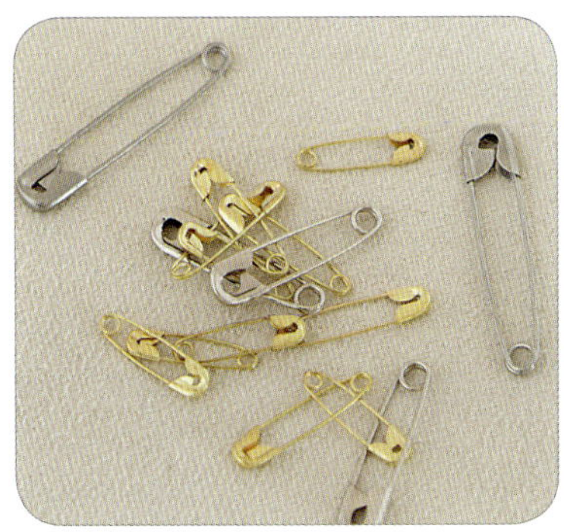

Veiligheidsspelden in diverse maten

Meethulpjes

NAALDDIKTEMETER

Eerder in dit hoofdstuk omschreef ik een naalddiktemeter als een stuk metaal of plastic met gaten erin, waar u breinaalden in kunt steken om de dikte te controleren. Veel rechte naalddiktemeters zijn tegelijkertijd een liniaal: een tweede handige functie. Op de meeste naalddiktemeters staan de naalddiktes aangegeven in millimeters, maar ook in Britse of Amerikaanse maten – sommige hebben alle drie.

LINIAAL

Een korte, stugge liniaal is handig voor het opmeten van proeflapjes waarbij u heel nauwkeurig moet tellen hoeveel steken en naalden u nodig heeft voor een gebreid stukje van 10 bij 10 cm (zie blz. 62). Dit is een van de belangrijkste stappen bij het breien. Zorg dan ook dat u een goede liniaal heeft van plastic, metaal of hout. Een korte liniaal van zo'n 15 cm kunt u ook gemakkelijk meenemen in uw breitasje, of bewaren bij uw breibenodigdheden.

MEETLINT

Een flexibel meetlint is zowel handig voor het meten van lichaamsmaten als van stukken breiwerk. U moet de belangrijkste maten kunnen meten van de persoon voor wie u een kledingstuk maakt, maar u moet tijdens het werken ook de lengte en breedte van uw breiwerk kunnen controleren.

Kies voor een meetlint van minimaal een meter lang. Anderhalve meter is beter. Een mechanisch rolmaatje is gemakkelijker op te bergen, maar meetlinten die u zelf op moet rollen en bijeenhoudt met een elastiekje voldoen ook prima.

SPELDEN

U gebruikt spelden voor het markeren van proeflapjes, maar ook om gebreide stukken bijeen te houden terwijl u ze in elkaar zet. U kunt gewone kleermakersspelden gebruiken – hoe langer, hoe beter, het liefst met een kunststof kop – maar die zijn wel erg dun en in gebreide stof raken ze gemakkelijk zoek. Spelden voor breiwerk zijn langer, dikker en hebben dikkere koppen: u blijft ze dus beter zien. De punten zijn vaak ook tamelijk stomp, zodat u niet door de draden heen steekt.

Scharen en naaigerei

SCHAREN EN MESJES

Natuurlijk heeft u een klein schaartje nodig om het garen mee te knippen. Kies een goed schaartje dat lekker in de hand ligt en gebruik dat schaartje ook alleen maar om garen mee te knippen. (Papier en andere dingen knippen maken scharen sneller bot.) Een pincetschaar is een goed alternatief.

Flexibel meetlint

Mechanisch flexibel meetlint

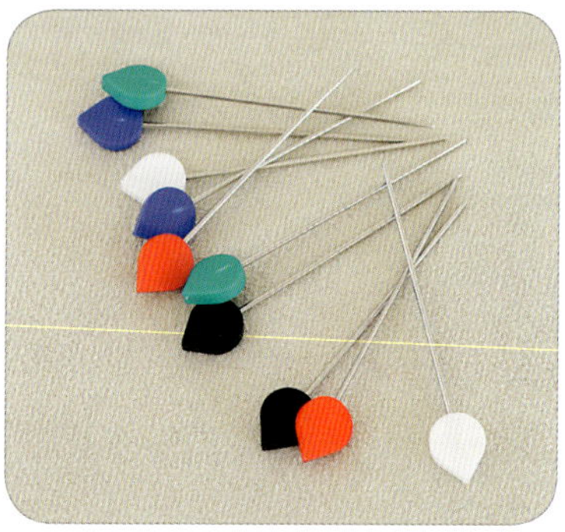

Spelden voor breiwerk

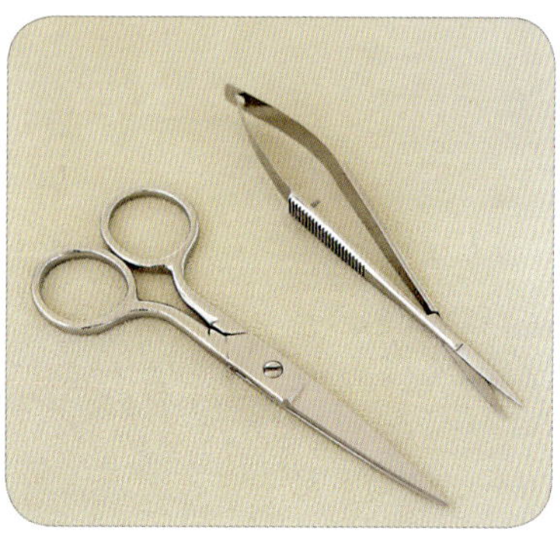

Een schaar en een draadknippertje

U kunt ook een garensnijder gebruiken: een scherp mesje dat u opbergt in een plastic of metalen hoesje. Garensnijders zijn heel handig als u uw breiwerk wilt meenemen, omdat u ze vaak om uw hals kunt hangen als een bedel, of u kunt ze vastspelden aan uw kleding of aan de binnenzijde van uw breitas. Zo raakt u uw garensnijder niet kwijt – bijvoorbeeld door die te laten vallen tijdens een schommelende busrit.

Een draadsnijder als hanger

MAASNAALDEN

Meestal zet u de panden van uw breiproject in elkaar met hetzelfde garen als waarmee u heeft gebreid (behalve wanneer u bijvoorbeeld bijzondere soorten bewerkt garen gebruikt en u het liefst een gewoon stuk garen in een passende kleur gebruikt) en een maasnaald. Maasnaalden zijn grote naainaalden met een stompe punt en een groot oog. Ze zijn in diverse maten verkrijgbaar voor verschillende garendiktes. Kies de maat die u nodig heeft en waarbij uw garen gemakkelijk door het oog past. Op blz. 102-103 vindt u tips over het in elkaar zetten van uw breiproject.

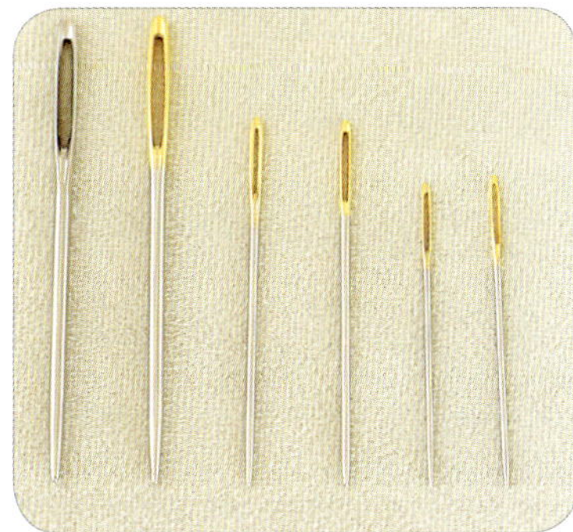

Wol- of maasnaalden

HAAKNAALDEN

Veel breiliefhebbers haken ook en zelfs als u niet van plan bent om dat te leren kan een haaknaald toch handig zijn. Om een steek op te halen die u heeft laten vallen bijvoorbeeld (zie blz. 88), of om te gebruiken in plaats van een kabelnaald of stekenhouder. Haaknaalden zijn er in diverse diktes, vergelijkbaar met die van breinaalden. Het is handig om een haaknaald van 3,5 tot 4 mm dikte bij de hand te houden.

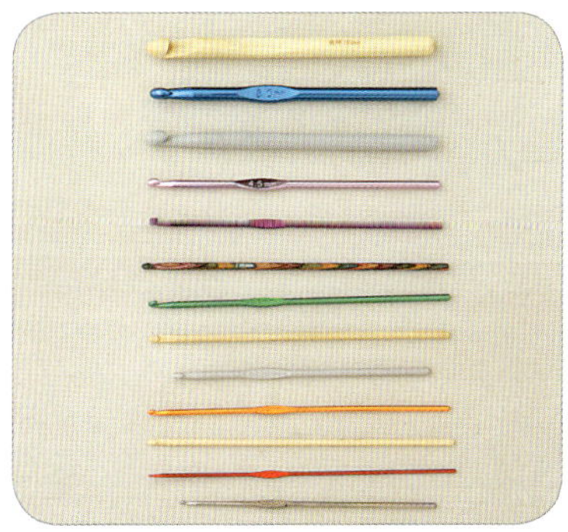

Haaknaalden in verschillende maten

KNOPEN

De meeste gebreide kledingstukken passen prima zonder dat u sluitingen als ritsen of knopen nodig heeft: de kledingstukken kunnen immers uitrekken en komen dan terug in de oorspronkelijke vorm. Vesten en jasjes hebben wel vaak knopen (of soms ook een rits), met ingebreide of aangehaakte knoopsgaten. Soms dienen knopen ook louter ter decoratie.

Wanneer u knopen gebruikt voor gebreide kledingstukken, bedenk dan goed dat breiwerk vaak dikker en ruwer is dan geweven stoffen. Zoek grotere knopen uit, van bijzondere materialen als hout, schelpen, klei of been. U kunt natuurlijk ook hippe, opvallende knopen op uw gebreide muts of aan uw tas zetten – ze hoeven geen functie te hebben. Laat uw fantasie rustig de vrije loop!

Knopen voor de sier of een sluiting

Gevilt spelden- en naaldenmapje

Een gebreid en daarna gevilt naaldenmapje is heel handig om uw spelden en naalden in te bewaren. Misschien is het handig om eerst hoofdstuk 13 over vilten te lezen voordat u aan dit project begint.

U HEEFT NODIG:

* een bol viltgaren in de kleur voor de buitenkant (blauw)
* een bol viltgaren in de kleur voor de binnenkant (wit)
* 4 mm-breinaalden
* een wasmachine, heet water en wasmiddel
* borduurgaren of wol in een contrasterende kleur
* breispelden en een maasnaald
* een schaar

WERKWIJZE:

Zet 35 steken op in een kleur, en brei in tricotsteek (1 naald recht, 1 naald averecht) totdat u een lapje heeft van ongeveer 15 cm. Kant af. Doe hetzelfde met de contrasterende kleur voor de binnenkant.

Doe de rechthoekige lapjes in de wasmachine met wat wasmiddel, en kies een heet programma. Haal de lapjes eruit en laat ze liggend drogen of droog ze in de wasdroger.

Knip de stukjes stof bij totdat ze beide even groot zijn en speld ze op elkaar met de verkeerde zijden op elkaar. Zet de lapjes aan elkaar met de festonneersteek, met borduurgaren of wol. Naai ook het midden van het mapje aan elkaar vast, met een stiksteek of een rijgsteek. U kunt eventueel aan de buitenzijde nog een motiefje borduren.

Steek de breispelden en maasnaalden in het vilt. Zo zijn ze veilig opgeborgen.

Gebruikte koffiebekers als garen-houders

Wolspoeltjes, ook wel 'breivisjes' genoemd

Andere hebbedingetjes

Al rondsnuffelend in een breiwinkel zal het u verbazen hoeveel handige hebbedingetjes er voor breiliefhebbers zijn. Het zijn allemaal spulletjes die u niet per se nodig heeft (meestal is er een veel goedkoper alternatief, iets wat u toch al heeft), maar ze zijn vaak erg leuk en grappig.

Breivisjes zijn handig om kleine hoeveelheden garen om te winden wanneer u met verschillende kleuren of texturen werkt, maar ze zijn ook handig om kleine restjes garen op te bewaren voor als u een breiwerk moet repareren.

Breivisjes zijn er van plastic, in mooie kleurtjes, maar u kunt ook zelf kleine rechthoeken knippen uit een golfkartonnen doos. Die werken net zo goed.

Een **garenwinder** die u aan de tafelrand kunt bevestigen (zie blz. 249) is heel handig voor het maken van bollen garen, maar u kunt ook een beginnetje maken om uw vingers en daarna met de hand een bolletje maken.

Ruitjespapier is handig om patronen en motieven uit te tekenen als u eenmaal zo ver bent dat u uw eigen ontwerpen maakt. Maar u kunt het ook gebruiken om bij te houden hoeveel steken en rijen u heeft gebreid.

Garenhouders met een gaatje in het deksel waar de werkdraad doorheen loopt zijn in veel handwerkwinkels wel te koop, maar u kunt ook een schone, papieren koffiebeker (van het station bijvoorbeeld) of milkshakebeker gebruiken voor niet al te grote bollen. Maak de bekers wel heel goed schoon en maak het drinkgaatje met de steel van een lepeltje iets ruimer, zodat het garen niet blijft hangen. Trek het uiteinde van het garen (vanuit het midden van de bol, zie de instructies op blz. 14) voorzichtig door het deksel en leg de bol in de kop. Deksel op de beker en breien maar!

Pomponschijven in diverse afmetingen

Pomponmakers

Plastic pomponschijfjes zijn er in verschillende maten, en er zijn zelfs vernuftige pomponmakertjes zoals op de foto's zijn afgebeeld en die het maken van pomponnetjes nog gemakkelijker maken. Pomponnetjes zijn leuk om te maken en zijn bovendien leuk om restjes van uw favoriete garen mee op te maken. Misschien heeft u als kind wel pomponnetjes gemaakt, met twee schijfjes van stevig karton.

Als u met schijfjes werkt, dan werkt het het prettigst met stukken garen van pakweg 2 meter lang. Per pompon heeft u drie of vier stukken garen van zo'n 2 meter nodig. Gebruikt u een pomponmaker, dan kunt u rechtstreeks vanaf de bol wikkelen.

1. Wikkel het garen stevig maar niet te strak om de beide armpjes van de pomponmaker, totdat die armpjes met een dikke laag garen zijn bedekt. Sluit het apparaatje.
2. Zet de punt van een schaar in het garen, tussen de beide helften van de pomponmaker. Knip het garen rondom door.
3. Neem een dubbele draad en draai die een paar keer stevig om de draad tussen de twee helften van de pomponmaker en leg er een paar stevige knopen op.
4. Schuif de twee helften van de pomponmaker voorzichtig van elkaar af, rol het bolletje goed in vorm en knip uitstekende draadjes af met een schaar.

Retro warmhouder voor Franse koffiepot

Leef u uit met het maken van een stel pomponnetjes, en gebruik die dan om deze retro koffiepotwarmer te versieren.

U HEEFT NODIG:

* vijf bollen van 50 g middeldikke wol in verschillende kleuren
* 4 mm-breinaalden
* pomponmaker voor pompons van 3 cm of twee kartonnen schijfjes met een doorsnee van ongeveer 4 cm met een gat in het midden van 2 cm
* 4 mm-haaknaald (eventueel)
* maasnaald
* schaar

WERKWIJZE:

Maak eerst de pompons, twee van elke kleur, en dan nog twee in uw favoriete kleur. (In totaal heeft u 12 pompons nodig.)

Meet de hoogte van uw koffiepot en reken uit hoeveel steken u moet opzetten. Ik heb 30 steken opgezet voor een pot van twaalf koppen (die meet ongeveer 15 cm tussen bodem en deksel). Brei in ribbelsteek (elke naald recht; zie blz. 73) en wissel na twee naalden telkens van kleur.

Wanneer u van kleur wisselt, knoop dan de uiteinden van het garen losjes aan elkaar. Laat telkens een stuk garen van ongeveer 10 cm hangen. Brei de volgende naalden in willekeurige volgorde, of volgens een vast patroon – net wat u het leukst vindt.

Meet de omtrek van uw koffiepot zodat u weet hoeveel naalden u moet breien. De stof rekt nog uit: brei daarom een paar centimeter minder dan de eigenlijke omtrek.

De omtrek van mijn koffiepot is 35 cm, maar ik heb niet meer dan 32 cm gebreid. Kant af.

Pers het lapje desgewenst iets op met een stoomstrijkijzer (gebruik de wolstand). Knoop alle uiteindjes stevig vast en leg de franjes netjes naast elkaar. Kam ze uit met uw vingers en knip ze af, zodat alle franjes even lang zijn (ongeveer 4 cm).

Maak bindlintjes van een kleur. Ik heb kettinkjes gehaakt van ongeveer 15 cm lang (45 steken), maar u kunt de lintjes ook vlechten of draaien. Maak zes strikjes en laat aan de uiteinden telkens een stuk draad van 10 cm hangen. Zet deze bindlintjes met een maasnaald aan weerszijden van het lapje vast, op de hoeken en in het midden. Hecht de draadjes af.

Rijg dan het staartje van de andere kant van de bindlintjes door de naald. Haal de draad door het midden van een pompon en daarna door de laatste steek van het bindlintje. Doe hetzelfde met een tweede pompon. Zet het uiteinde stevig vast en werk het overblijvende stukje garen weg in een van de pompons. Maak zo aan alle bindlintjes twee pompons vast.

Wikkel de warmhouder om de koffiepot (u ziet dat ik de 'verkeerde kant' van het breiwerk aan de buitenkant heb gedaan, zodat de streepjes nog beter uitkomen) en bind hem vast met de bindlintjes.

Maak koffie en geniet ervan zo lang die warm is.

3

Schitterende garens

✳ Goed garen ✳ Garendiktes ✳ Verfbadnummers ✳ Kluwens, bollen en strengen ✳ Wol en andere dierlijke vezels ✳ Katoen, bamboe en andere plantaardige vezels ✳ Synthetische vezels ✳ Papier, plastic en andere materialen

Textiel om aan te voelen

Het weefsel van ons leven bestaat uit gemengd garen, goed en slecht dooreen.

William Shakespeare, EIND GOED, AL GOED

Goed garen

Het grootste plezier voor een breiliefhebber is om te kijken en te voelen aan die enorme hoeveelheid verschillende garens waarmee schitterende kledingstukken en accessoires kunnen worden gemaakt. Oorspronkelijk werd voor het breien gesponnen wol gebruikt. Wol is erg geschikt om mee te breien, omdat het elastisch is (daardoor is het goed te manipuleren, terwijl het toch vorm houdt), warm en – tot op zekere hoogte – weerbestendig. De bron is bovendien onuitputtelijk: nadat de schapen zijn geschoren, groeit er gewoon weer nieuwe wol. Maar er zijn ook andere dierlijke en plantaardige vezels die prima geschikt zijn om mee te breien en die allemaal een weg kunnen vinden naar een van die talloze projecten die u kunt maken met een paar breinaalden en goed garen.

Garendiktes

Wanneer u een patroon leest of garen koopt, dan ziet u dat garen doorgaans wordt verkocht in gedraaide bolletjes van uiteenlopende diktes. Garen bestaat vaak uit een aantal dunne strengetjes of vezels die zijn getwijnd tot één draad. Het aantal strengetjes bepaalt de dikte van het garen. Meestal geldt dat hoe meer strengetjes tot een draad zijn getwijnd, hoe dikker het uiteindelijke garen is. In sommige landen wordt de draaddikte aangegeven door te verwijzen naar het aantal strengetjes (3-draadsgaren, 5-ply is 5-draads).

Er zijn ook andere manieren om het gewicht of de dikte van garen aan te geven, zowel voor natuurlijke als synthetische garens die u tegenkomt. Die manieren zijn afhankelijk van de herkomst van het product (of, wanneer u een patroon leest, van waar dat is gedrukt). De tabel op de volgende pagina geeft een indicatie van diverse termen die u tegen kunt komen, samen met wat andere benamingen. Er staat ook bij vermeld waar deze garendiktes voornamelijk voor worden gebruikt.

Niet alle garens worden genoemd naar het aantal strengetjes dat het bevat, bijvoorbeeld omdat ze volgens een andere werkwijze zijn gemaakt. Zo kan er losser getwijnd zijn of de vezel is dikker. Met synthetische of andere moderne garens is er misschien niet eens een spin- of twijnproces aan te pas gekomen. Meestal kunt u wel een ruwe schatting maken van de dikte van het garen door de maat van de geadviseerde naalddikte te bekijken of door een vierkant proeflapje te maken (zie blz. 62 voor meer informatie).

GESPONNEN GAREN VAN NATUURLIJKE EN SYNTHETISCHE VEZELS

DRAAD	BEKEND ALS	NAALDDIKTE	VOORNAMELIJK GEBRUIKT VOOR
2-draads	kantgaren	2,25 mm	machinaal breien, ajour
3-draads	babygaren	3 mm	babykleertjes, sokken en ajour
4-draads	sportgaren	3,25 mm	baby- en kinderkleren, sokken
5-draads	--	3,75 mm	kinderkleding, damestruitjes; dit garen wordt in Australië veel gebruikt maar komt elders niet veel voor
8-draads	normaal tot middeldik	4 mm	de meeste breiprojecten: kleding en accessoires
10-draads	middeldik tot dik	5 mm	visserstruien, kleding voor volwassenen
12-draads	dik, grof	5,5 mm	kleding voor volwassenen, accessoires, kussens en dekens
14-draads of meer	grof	7 mm of dikker	kleding voor volwassenen, trendy garens, accessoires, kussens en dekens

Wollen garen, van boven naar beneden: 14-, 12-, 10-, 8-, 5-, 3- en 2-draads

Synthetische en trendy garens, van boven naar beneden: stofstrookjes, papier, bamboe, gestikte strengetjes, katoen, fun fur of eyelash, geknoopt garen

Een wikkel lezen

Verschillende verfbaden van dezelfde kleur kunnen iets van kleur verschillen.

Verfbadnummers

Op de wikkels van het door u gekozen garen vindt u veel informatie over de toepassingen van het garen en over de verzorging ervan. Een van de belangrijkste zaken om op te letten is het verfbadnummer. Wanneer garens worden geverfd – en dat geldt vooral voor natuurlijke vezels als wol, zijde, linnen, katoen en bamboe – dan kunnen natuurlijke variaties in de samenstelling van de vezels en de manier waarop ze de verf absorberen leiden tot kleine kleurverschillen. Daarom geven fabrikanten behalve het kleurnummer ook het verfbadnummer op de wikkel aan. Garen van hetzelfde verfbadnummer past doorgaans beter bij elkaar dan hetzelfde garen dat op een andere dag volgens hetzelfde recept is geverfd.

Wanneer u garen koopt voor een werkstuk dan is het belangrijk dat u voldoende garen van hetzelfde verfbadnummer koopt. Komt u onverhoopt toch garen tekort of gebruikt u garen uit een ander verfbad, dan zijn er verschillende manieren om kleurverschillen zo klein mogelijk te maken.

KRAGEN EN MANCHETTEN

Als u net geen garen genoeg heeft om een heel kledingstuk met dezelfde verfbadnummers te kunnen maken, dan kunt u het eindresultaat vaak redden door de belangrijkste delen te breien in de oorspronkelijke kleur, en het afwijkende verfbadnummer te gebruiken voor het afwerkingen – zoals de col. Als u in het begin al weet dat u moet breien met garen uit verschillende partijen, dan zou u zelfs de boordjes en de manchetjes van het afwijkende garen kunnen breien.

MENGEN

Als u ongeveer even grote hoeveelheden garen heeft uit verschillende verfbaden, dan kunt u met twee bollen garen tegelijk breien (een uit elk verfbad). Dat gaat het best met breinaalden zonder knop of rondbreinaalden, zodat u vanaf beide kanten kunt beginnen met breien.

① Brei 1 naald met het ene verfbadnummer, neem dan de volgende bol en brei nog een naald (zie blz. 87 voor het samenvoegen van verschillende bollen garen). U ziet dat we voor de foto's twee verschillende kleuren hebben gebruikt, omdat u dan beter kunt zien wat er gebeurt.

② Keer het werk niet, maar neem de eerste bol weer en brei de volgende naald daarmee.

③ Keer dan het werk en brei de volgende naald met de tweede bol. Zonder het werk te keren, gaat u weer terug naar de eerste bol en breit u nog een naald. Zo gaat u steeds verder. (U breit dus steeds 2 naalden in dezelfde richting, telkens met garen van een ander kleurnummer, en breit dan weer twee naalden in tegengestelde richting.)

Kluwens, bollen en strengen

Als garen wordt gesponnen en geverfd, dan wordt het meestal in grote strengen bijeengebonden. Op zo'n streng zitten dan enkele honderden meters garen die in grote lussen worden gewonden en tot een losse vlecht worden gedraaid. Wanneer u uw garen in bulk koopt, rechtstreeks bij de producent ervan, dan ziet u het garen misschien wel in strengen hangen. Maar voordat ze naar wolwinkels gaan, worden deze strengen meestal verdeeld in kleinere, beter hanteerbare hoeveelheden. Soms wordt garen om een houten, kartonnen of plastic klos of kegel gewonden, zodat het meer steun heeft.

Maar garen wordt meestal opgewonden tot gemakkelijk te hanteren bollen, knotten of kluwens. Een bol, knot of kluwen is nergens omheen gewonden en al zijn de definities misschien niet helemaal gelijk, de benamingen zijn prima door elkaar te gebruiken. In dit boek zult u vooral de term 'bol' tegenkomen.

Bollen of kluwens wol worden meestal naar gewicht verkocht. De meest voorkomende hoeveelheid is 50 g. Toch zijn er ook wel bollen van 100, 200 of zelfs 1000 gram en ook kleinere kluwentjes met 20 of 25 g. Garen wordt ook wel verkocht naar de hoeveelheid ounces (VS), naar de totale lengte van het garen op de bol (looplengte) of naar het gewicht in grammen. 50 g is iets minder dan 2 ounces, 100 g is ongeveer 3½ ounces: handig om te weten wanneer u via internet garen koopt. Het gewicht van het garen staat aangegeven op de wikkel, net als de looplengte van het garen.

Als u strengen garen koopt, dan moet u daar kleinere bolletjes of kluwens van maken voordat u begint met breien. Dat kan met de hand, maar ook met een goedkope, mechanische garenwinder (te koop in handwerkspeciaalzaken).

1. Als u met de hand een bol wol wilt maken, dan draait u eerst de streng uit elkaar. Vraag iemand anders om de lus voor u open te houden of hang het garen over de rugleuning van een stoel. Wind het garen een keer of tien losjes rondom uw vingers. Het is belangrijk dat u het garen tijdens het opwinden niet uitrekt.
2. Houd de lussen tussen duim en vingers en wikkel het garen dan om de lussen en over twee vingers. Werk losjes, ook hier wilt u het garen niet uitrekken, en u wilt ook de bloedsomloop in uw vingers niet belemmeren!
3. Wanneer het garen een bolvorm begint te krijgen, haalt u het van uw vingers af en neemt u het bolletje in uw ene hand, terwijl u met de andere hand telkens meer garen om het bolletje wikkelt. Werk gelijkmatig. Wanneer u een streng garen op deze manier opwindt, kunt u niet met een werkdraad vanuit het midden van de bol breien.

Grof garen (14-draads)

Normaal garen (4-draads)

Fijn garen (2-draads)

Wol en andere dierlijke vezels

Garens die bestaan uit dierlijke vezels, zoals wol, hebben veel eigenschappen die ze voor de mens net zo nuttig maken als het dier waar de vezels vanaf zijn gekomen. De holle vezels isoleren goed, houden de lichaamswarmte vast en vormen een barrière tegen kou van buiten; ze absorberen vocht, vatten niet snel vlam, zijn meestal zacht en voelen comfortabel aan.

WOL

Wol is afkomstig van schapen. Sommige schapenrassen staan bekend om langere wolvezels (waardoor ze gemakkelijker te kaarden en te spinnen zijn), maar alle wol heeft dezelfde basiseigenschappen: het is warm, sterk en elastisch. Wol kan tot een derde van het eigen gewicht aan vocht opnemen voordat het nat aanvoelt en de isolerende eigenschappen blijven ook dan nog intact. Daarom wordt wol graag gebruikt voor winterkleding, zoals truien, sjaals, wanten en mutsen.

Wollen vezels hebben schubben aan de buitenzijde en van nature krimpen ze. Beide eigenschappen zijn een uitkomst bij het breien, omdat de vezels daardoor goed bijeenblijven en vorm houden. Dezelfde eigenschappen zorgen er ook voor dat wol gemakkelijk vervilt wanneer u het niet op de juiste manier wast en droogt. Sommige fabrikanten maken wol geschikt voor wasmachines en zelfs wasdrogers door de schubben van de vezels te verwijderen met een zuurbad, of door de vezels te coaten met een polymeer. (Zie hoofdstuk 11 voor wasadviezen en hoofdstuk 13 voor meer informatie over het vervilten van wollen vezels.)

Wol wordt geschoren van levende schapen en wordt op kwaliteit gesorteerd. Als het bij de spinnerijen aankomt, wordt het gereinigd met zeepwater, zodat onzuiverheden als zaadjes en kliskruid wordt verwijderd. Ook verdwijnt hierbij het vettige, natuurlijke wolvet (lanoline) van de vezels. (Lanoline is een goede vochtinbrengende substantie, die vaak wordt toegepast in cosmetica – denk bijvoorbeeld aan handcrèmes.)

Na het reinigen wordt de wol gekamd en gekaard. Daarbij verdwijnen de beschadigde vezels en de resterende vezels komen netjes naast elkaar te leggen. Vaak wordt de wol dan bijeengebonden in losse, schone, knoopvrije strengen, klaar om geverfd te worden. Wol is zo per streng te koop (mensen die vilten gebruiken vaak strengen losse wolvezels om stof te maken, zie blz. 233), geverfd of klaar om te verven of spinnen. Vaak wordt wol geverfd voordat het wordt gesponnen, zodat de kleur zo gelijkmatig mogelijk blijft. Eigenlijk kan wol op elk gewenst punt in het proces worden geverfd: na het spinnen maar ook voor het twijnen, bijvoorbeeld, of zelfs nadat het tot een bol is gerold of tot stof is gebreid.

Gewassen en gekaarde wol wordt met de hand of met een spoel op een spinnewiel of een spinmachine gesponnen tot dunne draden. Die dunne draden kunnen op zichzelf worden gebruikt, maar kunnen ook tot een dikker garen worden gedraaid (twijnen).

Wol kan prima worden hergebruikt, zelfs nadat er kleding van is gemaakt en het is gedragen. Wollen vodden worden dan versnipperd en teruggebracht tot vezels, die opnieuw kunnen worden gekaard en gesponnen. Soms wordt oude wol tijdens het spinnen met nieuwe wol gemengd. Als op de wikkels van bollen 'Pure new wool' staat, dan is er geen oude wol doorheen gemengd.

Wol is erg dankbaar breimateriaal. De elasticiteit van het garen vergemakkelijkt het maken van de steken en laat de punt van de ene naald moeiteloos in de steek op de andere naald glijden. Meestal voelt wol ook zacht en soepel aan, hoewel ik in mijn jeugd vaak tegen mijn moeder heb geklaagd, omdat ik wollen truien zo kriebelig en ongemakkelijk vond.

Soms worden wolvezels tijdens het spinnen gemengd met andere vezels, zodat de kwaliteit op een of andere manier verbetert. Andere dierlijke vezels, zoals mohair, alpaca en kashmir (zie verderop) voegen zachtheid en soepelheid aan de draad toe. Synthetische vezels die in wol worden verwerkt hebben vaak een positieve invloed op de duurzaamheid en maken de verzorging van het eindproduct eenvoudiger. De meeste synthetische vezels kunnen namelijk prima in de machine worden gewassen (zie blz. 214). Ze kunnen het garen ook zachter laten aanvoelen en houden de kleur vaak goed vast. Dat maakt het kleurenspectrum groter.

ANDERE DIERLIJKE VEZELS

Mohair, alpaca, kashmir en angora zijn populaire dierlijke vezels om mee te spinnen. Mohair en kasjmier zijn afkomstig van geiten, terwijl vicuña en alpaca afkomstig zijn van dieren die deze namen dragen. Angora is afkomstig van zachte, heel pluizige konijnen. Deze vezels worden vaak gemengd met schapenwol, zodat de beste eigenschappen van beide vezels worden gecombineerd.

Vezels van andere dieren kunnen ook gekaard en gesponnen worden. Ik heb weleens gehoord van mensen die wol sponnen die afkomstig was uit de wintervacht van hun hond en een vriendin van me heeft ooit de jarenlang gespaarde, geknipte haren van haar moeder tot garen gesponnen.

Een dik garen van wol en alpaca

Mohair en zijde

100 procent katoen

Zijde

Zijde is afkomstig van de cocon van de zijderups (*Bombyx mori*) en geldt als een van de meest luxueuze vezels ter wereld. Het heerlijke, zachte gevoel van zijde is te danken aan de uiterst fijne vezels die heel voorzichtig van de cocon worden afgewikkeld voordat de bewoner ervan uitkomt en de vezels bederft. (Helaas betekent dat afwikkelen wel dat wel dat de pop in de cocon sterft.) Zijde is sterk – ongeveer twee keer zo sterk als staaldraad met dezelfde doorsnee – en beschikt over alle gewenste isolerende eigenschappen die dierlijke garens ook hebben, hoewel het minder elastisch is dan wol. Gebundelde zijdevezels kunnen op zichzelf al schitterende garens vormen, maar ze kunnen ook worden getwijnd met wol en andere garens, zodat het uiteindelijke werkstuk gemakkelijker te wassen en drogen is dan pure zijde. De hoes voor de warmwaterzak op blz. 76 is gebreid van handgeverfd zijden garen.

Katoen, bamboe en andere plantaardige vezels

Plantaardige vezels – zoals katoen, linnen, hennep en bamboe – worden al lang gebruikt voor het kleden van mensen. Meestal gebeurt dat door er sterke, soepele stoffen van te weven. Plantaardige vezels ontlenen hun kracht aan de stevige celwanden waardoor plantaardige vezels weliswaar ietwat elastisch zijn, maar niet erg rekken. Plantaardige vezels ademen goed: ze leiden lichaamswarmte en vocht weg van het lichaam. Het zijn dan ook prima garens voor zomerse breiwerkjes.

KATOEN

Katoenen garen wordt graag gebruikt voor breiwerk, maar moet meer en meer plaats maken voor bamboevezels. Bamboe heeft eigenschappen die erg lijken op die van katoen, maar lijken duurzamer te kunnen worden geproduceerd (zie blz. 47). Katoen is de vezelachtige bekleding van de zaadbollen van katoenplanten (*Gossypium species*). Zodra de bollen rijp zijn en zaad willen schieten, worden ze geoogst. De vezels worden dan verwerkt tot stoffen of in andere producten. De zaadjes worden eruit verwijderd en verwerkt tot katoenzaadolie en veevoer.

Katoen is gemakkelijk (zacht en glanzend) en absorbeert prima, maar het is ook erg brandbaar. De vezels worden ongeveer net als wol klaargemaakt voor spinnen en breien: ze worden gekamd, gekaard en in strengen gebonden voordat ze worden geverfd en tot garen gesponnen. Katoen neemt

Brei-elastiek

heel gemakkelijk verf op en daardoor zijn er veel kleuren verkrijgbaar. Het voelt zacht aan en breit prettig. Het lastigst aan het breien met katoen is het gewicht van het garen, in combinatie met de lagere elasticiteit: gebreide katoenen kledingstukken zijn soms erg zwaar, lijken om het lichaam te hangen en vorm te verliezen. Maak van katoen daarom liever geen ingewikkelde ontwerpen, maar houd u bij wat meer casual kledingstukken.

Katoen kan met synthetische vezels worden gemengd, zoals lycra of elastan. Daardoor wordt het garen elastischer. Een alternatief is het gebruik van brei-elastiek: een heel dunne, elastieken draad op een spoel, die heel erg lijkt op naaigaren. Als u boordjes, manchetten en halzen met een combinatie van katoen en elastiek breit, houdt het kledingstuk beter vorm.

VISCOSE

Viscose is een plantaardige vezel die in de fabriek wordt gemaakt uit cellulose. Katoen bestaat ook grotendeels uit cellulose (meer dan 90 procent). Er worden ook andere plantaardige vezels in verwerkt. Dat betekent dat viscose alle eigenschappen heeft van een natuurlijke, plantaardige vezel, en dat het niet echt synthetisch is.

Het proces om viscose te maken van cellulose is ergens halverwege de negentiende eeuw uitgevonden, maar was pas in de twintigste eeuw efficiënt genoeg om het op grote schaal toe te passen. Om viscose te maken wordt eerst de cellulose opgelost in een oplosmiddel, waarna er vezelige draden worden gesponnen uit de kleverige massa die dan ontstaat (viscose is ook wel bekend als rayon of kunstzijde).

Viscose heeft dezelfde prettige eigenschappen als katoen: het is zacht, soepel, absorbeert vocht en is comfortabel. Van zichzelf is viscose niet elastisch, maar vaak wordt het gemengd met andere vezels.

LINNEN EN HENNEP

Net als bamboe zijn linnen en hennep vezels die worden verkregen uit de stengels van de respectievelijke planten. Linnen is afkomstig van de vlasplant (*Linum ustatissimum*) en hennep is afkomstig van dezelfde plant als waarvan marihuana (*Cannabis sativa*) wordt gemaakt. Hennepplanten die voor de vezel worden verbouwd zijn daar echter speciaal voor ontwikkeld zodat het actieve ingrediënt van de drug niet wordt aangemaakt.

Na het oogsten moeten de planten een aantal bewerkingen ondergaan voordat de vezels klaar zijn: roten (een soort verweringsproces van de stengels, nodig om de in de stengels aanwezige pectine af te breken), zwingelen (pletten tussen grote rollen om de houtige delen te verwijderen) en hekelen (kammen van de vezels, zodat ze netjes gerangschikt liggen, klaar om te verven, spinnen, weven of breien).

Bamboeviscose met wol

Linnen- en hennepvezels zijn erg sterk (twee tot drie keer sterker dan katoen) en prettig om te dragen. Ze nemen goed vocht op en zijn dan ook handig als het warm is – dan leiden ze vocht weg van het lichaam, terwijl er wel lucht wordt doorgelaten, zodat het lichaam kan afkoelen. Deze garens zijn niet erg elastisch en daarom is het ook hierbij goed om te bedenken hoe het kledingstuk als het klaar is moet vallen. Linnen en hennep zijn overigens minder zwaar dan katoen.

Om te breien worden deze garens vaak gemengd met andere natuurlijke of synthetische vezels. Dat komt de elasticiteit en de zorg voor het eindproduct ten goede.

BAMBOE

In een economisch klimaat waar men steeds meer op zoek gaat naar duurzame oogst en ecologisch verantwoorde teelttechnieken, is de bamboevezel sterk in opkomst. Bamboe is hard op weg om katoen te verdrijven als populairste zomergaren voor breiers. Bamboe kan net als katoen ook worden geweven, en wordt ook gebruikt voor andere toepassingen – als vulling voor quilts, isolatiemateriaal en dergelijke. Bamboe is een grassoort en de vezels zijn afkomstig van jonge planten, juist boven de grond. De vezels kunnen worden geoogst zonder dat de plant afsterft – de plant begint namelijk onmiddellijk opnieuw te groeien vanuit de wortels onder de grond.

De stengels worden op een soortgelijke manier behandeld als vlas en hennep, zodat er een vezel ontstaat die gekaard, geverfd en gesponnen kan worden. Maar bamboe kan ook worden gebruikt als basisgrondstof voor de productie van viscose. Er wordt af en toe geklaagd dat viscose uit bamboe wordt verkocht als bamboegaren om op die manier een plekje te veroveren in de ecologische markt, maar de productiewijze van beide garens verschilt enorm. Soms staat op een wikkel 'viscose (van bamboe)', of 'rayon (from bamboo)'.

Bamboegaren heeft dezelfde eigenschappen als katoen en kan na het spinnen grotendeels op dezelfde manier worden verwerkt of gebreid.

Synthetische vezels

De uitvinding van synthetische vezels in de vroege twintigste eeuw heeft een revolutie teweeggebracht in de fabricage van kleding en stoffen. Een van de eerste vezels die massaal werd geproduceerd, was nylon. Dit product werd

Grof garen van 100 procent acryl

Dik garen van 100 procent acryl

Een dikke blend van nylon en wol

Een trendy blend van wol, acryl en nylon

onmiddellijk omarmd door fabrikanten van gebreide kousen, want nylon had alle gewenste eigenschappen: souplesse, elasticiteit, wasbaarheid. Zijde en wol (vezels die voorheen werden gebruikt om kousen van te maken) schoten wat dat betreft tekort. In de loop van de Tweede Wereldoorlog steeg nylon tot grote hoogten: aan het begin van de oorlog bestond tachtig procent van alle stoffen uit katoen en bijna twintig procent uit wol en een heel klein deel bestond uit andere vezels. Maar rond 1945 bestond een kwart van alle textiel al uit synthetische vezels, waaronder nylon.

Hoewel synthetische vezels als viscose al werden gebruikt, was nylon de eerste echt synthetische vezel op petrochemische basis. De ontwikkeling van polyester vezels in de jaren '50 van de vorige eeuw leidden ertoe dat synthetische vezels katoen en wol als belangrijkste garens gingen verdringen. Synthetische vezels voelen zacht aan, zijn kleurecht en verdragen heet water en zonlicht; daardoor zijn ze als kledingstuk gemakkelijk te onderhouden. Ze worden doorgaans al vroeg in het productieproces gekleurd, zodat er een heel egale, niet verschietende kleur ontstaat. Synthetische garens nemen eenmaal gesponnen nauwelijks meer kleurstof op.

Acryl is een andere synthetische vezel, die voor het eerst werd geproduceerd door nylonfabrikant Du Pont in 1941, onder de naam Orion. Deze vezels zijn licht, zacht en warm en voelen aan als wol. Acryl is meestal niet duur en kan machinaal gewassen worden zonder veel te kreukelen. Sommige breiers gebruiken dit garen vooral graag voor babykleertjes en kinderkleding, omdat die vaak moeten worden gewassen. Maar acryl heeft ook de neiging om warrig te worden of te gaan pillen (er komen dan bolletjes vezel boven op de stof) en bovendien kan het statisch worden. Heeft u wel eens een acryl trui uitgetrokken in het donker? Dat kan een waar lichtspektakel zijn!

HIPPE GARENS

Synthetische vezels vormen de basis van veel fantastische, schitterende hippe garens die u in uw breiwinkel vindt. Franjes die op wimpers lijken, stukjes chenille, linten van zijdeachtige garens en combinaties van bolletjes, touwtjes en glitters maken het kopen en verwerken van breigarens zo leuk. De meeste modieuze garensoorten hebben bovendien het voordeel dat ze snel kunnen worden gebreid op grote naalden, zodat u vandaag een heel leuke garensoort kunt halen in een breiwinkel, daar een dag later iets leuks van breit en dat al heel snel kunt dragen.

Papier, plastic en andere materialen

Breiliefhebbers worden steeds avontuurlijker en gaan steeds vaker met andere dan natuurlijke en synthetische materialen aan de slag. Die materialen zien er vaak geweldig uit, maar ze laten zich lastig verwerken en vergen veel geduld. Sommige materialen zijn niet eens te wassen, dus bedenk goed wat u daarmee maakt.

Fun fur (eyelash) van 100 procent polyester

Nylon garen met structuur

Geweven katoenen stroken

Gebreide katoenen stroken

GAREN VAN STOF

Het ultieme recyclen is wel het verwerken van een al gebreid of geweven kledingstuk tot breigaren. U kunt zelf zulk gerecycled garen kopen – stof die al in stroken gesneden en voorbereid is – maar u kunt ook een oud T-shirt pakken en dat zorgvuldig knippen in stroken van zo'n 2,5 cm breed. Als u in het rond knipt, dan bespaart u zichzelf de moeite van het telkens opnieuw aan- en afhechten van stroken stof. Knip loodrecht op de loop van de steken, dan zal de strook vanzelf omkrullen. De geknipte randen zijn dan niet meer te zien. Brei met dikke naalden (10 mm of meer) en maak handtassen, kussens, tapijten, hoeden en sjaals. U kunt er ook kleren van maken, maar die zullen waarschijnlijk tamelijk zwaar zijn en niet erg lekker zitten.

Garen van papier

Papieren touw

Stroken van plastic tassen

PAPIEREN GARENS

Papier is kwetsbaar en scheurt gemakkelijk, maar als het tot een draadje is gerold, dan kunt u er toch wel aardig mee breien. U kunt garen kopen dat is gemaakt van gerecyclede kranten en ander papieren, maar ook papieren garen gebruiken. Er zijn ook garens die op papier lijken, maar eigenlijk is dat viscose die tot platte draden is geperst, in plaats van een rond, getwijnd garen. Als u de uitstraling van papier zoekt, dan is dat garen wellicht een betere keuze: u kunt viscose immers wassen (wel voorzichtig) en er valt gemakkelijker mee te breien dan met echt papier. Brei echt, gedraaid papier op dikke naalden, en gebruik dunnere naalden voor viscose. Met papier kunt u trendy spullen breien, zoals boodschappentassen, zonnehoeden, sjaaltjes en gebreide wooondecoraties.

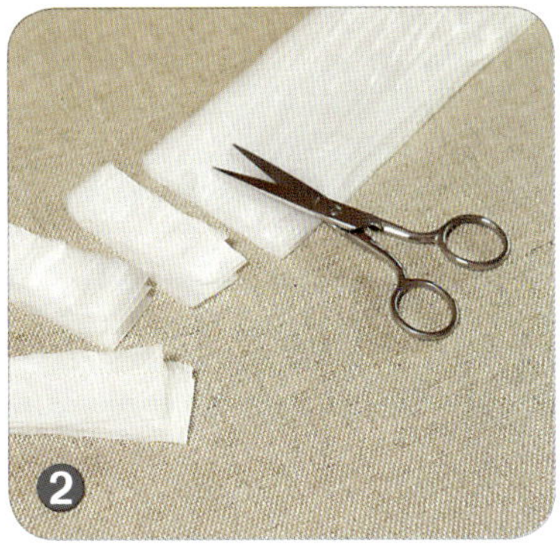

PLASTIC GAREN

De meeste synthetische garens zijn eigenlijk al van een soort plastic gemaakt, maar in dit geval gaat het ook echt om plastic: garen gemaakt van bijvoorbeeld boodschappentasjes. Eigenlijk is het een snelle vorm van recycling waarbij plastic tasjes worden schoongemaakt, gedroogd en in smalle stroken worden geknipt waar u dan mee kunt breien.

1. De eenvoudigste manier om plastic garen te maken is door een schone, droge tas in de lengte in vieren te vouwen. Knip de bodem en de handvatten er af.
2. Knip stroken van 2,5 cm breed en open de lussen die daardoor ontstaan.
3. Maak de lussen aan elkaar vast door een tweede lus door de eerste te rijgen.
4. Haal dan een uiteinde van de tweede lus door de eigen lus heen.
5. Trek de twee lussen voorzichtig aan zodat er een klein knoopje ontstaat.
6. Trek het knoopje aan totdat het zo klein mogelijk is, maar niet te hard: dan scheurt het plastic.
7. Brei plastic garen met dikke naalden en maak er tassen, regenkleding (hoedjes en jassen), riemen en andere leuke accessoires van.

Knitted Tie
BLUEBELL CREPE
MATERIALS
Five Small Buttons.
ABBREVIATIONS: See
THE LEFT FRON
1st row.—Knit.
Shape shoulder as follows:—
(Continued on page 18)

4

Een patroon kiezen en lezen

✳ Een patroon kiezen ✳ Maten

✳ Veelvoorkomende afkortingen ✳ Een proeflapje breien

✳ Ander garen kiezen

Werken met patronen

Uit een schuifla had ze een witte kous gepakt met daarin een patroon van rode vogels, waaraan ze nu verder breide; de langbenige schepsels erop moesten misschien reigers of ooievaars verbeelden. (...) 'Waar heb je dat geleerd, Elke?' 'Dat? Van Trin' Jans, ginds aan de dijk. Die kan van alles.'

Theodor Storm, DE SCHIMMELRUITER

Een patroon kiezen

Soms is er eerst een patroon. U ziet een plaatje in een breiboek of tijdschrift in een breiwinkel, en denkt: 'Dát wil ik maken'. Eigenlijk is het dan heel eenvoudig, want u hoeft alleen nog het vereiste merk en de hoeveelheid garen uit te kiezen, steken op te zetten en te beginnen.

Maar het gebeurt ook dat het garen er eerst is. U ziet een kleur of een textuur die u erg aanspreekt – het ziet er weelderig uit en voelt heerlijk – en bedenkt dan hoe u dat garen kunt gebruiken voor een kledingstuk of accessoire, of voor zachte woonaccessoires in huis. Garenfabrikanten publiceren vaak patroonboeken voor specifieke garens, en soms geven ze gratis patronen weg wanneer u een bepaalde hoeveelheid garen koopt. De meeste fabrikanten hebben ook websites waar patronen op staan, naast adviezen over de garens die ze maken.

De derde manier om te bepalen wat u wilt breien is het moeilijkst: eerst bepaalt u wat voor kledingstuk u wilt maken en vervolgens zoekt u een patroon dat zo dicht mogelijk in de buurt komt van wat u in uw hoofd heeft. Daarna moet u nog eens op zoek naar bijpassend garen. U bent dan uren zoet met het zoeken in breiwebsites en garenwinkels, op zoek naar het perfecte patroon. Als u meer breiervaring heeft, dan heeft u misschien voldoende ervaring om de mooiste elementen uit verschillende patronen met elkaar te combineren of misschien zelfs om uw eigen patronen te maken. Intussen moet u ook nog eens de geheimtaal van de patronen ontrafelen en weten waar de afkortingen voor staan.

EEN PATROON LEZEN

Het voorbeeldpatroon hieronder laat zien welke informatie u vindt in een standaardbreipatroon. Dit is een voorbeeld, geen compleet patroon.

Borstomvang, glad gemeten	81	86	91 cm	Maatgegevens
Gebreide borstomvang	84	89	94 cm	
Hoogte	60	61	62 cm	
Mouwlengte	44	44	44 cm	

---

naam van het garen benodigde bollen (50 g) — Te gebruiken garen

kleur- of tintnummer 13 14 15 bollen

1 paar 4 mm-breinaalden en 1 paar 3,75 mm-breinaalden — Naalddikte

---

STEKENVERHOUDING

De aangeraden stekenverhouding voor dit patroon is 20 steken op 10 cm. — Details over de stekenverhouding

RUGPAND — Brei-instructies voor het eerste pand van het kledingstuk

Zet met 3,75 mm-breinaalden 82 [86,94] steken op.

Naald 1: (goede kant) 2 r., * 2 av., 2 r. *, herhaal van * tot * tot het eind van de nld.

Naald 2: 2 av., * 2 r., 2 av. *, herhaal van * tot * tot het eind van de nld.

Herh. deze 2 nld. tot u een hoogte van 5 cm heeft bereikt. Eindig met een even nld. Meerder (alleen voor de eerste twee maten) in de laatste nld. aan weersz. 1 st. (84 [88, 94] st.). Ga verder met 4 mm-breinaalden. Begin met een r. nld. totdat het werk 39 cm meet. Eindig met een av. nld.

Vorm de armsgaten — Aanwijzingen voor het vormen van het pand

Kant 4 [5,6] st. af aan het begin van de volgende 2 nld., dan 2 st. aan het begin van de volgende 2 nld. (72 [74, 78] st.). Minder dan 6 [6, 7] keer 1 st. aan weerszijden van elke oneven nld. (60 [62, 64] st.). Brei nu verder zonder minderen totdat de armsgaten 18 [19, 20] cm hoog zijn en eindig met een av. nld. Vorm de hals- en schouderlijn

Volgende naald: 22 [22, 22] r., keer het werk en maak eerst deze schouder af.

[*] kant 2 st. (halslijn) af aan het begin van de volgende nld., dan 4 st. (schouderlijn) aan het begin van de volgende nld. Herh. Deze 2 nld. nog 2 keer. 1 av. nld. tot aan de schouderpunt. Kant de resterende 4 [4, 4] schouderst. af.

Zet 16 [18, 20] st. op een stekenhouder voor de halslijn. Houd de goede kant van het werk naar u toe en brei de andere schouder van daaruit. Herh. daartoe vanaf * de aanwijzingen van de linkerschouder in spiegelbeeld.

VOORPAND — Aanwijzingen voor het tweede pand van het kledingstuk

Brei het voorpand net als het rugpand, totdat de armsgaten 13 [14, 15] cm hoog zijn.

Maten

Om zeker te weten dat het voltooide kledingstuk u past (of degene voor wie u het wilt maken) is het belangrijk dat u weet welke maten belangrijk zijn bij het bepalen van de te breien patroonmaat. Meestal gaat het om een trui of topje en daarom is de belangrijkste maat de borstomvang. Neem een flexibel meetlint en houd die losjes onder de borst, juist onder de oksels. Laat de armen naar beneden hangen over het meetlint. Het meetlint moet over het breedste deel van de borstkas gaan – meestal over de tepels. Trek het meetlint niet strak aan: het moet juist om het lichaam passen.

De volgende maat die van belang is, is de lengte. Die wordt gemeten vanaf de nek tot de taille of de heupen. Als het kledingstuk mouwen heeft, dan moet u ook de mouwlengte bepalen: dat doet u van de schouderpunt tot aan de pols, of van de onderarm tot aan de pols (meet voor de zekerheid beide maten maar op).

Andere maten die u wellicht nodig heeft of die u wilt noteren (om tijdens het breien te kunnen controleren) zijn de taille- of heupomvang, de armomvang en de diepte van de halslijn. Die gegevens zijn vooral belangrijk als het kledingstuk nauw aansluit.

Als u iets breit dat geen trui of topje is, dan heeft u misschien andere maten nodig: de taille- en heupomvang en de lengte van de taille tot de knie voor een rok; de lengte van de voet en enkel tot aan de knie voor sokken; de hoofdomvang voor een muts; en zelfs de binnenbeenlengte voor een gebreide legging of een broek.

BELANGRIJKE MATEN VOOR VROUWEN

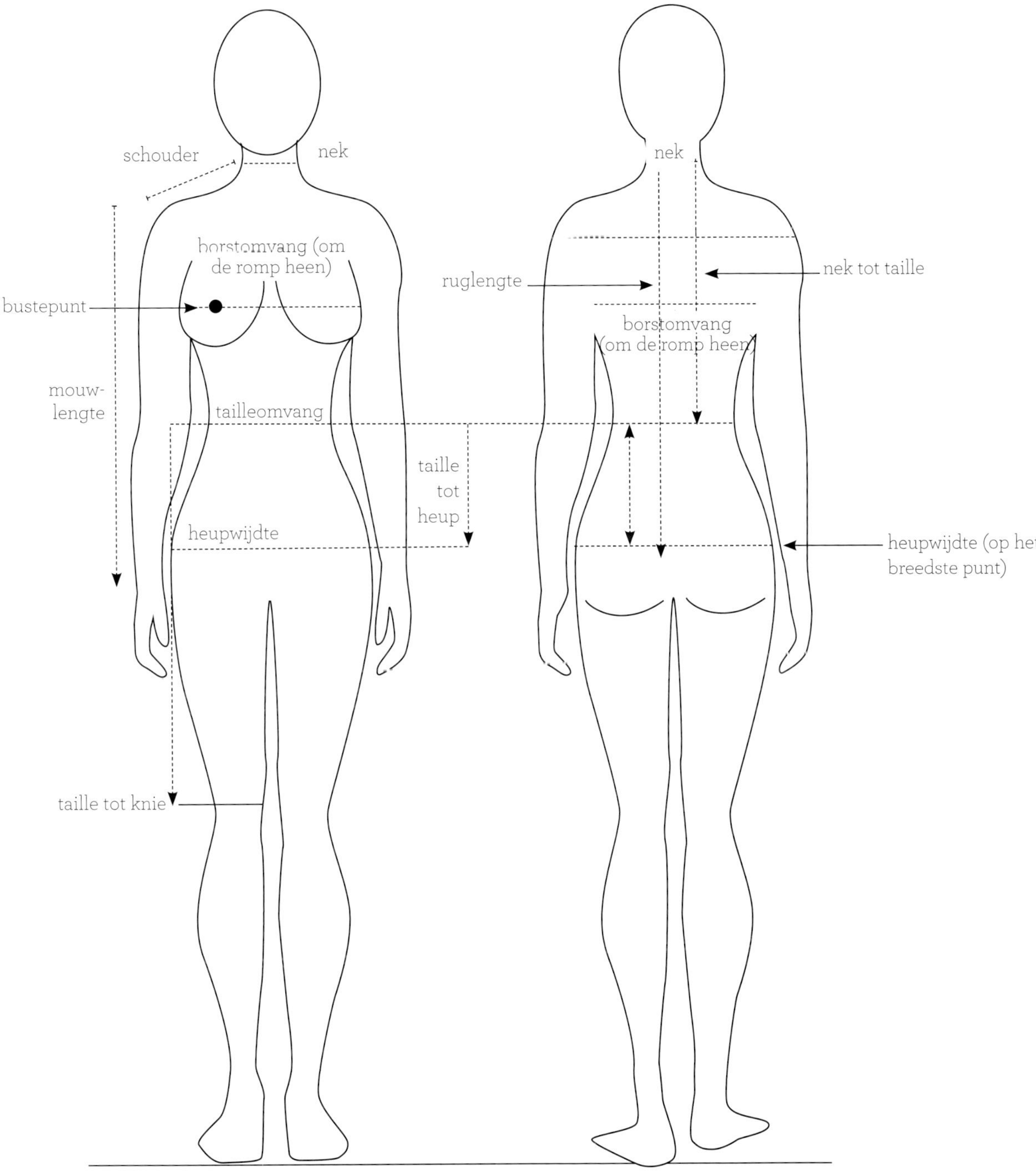

BELANGRIJKE MATEN VOOR MANNEN

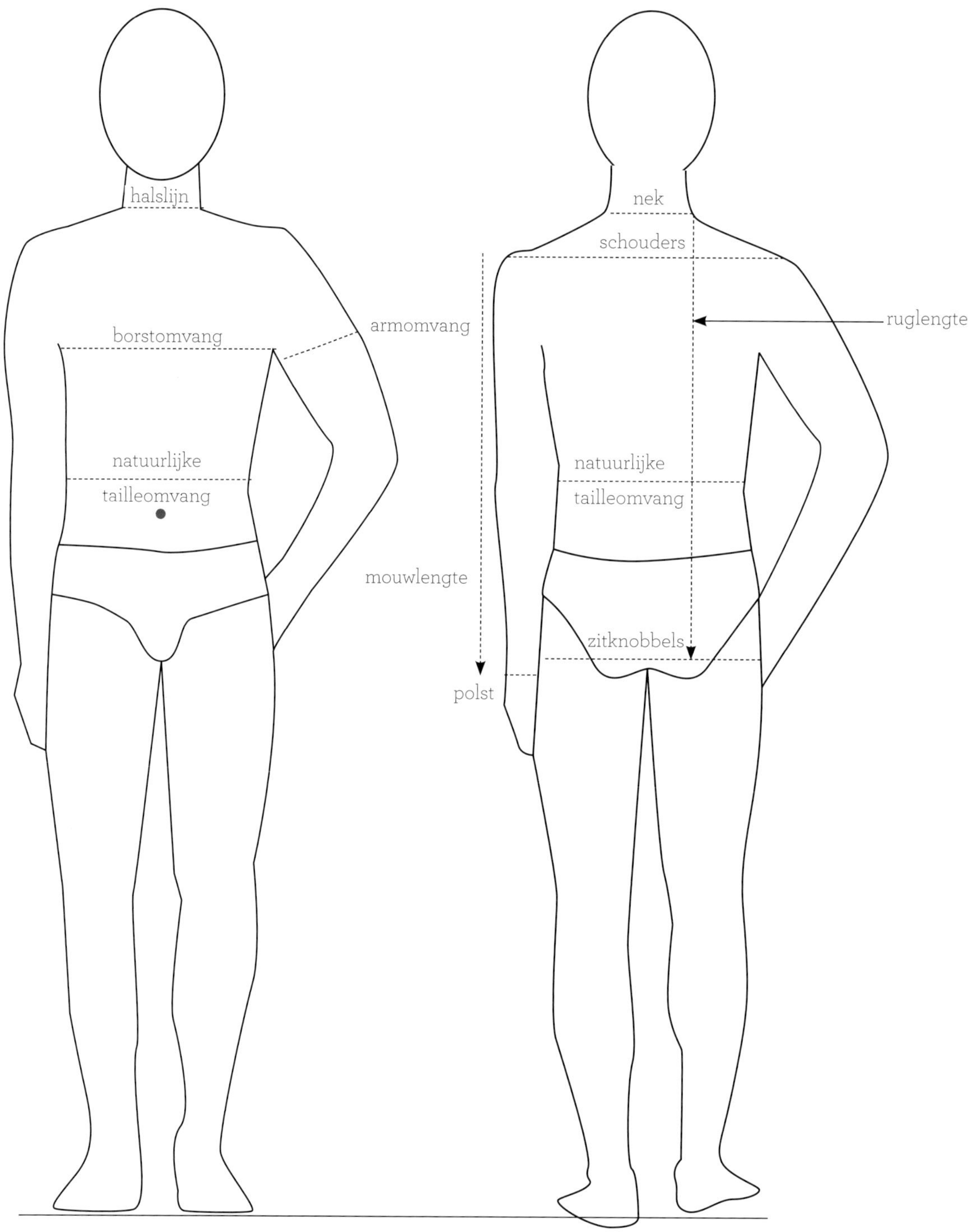

Veelvoorkomende afkortingen

De meeste patronen en patroonboeken bevatten wel een lijstje met gebruikte afkortingen, met een uitleg erbij – soms aan het begin en soms aan het eind van het boek. De meest voorkomende afkortingen vindt u in onderstaande tabel.

AFKORTING	WAT HET BETEKENT	SOMS OOK GENOEMD
afw.	afwisselend	
beg.	begin	
KN	kabelnaald	
verd.	verder	
mind.	minderen	
DK	DK-garentype	garen voor breinaalden 3,5-4 mm
BZK	breinaald zonder knop	
volg.	volgende	
gedr.	gedraaid	
meerd.	meerderen	
incl	inclusief	
r.	recht	
1 r.	1 steek recht	1 steek aan de goede kant recht breien
2r. samenbr.	2 steken recht samenbreien	
LH	linkerhand	
M1	1 steek meerderen	
MN	maak nop	
nr.	nummer	
av.	averecht	
1 av.	1 steek averecht breien	
2 afgeh. st. overh.	2 afgehaalde steken overhalen	
2 st. av. samenbr.	2 steken averecht samenbreien	
patr.	patroon	
PK	plaats kraal	
2 keer av. br.	av. breien (voor inst.), zelfde st. nog eens av. breien (achter inst.), dan af laten glijden	
afgeh. st. overh.	haal de afgehaalde steek over de gebreide steek	

AFKORTING	WAT HET BETEKENT	SOMS OOK GENOEMD
herh.	herhalen	
av. tricotst.	averechtse tricotsteek	verkeerde kant van de tricotsteek
RH	rechterhand	
GK	goede kant	
oversl.	overslaan	
1 afh. 1r., afgeh. st. overh	s1 steek afhalen, 1 steek recht breien, afgeh. steek overhalen	
afh.	afhalen	
1 afh.	1 steek afhalen	
2 st. r. afh., r. samenbr.	haal 2 steken 1 voor 1 recht af, zet ze terug op de linkerbreinaald en brei ze recht samen	
2 st. r. afh., av. samenbr.	haal 2 steken 1 voor 1 recht af, zet ze terug op de linkerbreinaald en brei ze averecht samen	
st	steek	
st.	steken	
tric. st.	tricotsteek	recht aan de goede kant, averecht aan de verkeerde kant
achter inst.	achter insteken	
tricotst.	tricotsteek	
sam	samen	
VK	verkeerde kant	
werkdr. achter	werkdraad naar achterkant van het werk halen	
werkdr. voor	werkdraad naar voorkant van het werk halen	
omsl	omslag	
garen om nld.	garen om de naald slaan	

Patons
KNITTING BOOK 630
WITH T.V. DESIGNS
GRAPH B
Centre Front
Patons
Style Knits
Patons
Patons Bluebell Crepe
PATONS BOOK
No. 695
2/3
3/6
Jumper
15
Cardigan
16

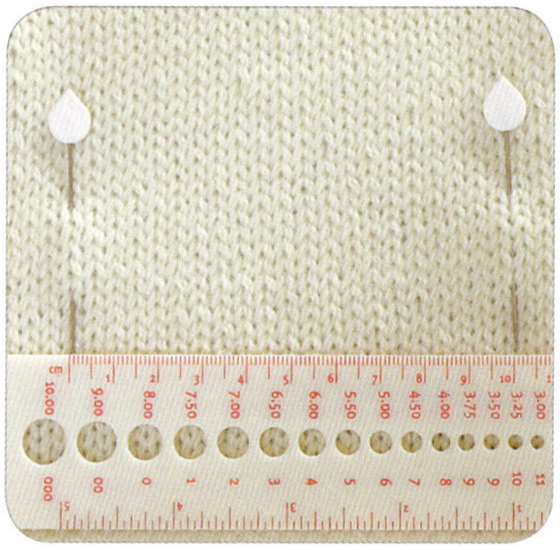

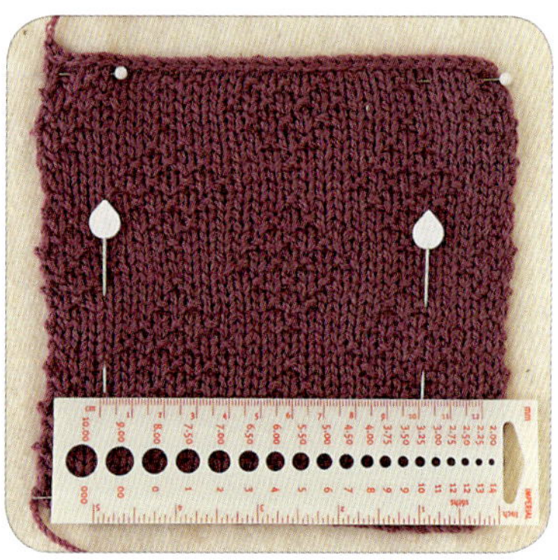

Een proeflapje breien

Wanneer u een patroon en garen heeft gekozen, dan moet u daar eerst een proeflapje mee breien. Daarmee controleert u of uw steken even groot zijn als de steken in het voorbeeld. Dat is belangrijk, omdat verschillende breiers met hetzelfde garen en dezelfde naalddikte strakker breien, hun steken zijn dan kleiner, of juist losser – waardoor de steken groter worden. Het is ook niet gezegd dat u zelf altijd even strak of los breit: u merkt misschien dat uw stekenverhouding varieert al naargelang het garen of het patroon. Soms zult u op sommige dagen of tijdstippen zelfs losser of strakker breien!

Een proeflapje is een klein stukje breiwerk, waarin u het garen, de naalddikte en het motief gebruikt dat u voor uw project wilt gaan gebruiken. De meeste patronen geven een aanbevolen aantal steken en naalden aan voor het proeflapje: het moet groter zijn dan 10 cm omdat dat de standaardlengte is om steken en naalden te tellen. Voor middeldik garen en met breinaalden van 4 mm is de gebruikelijke stekenverhouding bijvoorbeeld 22 steken en 30 naalden: dat geeft een vierkantje van 10 x 10 cm. Om dit goed te kunnen meten, breit u echter een lapje van pakweg 30 steken breed en 40 naalden hoog.

Nadat u heeft afgekant, legt u het vierkantje op een plat oppervlak en spreidt u het gelijkmatig uit met uw vingers. Als u het op een handdoek of andere zachte ondergrond legt, dan kunt u de randen vastspelden: het lapje blijft dan plat liggen. Speld dan met behulp een plastic, metalen of houten meetlat een stukje van 10 cm breed af, over het midden van het lapje. Tel dan het aantal steken tussen de spelden. Doe hetzelfde met het aantal naalden.

PROBLEMEN OPLOSSEN

Te veel steken

Als uw proeflapje per 10 cm meer steken en naalden telt, dan is de stekenverhouding hoger dan aangegeven. Dat lost u het best op door naalden te gebruiken die een slag dikker zijn dan de voorgeschreven naalden. Gebruik bijvoorbeeld naalddikte 4,5 in plaats van 4. (Als er in het patroon een boord wordt gebreid op smallere naalden, moet u daarvoor ook een grotere naalddikte kiezen.) Maak dan nog een proeflapje met de dikkere naalden, om te controleren of de afmetingen nu wel kloppen.

Te weinig steken

Als uw proeflapje per 10 cm minder steken en naalden telt, dan is de stekenverhouding losser. Ook hier bestaat de eenvoudigste oplossing uit het gebruiken van andere naalden: een slag dunner dan in het patroon staat aangegeven. Brei ook nu weer een tweede proeflapje om de spanning te controleren.

U kunt er eventueel ook voor kiezen om het kledingstuk een maat kleiner te breien dan u oorspronkelijk van plan was (of, als uw strak breit, een maat groter). Bedenk dan wel dat u dan wellicht een andere hoeveelheid garen nodig heeft.

EN DAN ECHT BEGINNEN

Wanneer u eenmaal tevreden bent over de stekenverhouding van uw breiwerk, dan legt u het proeflapje aan de kant en begint u met het kledingstuk volgens het gekozen patroon. U kunt het proeflapje uithalen en het garen ervan opnieuw gebruiken, hoewel dat bij draden met een duidelijke textuur als mohair en chenille vaak niet gemakkelijk gaat. Er valt ook iets voor te zeggen om het proeflapje te bewaren. Dat kunt u dan bijvoorbeeld wassen, om te kijken hoe het breiwerk zich dan houdt (zie hoofdstuk 11).

Ander garen kiezen

Het is niet altijd mogelijk om voor een bepaald kledingstuk het garen te gebruiken dat in het patroon wordt aangegeven. Misschien is het patroon wel oud en is het genoemde garen niet langer verkrijgbaar. Of misschien is er niet genoeg van de kleur die u eigenlijk wilt. In die gevallen kunt u ander garen kiezen. Bedenk daarbij wel dat u goed let op de stekenverhouding en de aangegeven hoeveelheden garen.

Probeer eenzelfde soort garen met eenzelfde looplengte te kiezen. Als een patroon bijvoorbeeld vraagt om een specifiek merk middeldikke wol, dan kunt u dat gemakkelijk vervangen door een middeldikke wol van een ander merk. Even dikke acryl werkt vaak ook prima. Omdat acryl en wol qua gewicht nu eenmaal niet helemaal gelijk zijn, moet u goed letten op de looplengte van het garen dat u koopt. Die gegevens vindt u op de wikkel.

Garen met een ander gewicht of dikte is niet aan te raden, ook al is het garentype gelijk. U kúnt er wel mee breien, maar u moet dan een hoop lastig rekenwerk verrichten wat betreft het aantal steken, de naalddikte, de afmetingen en de hoeveelheden garen. Eventueel kunt u twee dunne draden gebruiken om een dikker garen te imiteren, maar blijf dan wel goed op de stekenverhouding en hoeveelheid garen letten.

Het gebruik van een heel ander garentype (bijvoorbeeld middeldik katoen in plaats van middeldikke wol) geeft heel andere resultaten. Het kledingstuk valt dan anders en lijkt misschien niet op dat wat u voor ogen had. In dit geval kunt u waarschijnlijk beter een patroon zoeken dat is ontworpen voor het garentype dat u heeft gekocht, dan te proberen het patroon aan te passen aan een ander garentype.

5

Aan de slag

✳ Steken opzetten ✳ Recht breien ✳ Averecht breien

✳ Boordsteken breien ✳ Een rechte lap vormen

✳ Problemen oplossen ✳ Rondbreien

Steken op de pen

Ze schilderen allemaal tafereeltjes, borduren schermpjes, haken tasjes. Ik ken nauwelijks iemand die dat niet allemaal kan (...). *Jane Austen,* PRIDE AND PREJUDICE

Breien werd in het Engels vroeger ook wel 'netting' genoemd, alsof er netten werden gemaakt van garen. Of die netten nu werden gebruikt voor het vangen van vis of van een man (zoals in bovenstaand fragment van Jane Austen): het proces van het in elkaar haken van draden bij het maken van netten of tijdens het breien lijkt wel wat op elkaar.

In geweven stof heeft het garen twee richtingen: in de lengte (de schering) en in de breedte (de inslag). De inslag gaat over en onder de schering door, zodat die op de plek blijft. Tijdens het breien bestaat de stof die u maakt uit ononderbroken rijen van lussen, die stuk voor stuk in de lussen eronder haken. De horizontale rijen lussen heten toeren (maar worden meestal 'naalden' genoemd), en de verticale rijen van V'tjes zijn 'kettingen'.

Steken opzetten

Voordat u met breien kunt beginnen, moet u steken op uw breinaald zien te krijgen. Dat heet 'opzetten'. Ooit heeft iemand me verteld dat er wel honderd verschillende manieren van opzetten bestaan! Ik geloof meteen dat dit waar is, en als u meer breiboeken leest of op internet zoekt, dan vindt u ze vast allemaal. In de ruim dertig jaar dat ik brei heb ik vijf manieren geleerd en gebruikt, maar meestal gebruik ik er maar twee.

Het eerste wat u moet doen is een slipsteek maken.

① Wikkel het garen om uw vinger, zodat er een lusje ontstaat.
② Haal een lusje garen door het lusje om uw vinger.
③ Trek het lusje voorzichtig aan, terwijl u de uiteinden van het garen vasthoudt. Zo ontstaat er een knoopje met een lusje.
④ Leg het lusje om een breinaald en trek het garen aan zodat het lusje goed aansluit.

OMSLAAN OF HAKEN?

U kunt de breipennen en het garen tijdens het breien op twee manieren vasthouden: omslaan (Brits) of door de werkdraad door de lus te plukken (continentaal). Bij de Engelse methode houdt u de werkdraad in uw rechterhand en slaat u die telkens om de punt van de naald, zodat er een steek ontstaat. De continentale methode komt oorspronkelijk uit Duitsland: daarbij houdt u de werkdraad in uw linkerhand en plukt u het garen als het ware door het lusje op de linkerbreinaald om een steek te vormen.

Het maakt niet zoveel uit welke breimethode u het liefst volgt: probeer ze alle twee en bedenk dan wat voor u het prettigst werkt. In dit boek ziet u telkens afbeeldingen van beide methoden. Wanneer u de basissteken (recht en averecht) en de technieken uit dit hoofdstuk eenmaal beheerst, dan kunt u de instructies in breibeschrijvingen gewoon volgen – ongeacht de methode waarmee u breit.

OMSLAAN

PLUKKEN

BREIEND OPZETTEN

De eenvoudigste manier van steken opzetten is door ze gewoon al breiend op te zetten. Gebruik het garen en de naalden waarmee u straks wilt breien.

① Maak eerst eens slipsteek en laat een stukje draad van 10 tot 20 cm lang hangen. Leg de slipsteek om de linkerbreinaald.

② Steek het puntje van de rechterbreinaald door de voorkant van de slipsteek, sla de werkdraad om de rechterbreinaald heen en breng de beide naalden naar elkaar.

③ Gebruik de punt van de rechterbreinaald om het garen door de slipsteek heen te halen. Zet de zo ontstane lus op de rechterbreinaald. Tot zover lijkt het op gewoon breien.

④ Neem het lusje van de rechterbreinaald en zet het op de linkerbreinaald door de punt daarvan in het lusje te steken en vervolgens het lusje van de rechternaald af te laten glijden.

OMSLAAN

PLUKKEN

⑤ Nu heeft u 2 steken op de linkerbreinaald. Herhaal dit proces vanaf stap 2, waarbij u de punt van de rechterbreinaald telkens in de lus steekt die u zojuist heeft gebreid om weer een nieuwe steek te vormen. Ga zo door totdat u het juiste aantal steken voor uw project op de linkerbreinaald heeft staan.

Een variatie op deze methode ontstaat wanneer u de punt van de rechternaald onder de beide zijden van de lus van de voorgaande steek doorsteekt tijdens het opzetten (zie foto). Dat wordt een 'kabelopzet' genoemd. Hierbij ziet de opzetrand eruit als een ketting of kabel, en sommige mensen hebben een voorkeur voor deze manier van opzetten.

Kabelopzet

DE DUIMMETHODE

Dit is mijn favoriete manier van steken opzetten: ik houd van hoe de rand er daardoor uitziet. Het lastigst aan deze methode is het bepalen hoe lang de draad moet zijn bij het opzetten, omdat u de steken maakt met het losse uiteinde, terwijl u ze breit met de werkdraad. Een goede vuistregel, die u ook kunt gebruiken om te bepalen hoeveel garen u gebruikt tijdens het breien, is om zo'n vier keer de breedte van het uiteindelijke werkstuk te rekenen. Stel dat u 60 steken wilt opzetten en de aanbevolen stekenverhouding is 20 steken op 10 cm

breedte; 60 steken meten dan 30 cm. U heeft dan 120 cm garen nodig voor het opzetten.

① Maak een slipsteek waarbij u voldoende garen laat hangen om het benodigde aantal steken op te zetten. Zet de slipsteek op een breinaald en houd die in uw rechterhand.

② Neem het losse eind garen in uw linkerhand en wikkel een lus om uw duim, zodat de uiteinden van de lus elkaar onder uw nagel kruisen.

③ Steek de punt in de lus.

④ Leg de werkdraad (aan de kant van de bol, niet het uiteinde) tussen de breinaald en uw duim.

⑤ Haal de werkdraad met de breinaald door de lus om uw duim.

⑥ Laat de lus van uw duim vallen en trek de draad iets aan totdat de nieuw gevormde steek mooi om de naald ligt (maar niet te strak).

⑦ Herhaal het proces vanaf stap 2 totdat u voldoende steken op de naald heeft staan.

Als u begint te breien, werkt u natuurlijk verder met het garen van de bol, niet van het staartje.

KETTINGSTEEK

Als u een kettingsteek kunt haken, dan kunt u daarmee ook steken opzetten. Begin met een slipsteek op de haaknaald. Sla de werkdraad om de haaknaald en trek de draad door de lus. Maak dan een volgende steek. Dit werkt het best als de haak- en breinaalden dezelfde maat hebben.

1. Maak een ketting van kettingsteken, even lang als het aantal steken dat u wilt opzetten.
2. Houd de gehaakte ketting in uw linkerhand, samen met een breinaald. Steek de haaknaald door het eerste oogje van de ketting.
3. Haak het garen met de haaknaald door de lus.
4. Zet het gehaakte lusje op de breinaald.
5. Herhaal dit proces vanaf stap 2, totdat u het vereiste aantal steken op de naald heeft staan.

Deze manier van opzetten wordt ook wel 'voorlopig opzetten' genoemd, omdat de oorspronkelijke ketting heel gemakkelijk kan worden uitgehaald. Zo kunt u de lusjes van de eerste naald nog eens in de andere richting breien. Dat is handig als u bijvoorbeeld een decoratief afwerkrandje wilt breien.

OMSLAAN

PLUKKEN

Recht breien

De basisbreisteek wordt 'rechte steek' genoemd. In patronen heet het dan kortaf 'recht'. Elk breiwerk wordt van de linkernaald naar de rechter gebreid. Een rechte steek maakt een 'V-tje' aan de voorkant van de stof (ongeacht of u de goede of de verkeerde kant voor u heeft liggen) en de bovenkant van het lusje aan de achterkant.

① Om een rechte steek te breien steekt u de punt van de rechterbreinaald in de eerste steek op de linkerbreinaald. Breng de werkdraad tussen beide naalden in.

② Gebruik de punt van de rechterbreinaald om een lusje door de steek te halen en haal dat lusje naar de voorkant van het werk.

③ Het nieuwe lusje vormt een steek op de rechterbreinaald. Laat nu voorzichtig de eerste steek van de linkerbreinaald glijden. Die wordt keurig op de plek gehouden door de nieuwe steek op de rechterbreinaald.

④ Herhaal dit vanaf stap 1. Plaats de punt van de rechterbreinaald telkens in de eerstvolgende steek op de linkerbreinaald.

RIBBELSTEEK

Wanneer u in elke naald alleen rechte steken breit, dan ziet de stof eruit als het hiernaast getoonde voorbeeld: horizontale rijen met boogjes met daartussenin verbindende steken. De rijen verspringen, omdat u de steek voor de goede kant van het breiwerk telkens ook aan de verkeerde kant breit – en daarmee maakt u eigenlijk een steek voor de verkeerde kant.

De ribbelsteek is de eenvoudigste van alle breisteken. Omdat beide zijden van de gebreide stof er zo gelijk uitzien, is het heel handig voor het maken van sjaals en omslagdoeken waarbij u beide zijden van het werk ziet.

Ribbels

OMSLAAN

PLUKKEN

Averecht breien

Deze steek wordt ook wel de 'verkeerde-kantsteek' genoemd. Een averechte steek wordt eigenlijk achterstevoren gebreid. De steek ontstaat dus aan de achterkant van het werk en het lusje komt aan de voorkant.

① Houd de werkdraad aan de voorkant van het werk, tussen de twee naalden in. Plaats de punt van de rechterbreinaald in de voorkant van de steek op de linkerbreinaald – juist de andere kant op dan wanneer u recht zou breien.

② Leg de werkdraad tussen de beide naalden en trek de lus door de steek op de rechternaald.

③ Laat de oorspronkelijke steek voorzichtig van de linkerbreinaald glijden. Als de volgende steek opnieuw een averechte steek is, dan houdt u de werkdraad aan de voorkant van het werk. Is de volgende steek recht, leg dan de draad eerst achter het werk.

Tricotsteek, goede kant

Tricotsteek, verkeerde kant

Boordsteek

TRICOTSTEEK

Averechte steken kunnen in combinatie met rechte steken veel verschillende motiefjes vormen. De meeste gebreide stoffen bestaan uit een tricotsteek, ook wel 'de goede kant' van het werk genoemd. Een tricotsteek ontstaat door telkens 1 naald recht (aan de goede kant van het werk) af te wisselen met 1 steek averecht (aan de verkeerde kant van het werk). Daardoor komen alle lusjes aan de achterzijde van de stof en is de voorkant mooi glad.

De verkeerde kant van het breiwerk kan ook worden gebruikt als de goede kant. In dat geval wordt de steek 'omgekeerde tricotsteek' genoemd.

Boordsteken breien

Door rechte en averechte steken in een naald af te wisselen, ontstaat er een meer rekbare stof. Dit wordt een 'boordsteek' genoemd. Een boordsteek wordt meestal gebreid aan de randen van kledingstukken: taillebanden en manchetten. Op die plaatsen moet het kledingstuk iets strakker zitten, maar wel voldoende kunnen rekken om over de bredere delen van het lichaam te passen. U kunt overigens ook hele kledingstukken breien in een boordsteek: die is niet alleen maar bedoeld voor boorden.

Een elementaire boordsteek is een-recht-een-averechtpatroon. Hierbij is het belangrijk om te onthouden dat alle 'kettinkjes' van steken dezelfde kant uit 'kijken'. Aan de goede kant van het werk breit u een steek recht en de volgende averecht. Nadat u het werk heeft gekeerd om een pen terug te breien aan de verkeerde kant, breit u averechte steken in de rechte steken en rechte in de averechte steken. Op die manier komen alle lusjes van alle kettinkjes mooi boven elkaar te liggen – zowel aan de voor- als achterkant.

De kettinkjes kunnen ook breder zijn dan één steek. Voor variaties op de boordsteek kijkt u in hoofdstuk 7 (blz. 117).

> **Wanneer u een stuk stof breit, haal dan de eerste steek van elke te breien naald af zonder die te breien. Daardoor krijgt u mooiere randen. Zet hiertoe twee steken extra op of beschouw de afgehaalde steek telkens als de eerste steek van de naald.**

Hoes voor een warmwaterzak

Om te laten zien dat u de basissteken van het breien onder de knie heeft, kunt u dit eenvoudige werkstukje maken. Het bestaat uit een tricotsteek en een boordsteek.

U HEEFT NODIG:

* twee bollen van 50 g breizijde (het equivalent van middeldik garen)
* een paar 5,5 mm-breinaalden met knop
* een paar 4,5 mm-breinaalden met knop
* een maasnaald en een schaar
* een warmwaterzak van 20 x 25 cm (de vultuit niet meegerekend)

WERKWIJZE:

Brei een proeflapje in tricotsteek met de 5,5 mm-breinaalden. De stekenverhouding is 20 steken op 10 cm.

Zet 42 steken op met de 5,5 mm-breinaald. Begin met een naald recht (goede kant van het werk), en brei verder in tricotsteek totdat u een hoogte van 26 cm heeft bereikt: dat is na ongeveer 64 naalden.

VOLGENDE NAALD: Haal de eerste steek af zonder die te breien en brei dan twee steken recht samen (1 afh., 2 r. samenbr.). Brei de rest van de naald recht.

DAARNA: Haal de eerste steek af zonder die te breien en brei dan twee steken averecht samen (1 afh., 2 av. samenbr.). Brei de rest van de naald averecht.

Herhaal deze twee naalden nog twee keer. U heeft dan 36 steken over.

Kant aan het begin van de volgende naald 3 steken recht af; kant aan het begin van de daarop volgende naald 3 steken averecht af. U heeft dan 30 steken over. (Zie hoofdstuk 6 voor meer over afkanten.)

Brei nu verder in boordsteek met de 4,5 mm-breinaalden. In elke naald breit u 30 steken.

NAALD 1: * 2 r., 2 av. *, herh. van * tot * tot er nog 2 st. op de nld. staan, 2 r.

NAALD 2: * 2 av., 2 r. *, herh. van * tot * tot er nog 2 steken op de nld. staan, 2 av.

Herhaal beide naalden totdat de boord zo'n 14 cm lang is (ongeveer 32 naalden). Kant losjes af in boordsteek.

U heeft nu één pand van de hoes gebreid. Maak op precies dezelfde manier nog zo'n pand.

Leg de beide panden van de hoes op elkaar, met de goede kant van de stof naar elkaar toe. Speld de randen en de bodem vast met dikke spelden. Zet de hoes in elkaar met een maasnaald en hetzelfde garen als waarmee u heeft gebreid. Gebruik daarvoor de stiksteek. Hecht de uiteinden van het garen af in de naden (zie hoofdstuk 6 voor meer over het in elkaar naaien van werkstukken). Keer de zak.

Vouw de lege warmwaterzak dubbel en schuif die door de boord in de hoes. Daar heeft de zak weer de ruimte om plat te liggen. Vouw de bovenste helft van de boord om als een colletje aan een trui, vul de zak met heet water en leg die lekker tegen u aan.

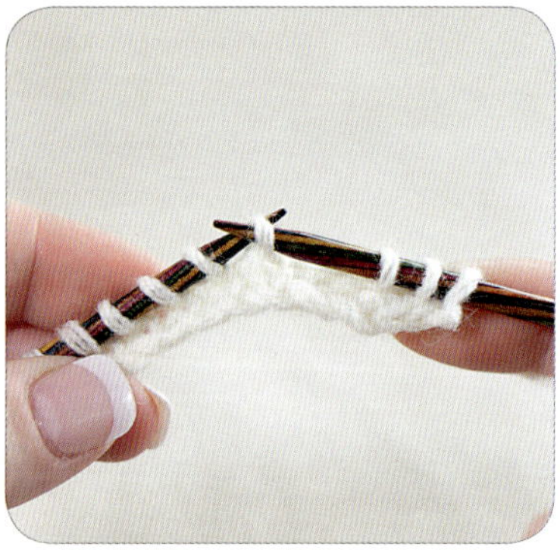

Een steek afhalen

Een rechte lap vormen

Als u wilt proberen om iets anders te breien dan rechte lappen voor een sjaal of pannenlap, dan zult u naast recht en averecht breien wat andere technieken moeten leren. Om een breiwerk te kunnen vormen, moet u weten hoe u steken meerdert en mindert. Om verschillende effecten te bereiken moet u ook weten hoe u steken kunt afhalen of samenbreien. Wanneer u die eenvoudige technieken eenmaal heeft geleerd, dan kunt u vrijwel elk patroon maken.

STEKEN AFHALEN

Wanneer in een breipatroon staat dat u steken moet afhalen, dan betekent dit dat u de steken van de linkerbreinaald op de rechter moet zetten zónder ze te breien. De eenvoudigste manier van steken afhalen is door die zo van de ene op de andere naald te zetten, zonder de lusjes te keren. De werkdraad blijft daarbij aan de achterkant van het werk. Deze techniek kunt u gebruiken wanneer u de steken op een stekenhouder zet (of wanneer u ze daar weer afhaalt). Op die manier draaien de steken niet om de naald heen.

Recht en averecht afhalen

Soms leest u in een patroon dat u een steek 'recht' of 'averecht' moet afhalen. Dat betekent gewoon dat u de rechterbreinaald in de linkersteek steekt, alsof u die wilt breien – alleen

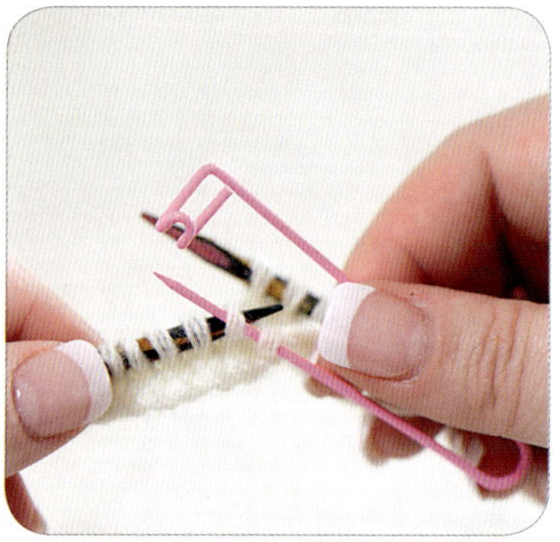

Steken op een stekenhouder zetten

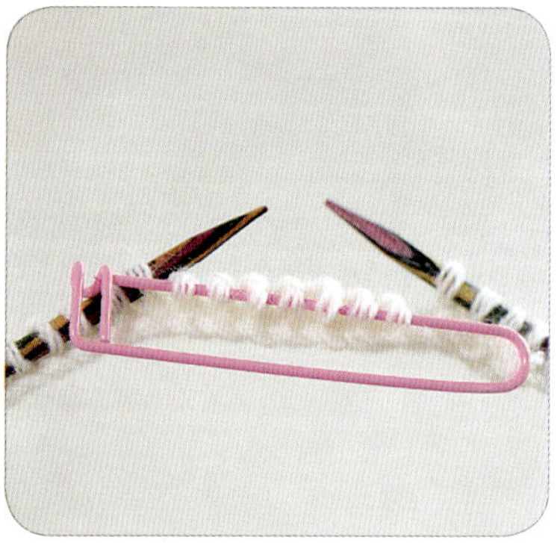

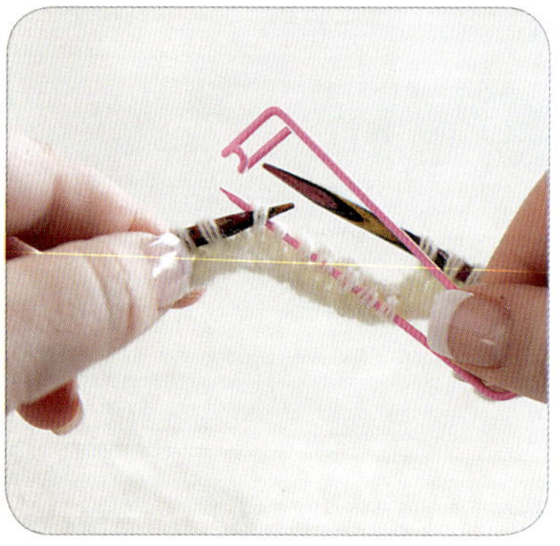

Steken terugzetten op de naald

Een steek recht afhalen

Een steek averecht afhalen

tilt u de steek zonder te breien op de andere naald. Doorgaans wordt de werkdraad hierbij achter het werk gehouden (en wanneer u averecht breit vóór het werk). Maar soms vraagt het patroon van u om de steek af te halen met het garen aan de voor- of juist aan de achterkant.

Steken afhalen en op een kabelnaald zetten

Als u een kabelpatroon breit dan moet u de steken op een kabelnaald zetten. Daar houdt u ze op terwijl u de draai breit (zie hoofdstuk 9, blz. 159). Zet de steken gewoon op de kabelnaald, zonder ze te verdraaien. Zodra u de steken weer op moet pakken, breit u ze vanaf het andere uiteinde van de kabelnaald – gewoon alsof ze nog op de linkerbreinaald staan. Kabels breien lijkt in het begin misschien erg ingewikkeld, maar dat valt reuze mee. Het duurt maar even of u maakt kabels alsof u nooit anders heeft gedaan. Nooit eerder een kabel gebreid? Begin dan met een eenvoudig exemplaar, met een losse draai.

1. Zet het vereiste aantal steken van de linkerbreinaald op de kabelnaald.
2. Brei het vereiste aantal steken van de linkerbreinaald.
3. Brei alle steken vanaf de kabelnaald.

Meerderen met een gewone omslag

Meerderen met een gewone omslag

Meerderen met een gedraaide omslag

Het verschil tussen meerderen met een gewone omslag en meerderen met een gedraaide omslag

MEERDEREN

Om vorm te geven aan een kledingstuk (denk aan een mouw die nauw aansluit rondom de pols, maar ruim genoeg is bij de schouders) moet u soms in een aantal naalden steken meerderen. Meestal gaat dat heel geleidelijk, aan de zijkanten van het pand. Maar soms wordt er ook gemeerderd vanuit het midden, evenredig verdeeld over de hele naald. Voor meerderingen langs de randen breit u de eerste steek (of u haalt die af) en meerdert u in de tweede steek.

Er zijn diverse technieken om steken te meerderen. Hier beschrijf ik drie van de meest voorkomende manieren van meerderen.

Omslag

De eenvoudigste manier om te meerderen is door een omslag om de naald te maken voordat u de volgende steek (recht of averecht) breit. Het nadeel van deze methode is dat er daardoor een klein gaatje ontstaat in het breiwerk. Omdat meerderingen meestal aan de randen worden gemaakt, maakt dat lang niet altijd uit: de gaatjes worden wel verdoezeld door de naad die erlangs loopt na het in elkaar zetten. Soms wilt u misschien ook bewust gaatjes breien, bijvoorbeeld om een speels patroontje te maken (zie hoofdstuk 8, blz. 139).

Een manier om een groot gat te voorkomen, is door te zorgen dat het lusje zichzelf kruist wanneer u de omslag maakt. Het uiteinde van de werkdraad ligt dan tussen de voorgaande steek en de gemeerderde steek.

Een steek twee keer breien

Een andere, eenvoudige manier om een extra steek op de naald te zetten, is door de steek twee keer te breien.

① Brei de eerstvolgende steek net als u anders doet, maar laat de steek niet van de linkerbreinaald glijden.

② Brei de steek op de linkerbreinaald nu nog eens, maar steek nu achter in.

3. Nu staan er twee steken op de rechterbreinaald en kunt u de oorspronkelijke steek van de linkerbreinaald laten glijden.
4. U zult zien dat de tweede steek oogt als een averechte steek. Als u meerdert in een averechte naald, haal dan de werkdraad naar de achterkant van de naald en brei in de voor- en achterkant van de volgende steek. Breng de werkdraad dan weer naar voren en brei verder in averechte steken.

Een steek uit de onderliggende naald breien

Mijn favoriete manier om te meerderen is om in te steken in de ruimte tussen twee steken in de onderliggende naald. Deze methode vind ik het prettigst, omdat de stof er dan uiteindelijk het mooist uitziet. Er zijn geen gaatjes en ook geen verdwaalde averechte boogjes.

1. Net als bij de andere manieren om te meerderen, breit u de eerste steek of haalt u die af. Steek dan de punt van de rechterbreinaald in het lusje tussen de eerste en tweede steek en plaats dat op de linkerbreinaald.
2. Brei deze lus alsof het een gewone steek is en laat afglijden.
3. Deze methode geeft een heel nette steek, zonder gaatjes. Het werkt altijd, of u nu recht of averecht breit.

Driehoekige sjaal

Nu u weet hoe u moet meerderen, kunt u deze eenvoudige maar schitterende sjaal in ribbelsteek maken.

U HEEFT NODIG:

- twee bollen van 50 g dun mohair
- een paar 7 mm-breinaalden met knop
- een maasnaald en een schaar

Voor dit werkstuk hoeft u geen proeflapje te breien.

WERKWIJZE:

Zet 3 steken op.

NAALD 1: Alle steken recht.

NAALD 2: Alle steken recht.

NAALD 3: Maak een nette rand door telkens de eerste steek van elke naald af te halen zonder te breien. Meerder dan een steek volgens de methode die u het prettigst vindt (zie blz. 80-81). Ik heb telkens steken gemeerderd vanuit de onderliggende naald.

NAALD 4 EN ALLE VOLGENDE NAALDEN: Herhaal naald 3.

Blijf zo verder breien en meerder telkens aan het begin van elke naald totdat u 175 steken heeft. Let op: als u de volgende bol nodig heeft, doe dat dan aan het begin van een naald (zie blz. 87).

VOLGENDE NAALD: * 2 r., 1 meerd. *, herh. van * tot * tot er nog 1 st. op de nld. staat, 1 r. (Deze extra steken zorgen dat de rand bij het afkanten lekker elastisch blijft.)

Kant alle steken af. Hecht de losse draden af in de zijkanten van de sjaal.

Steken opzetten aan het begin van een naald

Meer steken opzetten

Als u voor een bepaald pand veel nieuwe steken moet meerderen, doe dat dan steeds aan het begin van de naald (zie blz. 68).

MINDEREN

U kunt een werkstuk ook vormen door in elke naald steken te minderen. Dat is gewoon een kwestie van het samenbreien van twee steken alsof het maar een steek is. Dit wordt in patronen aangegeven als 2 steken samenbreien (2 r. samenbr.) of 2 steken averecht samenbreien (2 av. samenbr.).

Twee steken recht samenbreien

① Steek de punt van de rechterbreinaald door de lusjes van de volgende twee steken alsof het een enkele steek is.

② Sla de draad om de naald en haal die door de lusjes van beide steken. Laat beide steken van de linkerbreinaald in één keer afglijden.

③ De tweede steek ligt over de eerste steek heen.

Twee steken averecht samenbreien

1. Steek de punt van de rechterbreinaald door de lusjes van de volgende twee steken alsof het een enkele steek is.
2. Sla de draad om de naald en haal die door de lusjes van beide steken. Laat beide steken van de linkerbreinaald in één keer afglijden.
3. De tweede steek ligt over de eerste steek heen.

Twee steken samenbreien (achter insteken)

Wanneer u twee steken recht samenbreit dan ligt de eerste steek over de tweede steek aan de goede kant van het breiwerk. Breit u twee steken averecht samen dan ligt de tweede steek over de eerste aan de verkeerde kant van het werk.

Maar misschien wilt u wel dat de steken de andere richting uit wijzen, bijvoorbeeld om decoratieve redenen. Als dat het geval is en u breit volgens de Britse methode (draad omslaan) dan kunt u dat effect bereiken door in te steken in de achterkant van de steek (2 r. samenbr. [achter insteken]).

Breit u volgens de Duitse methode (draad oppikken) of als u dit gemakkelijker vindt dan kunt u de richting van de mindering ook veranderen door twee steken recht af te halen en die samen te breien, zoals u ziet op blz. 86.

Twee steken samenbreien (achter insteken)

1. Haal een steek recht af van de linkerbreinaald op de rechter. Haal dan nog een steek recht af.
2. Plaats de punt van de linkerbreinaald in de twee lussen op de rechterbreinaald en haal ze terug op de linkerbreinaald.
3. Brei de twee steken samen.
4. De eerste steek ligt over de tweede steek.

Een steek overhalen

Een andere manier om van twee steken een te maken, is door tijdens het breien een steek over de andere te halen. Meestal komt u dat in patronen tegen als '1 steek afhalen, 1 steek recht, afgehaalde steek overhalen' (1 st. r. afh., 1 st. r., afgeh. st. overh.).

1. Haal de eerstvolgende steek met de rechterbreinaald van de linker, zonder de steek te breien.
2. Brei de volgende steek en laat die net als anders van de linkernaald glijden.
3. Haal met de punt van de linkerbreinaald de lus van de afgehaalde steek over de gebreide steek op de rechterbreinaald. Laat de afgehaalde steek daarna van de naald glijden.
4. De afgehaalde steek ligt over de gebreide steek.

Om in één keer meer steken te minderen (bijvoorbeeld voor een knoopsgat of de halsopening), kant u gewoon het vereiste aantal steken af (zie blz. 94).

Problemen oplossen

NIEUW GAREN AANHECHTEN

Wanneer u een bol garen heeft opgebreid voordat het pand af is of met meer kleuren werkt, dan moet u een nieuwe bol aanspreken. Dat gaat meestal het best aan de randen van de stof. Als u halverwege een naald onvoldoende garen over heeft, haal dan de naald uit (zie blz. 89) tot aan het begin en start daar met het nieuwe garen. Als u denkt dat u te weinig garen heeft om het eind van de volgende naald te halen, denk dan aan de vuistregel: de benodigde lengte van het garen is ongeveer vier keer zo lang als de breedte van de gebreide naald. Meet het garen dat u nog over heeft en begin pas met een volgende naald wanneer u zeker weet dat u genoeg garen heeft.

Wijk bij voorkeur alleen van die gewoonte af wanneer u bijvoorbeeld aan een nieuwe kleur begint in een intarsiapatroon (bij intarsia breit u gekleurde stukken in een ontwerp om zo een motief of plaatje te maken). In dat geval voegt u de nieuwe bol toe zodra u aan die nieuwe kleur toe bent. Misschien hoeft u de vorige kleur niet af te hechten of misschien kunt u de draad 'meenemen' aan de verkeerde kant van het werk: zie hoofdstuk 10 (blz. 185) voor meer informatie over het breien met verschillende kleuren garen.

① Knip het uiteinde van het 'oude' garen af en laat een staartje van ongeveer 15 cm hangen.

② Begin te breien met de volgende kleur. Maak u in dat stadium niet druk over de steekverhouding van de eerste paar steken.

③ Nadat u een aantal steken heeft gebreid, stopt u even en knoopt u de beide uiteinden losjes aan elkaar. Het knoopje moet er later weer uit kunnen, zodat u de draadjes netjes kunt afhechten (zie blz. 103), dus trek de draadjes niet te strak aan.

EEN GEVALLEN STEEK OPHALEN

Iedereen die breit, laat wel eens een steekje vallen. Dat is niet het eind van de wereld! Een gevallen steek ophalen gaat het gemakkelijkst met een haaknaald.

① Brei tot aan de plek waar de steek zou moeten zijn. Leg de stof zo vlak mogelijk voor u neer en zoek het lusje of de gevallen steek.

② Haal de haaknaald door de gevallen steek en steek de haak dan door het lusje uit de volgende naald. U gaat met de haaknaald van voor naar achteren als het een rechte steek moet zijn, van achter naar voren als het een averechte steek moet zijn.

③ Haal het lusje uit de volgende naald door de gevallen steek.

④ Doe dit net zo lang tot u bent aangekomen in de laatste naald die u heeft gebreid.

⑤ Zet de steek op de linkerbreinaald en ga verder met breien.

Maak u geen zorgen over de spanning van dit rijtje steken. Het is nu misschien een beetje strak, maar dat trekt vanzelf bij zodat het past bij de rest van het breiwerk.

UITHALEN

Als u merkt dat u een stukje van uw werk voor niets heeft gedaan, omdat u zich ergens heeft vergist dan hoeft u alleen maar een stukje 'terug te breien'.

1. Houd het werk met de terug te breien steken in de linkerhand. Steek de punt van de rechterbreinaald in de steek onder de steek op de linkerbreinaald.
2. Schuif de steek van de linkerbreinaald af en trek zachtjes aan het garen. Houd wel de onderliggende steek op de rechterbreinaald.
3. Blijf op deze manier 'terugbreien' tot het punt waar u het foutje heeft gemaakt. Brei dan weer gewoon verder.

Als u veel steken uit moet halen, dan is het vaak gemakkelijker om de steken van de naalden te halen.

1. Zoek de naald waar u naar terug wilt.
2. Leg het werk uitgespreid voor u op een tafel en steek een breinaald in elk lusje van die naald. Dit werkt soms prettiger met een dunnere breinaald dan waar u mee breit. Trek dan zachtjes aan het garen, zodat de steken worden uitgehaald.
3. Als u de naald heeft bereikt, windt u het uitgehaalde garen weer losjes om de bol. Zo raakt het niet in de war tijdens het breien.
4. Brei verder en let er daarbij goed op dat de richting van de steken op de juiste manier op de linkerbreinaald staan. Brei het uitgehaalde stuk opnieuw.

Een steken- en naaldmarkeerder in gebreide stof

DE TEL KWIJT ZIJN

Het is belangrijk dat u bijhoudt hoeveel steken u breit, vooral wanneer u een ingewikkeld patroon breit. Ook het aantal gebreide naalden is belangrijk. Vaak is het best gemakkelijk om het aantal steken op de naald te tellen, maar als u veel steken op de naald heeft staan dan is het vaak erg saai en vervelend om telkens opnieuw te moeten tellen. U houdt gemakkelijk bij waar u bent met een stekenmarkeerder om de naald. Die kunt u bijvoorbeeld om de twintig steken aanbrengen, maar ook na elke motiefherhaling.

Het aantal naalden dat u heeft gebreid, is gemakkelijk bij te houden met een naaldmarkeerder. Die kunt u bijvoorbeeld om de 10 naalden aan het garen hangen, of ook na elke motiefherhaling. Zo'n markeerhulp blijft tijdens het breien op dezelfde plek hangen, zodat u gemakkelijk kunt zien hoe ver u bent gevorderd. Als u de tel kwijtraakt, hoeft u niet te wanhopen: leg het breiwerk zo vlak mogelijk neer en begin te tellen vanaf de opzetrand. Breng dan om de 10 (of 20) naalden een naaldmarkeerder aan.

De markeerhulpjes die u op bijgaande foto ziet zijn niet duur, maar u kunt ook heel goed paperclips gebruiken, of een stuk garen in een contrasterende kleur, een oorbel of zelfs een bindstripje voor broodzakjes. Gebruik in elk geval geen hulpjes die te zwaar zijn of scherpe randjes hebben: die doen uw garen geen goed.

Rondbreien

Sommige projecten kunt u het best rondbreien. U breit dan op rondbreinaalden of op naalden zonder knop in één continue spiraalbeweging. Sokken, mutsen en sommige truien worden op deze manier gebreid. Voor rondbreien moet u een paar belangrijke technieken leren.

In het rond opzetten

Op een rondbreinaald zet u gewoon de gewenste hoeveelheid steken op volgens de techniek die u het liefst gebruikt. Op breinaalden zonder knop verdeelt u het aantal op te zetten steken door drie (als u met vier naalden gaat breien) of vier (als u met vijf naalden gaat breien) en zet u die steken op de naalden zonder knop. Het lastigst is om de laatst opgezette steek met de volgende te verbinden wanneer u begint met het eerste rondje breien. Let goed op dat u geen draaien in de opgezette steken krijgt wanneer u de eindjes bij elkaar legt.

① Zet het gewenste aantal steken op.
② Zorg dat er geen draaien in het werk zitten.
③ Brei vanaf de eerst opgezette steek.

Toeren tellen

Bij het rondbreien worden alle naalden gebreid alsof u breit aan de goede kant. Gebruik een stekenmarkeerder om het begin van een toer herkenbaar te maken. De stekenmarkeerder gaat tijdens het breien van de ene naar de andere naald, maar blijft altijd bij hetzelfde rijtje steken. Zo weet u precies wanneer u een toer heeft volgebreid.

Breinaalden zonder punt vasthouden tijdens het breien

Breinaalden zonder knop

Breinaalden zonder knop lijken voor een beginnende breier misschien een beetje griezelig: u laat bij naalden mét kop vast al genoeg steken vallen. Toch zijn deze naalden minder lastig te hanteren dan ze op het eerste gezicht lijken. Als u er maar voor zorgt dat er niet te veel steken op elke naald staan, dan komt het helemaal goed.

Verdeel de steken zo gelijk mogelijk over de naalden en houd een naald over om mee te werken. Met de werknaald in uw rechterhand breit u steken vanaf de naald die u in uw linkerhand houdt. Wanneer alle steken van de linkerbreinaald naar de rechter zijn verplaatst, wordt de nu lege breinaald de werknaald.

6

Afwerken

✳ Afkanten

✳ Gebreide panden afwerken ✳ Naden sluiten

✳ Steken opnemen ✳ Versieringen

Projecten afronden

Toen wij ons terugtrokken, nam zij uit haar werklade een reusachtig, eindeloos breiwerk; de jongedames gingen met een vuil pak kaarten een spelletje spelen.

William Makepeace Thackeray, VANITY FAIR

Anders dan het eindeloze breiwerk van de chaperonne uit *Vanity Fair* is het de bedoeling dat uw inspanningen uiteindelijk iets opleveren. Wanneer u eenmaal het eind van het patroon heeft bereikt, moet u de steken van de naalden halen en een kledingstuk maken van de losse panden.

Afkanten

Wanneer u alle steken van de breinaald afwerkt, dan wordt dat 'afkanten' genoemd of soms ook 'afhechten'. Het komt erop neer dat u elke steek tijdens het breien over een andere heen haalt, zodat het lusje van de vorige steek wordt vastgelegd door de volgende. Zo kan het breiwerk niet meer uitrafelen. Wanneer u afkant, kunt u de steken het best breien volgens het patroon: breit u in tricotsteek dan zijn de steken óf allemaal recht óf allemaal averecht. Breit u volgens patroon – in boordsteek bijvoorbeeld – dan breit u de af te kanten steken recht of averecht zoals het patroon voorschrijft.

Wanneer u tijdens het afkanten een averechte steek tegenkomt, is het misschien handiger om eerst de werkdraad naar achteren te brengen voordat u de steek overhaalt – zelfs wanneer de volgende af te kanten steek ook een averechte is.

EENVOUDIG AFKANTEN

1. Brei de eerste twee steken van de volgende naald.
2. Neem de eerst gebreide steek op de rechterbreinaald op met de punt van de linkerbreinaald.
3. Haal de eerst gebreide steek over de tweede en laat de eerste afglijden.
4. Brei de volgende steek van de linkerbreinaald.
5. Haal de eerste steek op de rechterbreinaald over de nieuwe en laat de eerste afglijden.
6. Wanneer u de laatste steek heeft bereikt, knipt u de werkdraad af. Zorg dat u daarbij wel een staartje overhoudt en haal dat staartje door de laatste lus.

Spanning

De naald waarin u afkant, is vaak wat minder elastisch dan de naalden in de gebreide stof en daarom is het belangrijk dat u de steken niet te strak breit. Doe uw best om los te breien en als u nog steeds denkt dat de afkantrand te strak is, probeert u hoe het gaat met een dikkere breinaald.

AFKANTEN MET DRIE NAALDEN

Als u twee stukken breiwerk heeft met hetzelfde aantal steken, die naderhand aan elkaar moeten worden genaaid, kunt u met drie naalden afkanten. Daarmee heeft u in één keer het afkanten en het in elkaar zetten gedaan.

① Zet de af te kanten steken op twee naalden die naast elkaar liggen. De goede kanten van het werk moeten tegen elkaar aan liggen.

② Steek de punt van de rechterbreinaald in de eerste steek van de voorste linkerbreinaald en ook in de eerste steek van de achterste linkerbreinaald.

③ Brei de twee steken samen en laat ze afglijden.

④ Brei de volgende twee steken op beide naalden precies zo en haal dan de eerste steek over de tweede. Herhaal dit en beëindig het afkanten net als bij eenvoudig afkanten.

⑤ Hecht de loshangende draadjes van beide stukken stof netjes af.

DECORATIEVE RANDJES

De randen van gebreide stoffen zijn vaak op een bepaalde manier afgewerkt. Veel breiwerkjes beginnen met een stukje boordsteek: daarmee kunt u de onder- of bovenkant van een pand goed afwerken. De bovenrand of afkantrand van een project moet vaak ook op een bepaalde manier worden afgewerkt. De enige uitzondering daarop is een rechte lap in tricotsteek die van nature de neiging heeft om te krullen. Sommige mensen vinden dat leuk en laten de randjes om die reden onafgewerkt.

Afkanten met de haaknaald

Gebruik een haaknaald van dezelfde dikte als de breinaalden die u heeft gebruikt. Met deze methode krijgt u een leuke, iets hoger liggende rand.

① Houd de naald met het breiwerk in uw linkerhand. In plaats van te breien, gebruikt u de haaknaald om twee steken te breien.

② Sla het garen om de haaknaald en trek een lusje door de twee steken op de haaknaald. De doorgehaalde lus is dan nog de enige steek op de haaknaald. Brei dan nog een steek met de haaknaald en herhaal stap 2.

③ Herhaal dit tot het eind van de naald en rond af door het uiteinde van de werkdraad door de laatste lus te halen – net als bij het eenvoudig afkanten.

Gestreepte muts

Brei deze muts in kleurige strepen en hang daar een enorme kwast aan. Het randje van de tricotsteek krult vanzelf op en dat geeft een leuk effect.

U HEEFT NODIG:

- middeldik garen in drie kleuren, van elke kleur 50 g
- een korte rondbreinaald van 4 mm (21 cm lange kabel)
- een setje breinaalden zonder knop van 4 mm, of een paar van 4 mm met knop (zie Vlak breien op blz. 100)
- een maasnaald en een schaar
- een stuk golfkarton van 15 cm breed voor de kwast

Deze maat is geschikt voor de meeste tieners en volwassenen. De stekenverhouding is 22 steken op 10 cm.

WERKWIJZE:
Zet met de eerste kleur 112 steken op de rondbreinaald. Deze kleur vormt straks het randje van de muts.

Brei alle steken recht. Doordat u rondbreit, ontstaat er zo een tricotsteek. Na 6 toeren in de eerste kleur breit u verder met de tweede kleur (zie blz. 87). Brei daarmee 5 toeren. Neem dan de derde kleur en blijf alle steken recht breien. De strepen kunnen een willekeurige breedte krijgen. Draai de drie kleuren garen aan de achterkant van de stof telkens om elkaar heen zodra u met een nieuwe toer begint. Laat de draden niet te erg in elkaar draaien, maar draai ze om de paar toeren terug.

Brei zo door totdat het werk 18 cm hoog is. Ga dan over op breinaalden zonder knop en verdeel de steken gelijkmatig over de naalden.

MINDEREN VOOR DE KRUIN:
TOER 1: * 2 r., 2 r. samenbr. *, herh. van * tot * tot het eind van de nld.

TOER 2: Alle st. r.

TOER 3: * 1 r., 2 r. samenbr. *, herh. van * tot * tot het eind van de nld.

TOER 4: Alle st. r.

TOER 5: * 2 r. samenbr. *, herh. van * tot * tot het eind van de nld.

TOER 6: Alle st. r.

TOER 7 EN 8: * 2 r. samenbr. *, herh. van * tot * tot het eind van de nld. (Er zijn dan 7 st. over).

Knip het garen af en laat een staartje van zo'n 15 cm hangen. Haal dit draadje door de naald en werk de draad dan door de overgebleven 7 steken. U kunt de steken dan van de breinaalden halen. Trek de steken bij elkaar en zet alles met een paar stiksteken aan de verkeerde kant van de stof vast. Hecht de werkdraad netjes af in de stof.

Hecht ook de draadjes af op de plaatsen waar u nieuwe kleuren heeft aangesproken, en het staartje van het begin.

DE KWAST MAKEN:
Op blz. 111 ziet u stap-voor-stapfoto's van hoe u een kwast maakt. Wikkel garen van elke kleur een aantal keren om het karton, totdat u voldoende wikkelingen heeft gemaakt om een mooie kwast te maken. Haal aan de bovenkant een dubbele draad onder de vouw van het garen door en knoop die stevig vast. Knip de andere vouw met een scherpe schaar door.

Houd het bosje garen in de ene hand en fatsoeneer de kwast met uw andere hand. De losse uiteinden hangen naar beneden. Wikkel het bundeltje op korte afstand van de bovenkant nog stevig om met garen. Gebruik daarvoor ongeveer 2 m garen, leg dat dubbel en begin te wikkelen. Is het resultaat naar uw zin, haal het uiteinde van de wikkeldraad dan door de maasnaald en steek die door de top van de kwast.

Knip de uiteinden van het wikkelgaren af en doe hetzelfde met 'verdwaalde' stukjes onder aan de kwast.

Maak de kwast met de maasnaald vast aan het kruintje van de muts en knoop de draden aan de verkeerde kant van de stof stevig vast. Hecht de uiteinden van het garen af in de stof.

VLAK BREIEN:
Zet 112 steken op en brei in tricotsteek (alle oneven naalden recht, alle even naalden averecht). Zodra het werk 18 cm hoog is mindert u, net als bij het rondbreien. Bedenk wel dat u de even naalden averecht moet breien en niet recht! Zodra u nog 7 steken voor de kruin op de naald heeft staan, knipt u de draad af. Laat nu wel een langere werkdraad hangen (ongeveer 40 cm). Haal deze draad door de 7 steken en trek die samen. Maak dan een kleine stiksteek bij de zoom. Naai met hetzelfde garen beide randen van de muts aan elkaar vast en hecht dan de losse draden af, net als bij het rondbreien.

VOOR EEN KIND:
Voor kleine kinderen meet u de hoofdomtrek van het kind. Voor elke 2 cm heeft u 5 steken nodig, maar het totaal aantal steken dat u opzet moet een veelvoud zijn van 4. Als de hoofdomtrek bijvoorbeeld 42 cm is dan zet u 5 x 21 = 105 steken op. 105 is niet deelbaar door 4, dus houdt u het bij 104 steken. Brei dan 12 cm in tricotsteek en ga dan minderen. Minder net als bij de muts voor volwassenen en stop zodra u minder dan 8 steken op de naalden heeft.

Afkanten met een picot

Picots zijn kleine puntjes in de afkantrand die een wat kantachtige flair meegeven aan die rand. U kunt picots zo groot of klein maken als u zelf wilt: u moet alleen zorgen dat u twee keer zo veel steken moet afkanten dan u voor elke picot opzet: zet u twee steken op dan kant u er vier af. Zet u drie steken op, dan kant u zes steken af.

① Zet twee steken op met de kabelopzetmethode (zie blz. 69).
② Kant vier steken af volgens de eenvoudige afkantmethode.
③ Zet het lusje dat nu nog op de rechterbreinaald staat terug op de linkerbreinaald.
④ Herhaal dit proces vanaf stap 1. Blijf zo doorgaan tot het eind van de naald en haal dan het uiteinde van de draad door het laatste lusje.

Gebreide panden afwerken

BLOCKEN

Breiwerk blocken houdt in dat u een gebreid deel uitrekt en vormt. Door het blocken trekken kleine hobbels en bobbels vlak en bovendien passen de panden daardoor vaak beter aan elkaar (zie Pas maken op blz. 102). Zorg dat u de stof niet te ver rekt: leg het breiwerk alleen in de gewenste vorm.

U heeft een ondergrond nodig waarop u uw werk kunt blocken. Een strijkplank is ideaal voor kleine werkstukjes; als het werk groter is, voldoet een gespannen handdoek op een stuk karton of een tafel ook. Neem het breiwerk en leg dat plat op de ondergrond. Zet het met behulp van spelden voorzichtig vast in de beoogde vorm, verticaal en horizontaal. Bent u tevreden over de vorm en de afmetingen, neem dan een stoomstrijkijzer, stel de temperatuur in op 'wol' of een beetje warm en maak de stof vochtig. Laat de stof opgespannen op de ondergrond liggen totdat het helemaal droog is. Verwijder dan de spelden.

U kunt de stof ook blocken door het nat te maken (gebruik een plantenspuit en lauwwarm water en maak de stof licht vochtig – niet kletsnat). Speld de panden dan vast en laat ze volledig drogen.

Werkstukken van wol kunt u blocken, maar nodig is het niet. Voor trendy en synthetische garens is het vaak zelfs af te raden. Voor de meeste garens is heel lichte druk met een stoomstrijkijzer (op de juiste temperatuur) meestal al genoeg.

PAS MAKEN

Als de twee randen die aan elkaar moeten worden gezet niet even lang zijn dan moet u de panden pas maken door de langere rand te voegen naar de kortere. Dit is bijvoorbeeld nodig bij het maken van een gevormde mouw in een armsgat.

1. Leg de twee delen naast elkaar (met de goede kanten naar boven), aan weerszijden van de zoom.
2. Zoek het midden van het langere stuk en speld het van daaruit vast op het midden van het kortere stuk.
3. Deel de helft doormidden en speld dat halverwege het stuk eronder. Blijf de helften steeds zo verdelen totdat de langere rand gelijkmatig aan de onderlaag vastzit. Naai de panden met een stiksteek aan elkaar en werk vanaf de kortere rand: dan worden de steken gelijkmatiger.

Een gevormde mouw kunt u vaak heel goed pas maken bij de mouwkop (bij de schoudernaad). Speld de randen vanaf de oksel tot het midden van de schouder op elkaar. Bij het hoogste deel van de ronding speldt u het 'teveel' aan stof gelijkmatig tussen de laatste paar spelden. Rek daarbij de panden niet uit.

Naden sluiten

Een van mijn vriendinnen biechtte ooit op dat ze weliswaar van breien houdt, maar een hekel heeft aan het in elkaar zetten van een breiwerk. Ze gaf alle panden altijd aan haar moeder die al haar breiwerkjes afrondt. Ik geef toe dat het in elkaar zetten ook niet mijn meest favoriete bezigheid is, maar mijn moeder woont te ver bij me vandaan om daarvoor bij haar aan te kloppen. Zij breit trouwens zelf zo veel dat ze met het in elkaar zetten ook voldoende heeft aan haar eigen projecten.

LOSSE EINDJES AFHECHTEN

Het eerste wat u na het breien moet doen, is alle randen van uw breiwerk netjes afwerken. Overal waar u met een nieuwe bol of kleur bent begonnen, hecht u de draden voor het oog onzichtbaar af. Dat gaat het best wanneer u zorgt dat deze staartjes garen altijd zo'n 15 cm lang zijn, aan het begin en aan het eind.

① Maak alle knoopjes los die u aan de achterkant van het breiwerk heeft gemaakt, en leg de stof vlak neer.

② Rijg een van de losse eindjes in een maasnaald en weef die over en onder de achterkant van een aantal steken door.

③ Trek het garen stevig aan, maar niet zo strak dat u de steken aansnoert. Knip de losse eindjes na het afhechten dicht bij de stof af.

④ Als u verschillende kleuren garen heeft gebruikt, probeer de losse eindjes dan steeds af te hechten in de eigen kleur.

U kunt de uiteindjes ook in verticale richting wegwerken. Als de rand van de stof in een zoom verdwijnt, kan dat een heel goed idee zijn.

NADEN MAKEN

Er zijn verschillende manieren om gebreide stukken aan elkaar te naaien. Op de volgende pagina's vindt u drie eenvoudige steken, maar ziet u ook hoe u kleding in elkaar kunt haken. U kunt naden soms ook sluiten door met drie naalden af te kanten (zie blz. 96).

Bij het in elkaar zetten van breiwerk kunt u het best hetzelfde garen gebruiken als waar u mee heeft gebreid. Dat geldt niet wanneer u trendy garen heeft gebruikt met veel reliëf. In dat geval kiest u het best een gelijkmatig garen van dezelfde kleur, dikte en samenstelling. Heeft u bijvoorbeeld gebreid met een synthetisch, fluweelachtig lint dan is een middeldik synthetisch garen waarschijnlijk de beste keus. Voor los gesponnen wol neemt u bijvoorbeeld een stevige glad gesponnen wol. (In de voorbeelden op de volgende pagina's hebben we een contrasterende kleur gebruikt voor het in elkaar zetten. Daardoor ziet u beter hoe de steken eruitzien.)

Stiksteek

De stiksteek (zie boven) is een van de gemakkelijkste naaisteken die vaak worden gebruikt om naden in gebreide stoffen te sluiten.

① Leg de twee stukken stof met de goede kanten op elkaar en houd de naden bijeen met spelden. Rijg een stuk garen door de maasnaald en hecht het uiteinde ervan aan het begin van de zoom aan.

② Begin met een enkele korte steek van 1 steek lang of breed. Steek de naald 1 steek verder naar beneden, beweeg de naald terug en kom weer omhoog aan het eind van de eerste steek.

③ Blijf zo doorgaan totdat de zoom af is. Knoop het uiteinde van de werkdraad vast en hecht het staartje af tussen de stof van de zoom.

Overhandse steek

De overhandse steek (zie onder) is ook heel eenvoudig, maar is soms te zien aan de goede kant van het breiwerk. Zorg daarom dat u zowel voor het breien als het in elkaar zetten hetzelfde garen gebruikt.

① Leg de twee stukken gebreide stof met de goede kanten op elkaar en zet ze met spelden aan elkaar vast. Rijg een werkdraad door de maasnaald en hecht de draad aan het begin van de zoom aan.

② Houd de stof rechtop, met de steken naar u toe. Laat de naald door beide lagen stof gaan, waarbij u bij elke steek 1 naald- of steekbreedte opschuift.

③ Rond de zoom af door de laatste steek in de laatste breisteek af te hechten en het draaduiteinde weg te werken.

Matras- of laddersteek

Deze steek is wat lastiger te leren, maar geeft een mooie, vlakke, onzichtbare afwerking.

① Leg de twee delen die u aan elkaar wilt maken naast elkaar met de goede kant naar boven en de hoeken naast elkaar. Gebruik spelden om ze op de plek te houden. Haal een werkdraad door een maasnaald en hecht het uiteinde aan het begin van de zoom aan.

② Maak de eerste steek door het garen over de naad te brengen en de naald onder een gebreide steek door te halen. De steek ziet er een beetje uit als de sport van een ladder.

③ Breng de werkdraad nu weer over de naad en haal die onder de volgende gebreide steek door. Zo ontstaat de volgende 'sport' van de ladder.

④ Maak de steken eerst losjes en trek de werkdraad pas later aan. Zo sluit de naad en verdwijnen de 'sporten'.

⑤ Blijf zo doorgaan tot het eind van de naad. Knoop de werkdraad in de laatste steek vast en hecht de werkdraad af in de zoom.

Steken opnemen

Soms moet u bij de afwerking van een project steken opnemen in al gebreide panden. Als u bijvoorbeeld steken heeft afgekant en geminderd voor de halslijn van een trui dan moet u vanaf die randen steken opnemen om de halsboord te breien. Of misschien wilt u steken opnemen om manchetten te breien, om ruches te maken of een knoopbies. Er zijn ook breipatronen waarin steken op deze manier worden opgenomen om het ontwerp spannender te maken.

Het breipatroon dat u volgt, geeft meestal wel een indicatie over het aantal steken dat u moet opnemen. Die moet u gelijkmatig over de rand verdelen. Met een beetje geluk kunt u een steek opnemen uit elke naald of steek, maar dat gaat niet altijd. Als het aantal steken niet gelijk is aan het aantal gebreide naalden of het aantal steken, dan moet u bedenken hoe u die verdeling zo goed mogelijk maakt. Als u bijvoorbeeld 40 naalden heeft gebreid en dertig steken moet opnemen dan kunt u per 4 naalden telkens 1 steek overslaan om aan het juiste aantal steken te komen. Om te zorgen dat u aan het eind niet een steek tekort komt, kunt u het best eerst twee steken opnemen en dan 1 naald overslaan, dan vier opnemen en 1 naald overslaan enzovoort. Aan het eind komt u dan ook weer uit op twee steken na een overgeslagen naald.

Als u op deze manier steken aanbreit dan gebruikt u meestal een dunnere breinaald dan de dikte die u voor de rest van het werkstuk heeft gebruikt. Dat geldt zeker wanneer u een boord breit in boordsteek, langs de halslijn van een trui.

NADEN EN RANDEN HAKEN

Als u kunt haken, kunt u twee delen van een project met vasten aan elkaar haken. Gebruik daarvoor bij voorkeur hetzelfde garen als waarmee u heeft gebreid. Desgewenst kunt u garen kiezen in een contrasterende kleur of textuur, om zo wat extra cachet aan uw project te geven.

U kunt de panden ook versieren met gehaakte randen. Voor het omhaken van een gebreide rand (zie boven), haakt u het garen gewoon door de steken aan de kanten van de stof, net als u bij een haakwerkje zou doen.

① Laat een stuk garen van ongeveer 15 cm hangen aan het begin van het werk. Houd de gebreide stof in uw linkerhand en steek de punt van de naald in de eerste naald of het eerste steekje van de stof, zo dicht mogelijk bij de rand.

② Sla het garen om de naald alsof u een steek breit en trek het lusje door de gebreide stof.

③ Ga verder naar de volgende naald of steek en neem op dezelfde manier nog een steek op.

④ Neem alle benodigde steken op en verdeel die gelijkmatig over de hele rand.

⑤ Keer het werk en neem de naald met de opgenomen steken in uw linkerhand. Brei deze steken volgens het patroon.

KNOOPSGATEN MAKEN

Bij het maken van een vest of een ander kledingstuk met een knoopsluiting kunt u knoopsgaten in de stof breien. U kunt ook na het afronden van het kledingstuk lusjes maken waar de knopen doorheen passen. In beide gevallen moet u weten hoe groot de knopen zijn die u gaat gebruiken. Meestal zult u grotere knopen gebruiken naarmate het garen grover wordt; kleine knopen kunnen de stof immers niet bij elkaar houden. In het patroon kunnen aanwijzingen staan over de grootte van de knopen en het aantal steken waarmee u de knoopsgaten maakt.

Om de plaats van knoopsgaten aan de voorkant van een vest te bepalen, markeert u eerst de plaatsen voor de onderste en de bovenste knoop. Die moeten zo'n 2 tot 4 naalden vanaf de rand worden gemaakt. Verdeel de ruimte tussen deze twee knopen nu gelijkmatig voor de resterende knopen. Als u de knoopbies breit, tel dan het aantal steken of naalden voor de benodigde afstand en maak op die plaatsen de knoopsgaten.

Kleine knoopsgaten

Kleine knoopsgaten maakt u heel eenvoudig door gaatjes te breien.

① Wanneer u de naald heeft bereikt waarin de knoopsgaten moeten komen, breit u totdat u de plaats voor het eerste knoopsgat heeft bereikt.

② Sla het garen om de rechterbreinaald zodat er een extra omslag ontstaat. Brei dan de volgende twee steken recht samen (1 omsl., 2 r. samenbr.). Brei dan verder tot de plaats van het tweede knoopsgat en doe daar hetzelfde.

③ Bij het breien van de volgende naald breit u gewoon volgens patroon verder. De omslag breit u alsof dat de ontbrekende steek is.

④ Hierdoor ontstaat er een klein gaatje in de stof. Controleer of de knoop die u wilt gebruiken erdoorheen past.

Grote knoopsgaten

Voor grote knopen zult u grotere knoopsgaten moeten maken. Dat houdt in dat u in het werk steken moet afkanten en opzetten. Leg de knoop langs de gebreide stof om te bepalen hoeveel steken u moet afkanten. Bedenk dat de knoop meestal met het steeltje tegen de bovenkant van een verticaal knoopsgat zal liggen. Houd daar rekening mee bij het maken van de knoopsgaten en het aanzetten van de knoop.

1. Brei tot het punt waar het knoopsgat moet komen, kant het benodigde aantal steken af en brei verder volgens patroon.
2. In de volgende naald breit u tot aan het punt van de afgekante steken, keert u het werk en zet u evenveel steken op als u heeft afgekant. Gebruik daarvoor de breimethode (zie hoofdstuk 5, blz. 65).
3. Keer het werk opnieuw en brei de naald uit.
4. Controleer of de knoop door het knoopsgat past.

RITSEN

Ritsen worden niet veel gebruikt in breiwerken, omdat ze eigenlijk niet voldoende meegeven met de gebreide stof. Toch heeft u ze af en toe nodig. Het inzetten van een rits in een gebreid kledingstuk is niet anders dan bij geweven stof. Als uw patroon een rits vraagt, dan breit u meestal wat extra steken langs de rand waar de rits moet komen. De naadtoeslag wordt daardoor breder. Sla de naadtoeslag naar binnen en speld de band van de rits eraan vast. Pas op: rek het breiwerk niet uit! Maak breiwerk en rits aan elkaar vast met een naaimachine of met de hand – gebruik dan wel naaigaren en een naainaald.

Een gehaakt knopenlusje

Een genaaid knopenlusje

Knopenlusjes

U kunt leuke knopenlusjes langs de rand of aan de bovenkant van het breiwerk haken of naaien. Dat bespaart u de moeite van het breien van knoopsgaten.

Gehaakte knopenlusjes kunnen opgaan in het breiwerk, maar ook een extra decoratieve functie hebben. Haak een vaste in het breiwerk en haak vervolgens een aantal kettingsteken, genoeg om over de knoop te passen. Zet dit koordje vast met opnieuw een vaste in het breiwerk, waar het knoopsgat moet eindigen. U kunt het koordje eventueel nog omhaken met vasten zodat het sterker wordt. Hecht de losse eindjes van de werkdraad af aan de verkeerde kant van het werk.

Om knopenlusjes te naaien, rijgt u een stuk garen dubbel door een maasnaald. Maak dit garen vast op de plek waar het begin van het knoopsgat moet komen. Maak dan een steek die even lang is als het knoopsgat en zet het garen aan het breiwerk vast. De steek mag niet te strak zijn. Ga nu met een knoopsgatensteek om het garen heen en laat de steken dicht naast elkaar vallen. Bent u klaar, dan hecht u de uiteinden van het garen af aan de verkeerde kant van het werk.

Versieringen

Bij een breiwerk kan de juiste afwerking veel verschil maken. Pompons, pluimen, franje en borduurwerk kunnen extra cachet aan uw werk geven: u kunt er daarmee iets heel eigens van maken. In hoofdstuk 2 leest u hoe u pompons maakt en aan het breiwerk bevestigt. Pluimen en franje maakt u ongeveer net zo.

KWASTEN EN FRANJE

Een kwast is een soort pompon waarbij de draden maar naar één kant gaan. Zo'n kwast ziet er heel leuk uit aan het eind van een gebreide sjaal of boven op een muts. Franje doet het goed aan sjaals, maar ook bijvoorbeeld aan de zoom van een tuniek.

Een kwast maken

1. Bepaal hoe lang de kwast moet worden: 6 of 7 cm is een goede maat voor middeldik garen. Knip een strook golfkarton uit van die breedte en wikkel het garen daar stevig maar niet te strak omheen.
2. Knip twee stukken garen af van zo'n 30 cm lang. Haal die met een maasnaald onder de streng garen om het karton heen. Trek de uiteinden van het garen naar elkaar en leg er een stevige knoop in, om de kwastdraden heen.
3. Knip de lussen door tegenover het punt waar u de streng heeft vastgeknoopt.
4. Houd de kwast in een hand en wikkel nog een paar draden stevig om de bovenkant heen, op zo'n twee centimeter vanaf de knoop aan de bovenkant.
5. Knoop de uiteinden van het bindgaren vast en werk de eindjes weg in de kwast.
6. Knip de kwast bij zodat de onderkant mooi recht is.
7. Gebruik de draden aan de bovenkant om de kwast aan uw breiwerk te bevestigen.

Franje maken

① Bepaal hoe lang de franje moet worden: 10 tot 15 cm is een goede lengte voor aan een sjaal. Reken wat extra voor het bijwerken. Knip een strook golfkarton zo breed als de franje moet worden en wikkel het garen losjes om het karton heen.

② Knip de lussen aan een kant van het karton door. U heeft nu allemaal losse draadjes die twee keer zo lang zijn als de franje.

③ Neem een draadje, vouw dat dubbel en haal het met een haaknaald door de rand van het breiwerk. (De franje wordt voller wanneer u telkens twee draadjes gebruikt.)

④ Haal de uiteinden van de franje door de eigen lus en trek het knoopje aan. Ga zo verder totdat de franjerand klaar is.

⑤ U kunt de franje eventueel fixeren door elke lus met een stiksteek vast te zetten. Leg dan de franjerand recht neer en knip de uiteinden bij.

KOORDJES

Koordjes van hetzelfde garen als de gebreide stof kunnen heel handig en decoratief zijn. U kunt ze gebruiken om dingen aan elkaar te bevestigen: bevestig een koordje aan weerszijden van een muts of vest en strik ze dan vast. U kunt ze ook gebruiken als lusje om iets aan te hangen of als handvatten voor kleine tasjes (zie het iPod-hoesje van blz. 134-135). U kunt ze zelfs op het breiwerk naaien bij wijze van versiering.

Koordjes kunt u op drie manieren maken: draaien, punniken of breien op naalden zonder knop.

Gedraaide koordjes

① Bepaal hoe lang het koordje moet worden en vermenigvuldig die lengte met drie. Knip minimaal twee stukken garen van die lengte af (hoe meer u gebruikt), hoe dikker het koord wordt. Pak de uiteinden bij elkaar en knoop die stevig vast.

② Laat iemand u helpen om het knoopje stevig vast te houden of haak het achter iets stevigs. Steek een breinaald door de lusjes en trek stevig aan.

③ Draai de breipen rond en houd het garen strak. Ga hiermee door totdat het koord twee keer zo lang is als de bedoeling is. Breng dan de kant met de breinaald naar het knoopje, maar laat het koordje niet los. Het zal dan vanzelf in elkaar draaien.

④ Maak een stevige knoop in de uiteinden van het koord of bind die strak af met meer van hetzelfde garen. Zo draait het niet meer uit elkaar.

Punniken

Punnikklosjes zijn te kust en te keur te koop in handwerkwinkels. Ze bestaan uit een houten klosje met een gat in het midden en een aantal spijkertjes aan de bovenkant. Nog niet zo lang geleden heb ik een punnikmachientje gevonden met een hendeltje eraan: draai eraan en het ding punnikt vanzelf. Het nadeel van dat machientje is dat het alleen geschikt is voor erg dun garen. Punniken met de hand is daarom misschien handiger en goedkoper.

① Voer het garen door het midden van het klosje, totdat er een draadje van zo'n 15 cm onder hangt. Wikkel het garen stevig (maar niet strak) om de buitenkant van de spijkertjes.

② Wikkel het garen er nog eens omheen, net boven de eerste slag.

③ Haal met een haaknaald de onderste lus van het eerste spijkertje over de tweede lus heen. Werk op die manier in het rond.

④ Tijdens het punniken zakt het koordje door het klosje. Het kan handig zijn om een klein gewichtje aan het draadje onder het klosje te binden: een zware houten kraal of een papierklem bijvoorbeeld.

⑤ Om af te werken, knipt u het garen af en haalt u de werkdraad door een maasnaald. Rijg die door de laatste steek van elk spijkertje en trek de werkdraad erdoorheen. Knoop de losse eindjes garen in het koordje vast en werk ze weg.

Gebreide punnikrand (I-cord)

Een koord dat is gebreid op breinaalden zonder knop wordt een 'gebreide punnikrand' of 'I-cord' genoemd. U heeft hiervoor twee breinaalden zonder knop nodig, een paar slagen dunner dan u normaal zou gebruiken voor dit garen. Voor middeldik garen gebruikt u nu bijvoorbeeld 3 mm-breinaalden.

① Zet vier steken op en brei 1 naald.

② Keer het werk niet, maar schuif de steken naar het andere uiteinde en brei opnieuw een naald in dezelfde richting. Trek aan het begin van elke naald de draad steeds zo stevig mogelijk aan.

③ Blijf op deze manier verder breien totdat het koord de gewenste lengte heeft. Kant af volgens de eenvoudige methode en hecht de losse eindjes af.

BORDUREN

Als u wat borduursteken kent, dan kunt u uw breiwerk daarmee ook versieren. De dekensteek (of knoopsgatensteek) is heel leuk voor randjes, vooral als u een contrasterende kleur kiest. Met een rijgsteek of stiksteek maakt u grafische lijnen, terwijl de lussensteek (losse kettingsteken), steelsteek en knoopsteek goed zijn voor hele bloementuinen. De kruissteek en flanelsteek zijn weer heel geschikt voor randjes.

Gebruik garen in een contrasterende kleur, maar wel van dezelfde dikte als het breiwerk. Eventueel kunt u ook knoopwol of borduurgaren gebruiken. Het belangrijkst is dat u garens van soortgelijke vezels gebruikt, omdat u het werkstuk anders nauwelijks kunt wassen. Gebruik dus wol op wol, katoen op katoen en synthetisch op synthetisch. Let ook op dat het garen kleurecht is: was het voordat u het verwerkt.

U kunt ook borduren op gebreide stof en daarbij de steken van het breiwerk volgen. Dat heet 'mazen'. U leest en ziet hoe dat in zijn werk gaat in hoofdstuk 12 (blz. 221).

7

Recht en averecht

✳ Motiefherhalingen ✳ Boordpatronen ✳ Eenvoudige reliëfmotieven ✳ Strepen ✳ Ruiten en andere vormen ✳ Dynamische vormen ✳ Patroonvullende motieven ✳ Nog meer reliëfmotieven ✳ Guernseymotieven

Eenvoudig, met een extraatje

Wanneer u de basis eenmaal onder de knie heeft, dan kunt u haast eindeloos variëren in reliëfjes en patroontjes, gewoon met rechte en averechte steken. Hier volgen wat voorbeelden om u op gang te helpen.

Gebreide stoffen die u maakt met allerlei combinaties van de twee elementaire steken die u in hoofdstuk 5 heeft geleerd kunnen enorm verschillend zijn – niet alleen in uiterlijk, maar ook in vorm en afmeting. Stof waarin rechte en averechte steken in verticale banen boven elkaar doorlopen wordt meer in elkaar getrokken dan in een tricotsteek, terwijl enkel rechte steken of een gerstekorrel juist weer een open stof creëren. Hetzelfde aantal steken kan dus tot heel verschillende afmetingen leiden.

Daarom is het ook zo belangrijk om een proeflapje te breien (zie blz. 62) voordat u met een project begint. In een proeflapje breit u de motieven die u in het uiteindelijke patroon ook gaat gebruiken. Pas eventueel de naalddikte of het aantal steken aan.

Motiefherhalingen

De meeste breimotieven bestaan uit een reeks verschillende basissteken die per naald worden herhaald, zodat het hele patroon ermee gevuld wordt. Sommige motieven gaan over meerdere naalden die herhaald worden totdat het pand af is. Dat zijn 'motiefherhalingen'.

Aan het begin van de instructies in dit hoofdstuk staat belangrijke informatie over de motiefherhalingen: het aantal steken dat u moet opzetten om het motief volledig te kunnen breien. Als een motief bijvoorbeeld 4 steken breed is dan moet u een meervoud van 4 steken opzetten om het hele motief een aantal keren te kunnen herhalen. Als uw patroon 64 steken breed is dan kunt u het 4 steken brede motief 16 keer in de breedte herhalen.

Vaak is het verstandig om een extra steek aan weerszijden van elke naald op te zetten, zodat u de kantjes netjes kunt afwerken. Als het benodigd aantal steken een veelvoud van 4 steken is, zet dan 2 steken extra op. Haal de eerste steek van elke naald telkens af en brei de laatste recht. In het hierboven genoemde voorbeeld zou u 66 steken moeten opzetten om 16 motiefherhalingen in de breedte te kunnen maken, met een afgehaalde steek aan het begin en een rechte steek aan het eind van elke naald.

Bij ingewikkelder breipatronen heeft u soms nog meer extra steken nodig aan het eind van elke naald, zodat het midden van het motief ook in het midden van de stof komt. Dat is bijvoorbeeld het geval bij kabels, draaiingen of samengebreide steken aan het eind van een herhaling. Die motieven ontdekt u in de volgende hoofdstukken. Volg bij deze motieven de instructies voor het begin en het eind van de naald zorgvuldig en meerder eventueel een extra steek.

OVERGEBLEVEN STEKEN

Wat doet u als het vereiste aantal steken voor het werkstuk dat u gaat maken niet deelbaar is door het aantal steken van het motief? Bereken eerst hoeveel steken u overhoudt, door het totale aantal steken te delen door het aantal steken van het motief. Als u 70 steken voor het pand nodig heeft en het motief telt 6 steken, dan kunt u 11 herhalingen (6 x 11 = 66) breien en houdt u 4 steken over. Deel dat restgetal door twee en brei de helft van die reststeken aan het begin en de helft aan het eind van elke naald. In het voorbeeld heeft u dus aan weerszijden 2 steken over. Die kunt u gewoon recht of averecht breien, zodat er een randje zonder motief ontstaat. Meestal valt dat randje precies samen met het stukje dat u voor het in elkaar zetten nodig heeft en vormt als het ware een soort zelfkant voor het pand.

Als u een groter aantal steken overhoudt, bijvoorbeeld wanneer het benodigd aantal steken 14 steken is en u 12 steken overhoudt, dan deelt u het restgetal door twee (6 reststeken aan weerszijden van de naald). Houdt u zoveel steken over, dan kunt u ze wel het best met het patroon meebreien (brei de eerste 6 steken van elke naald telkens alsof ze de laatste 6 steken van het motief zijn en de laatste 6 steken van elke naald alsof ze de eerste 6 steken van het motief zijn). U kunt dan ook nog steeds beginnen en eindigen met een of twee steken zonder patroon, zodat u ook hier een zelfkant krijgt.

VERTICALE MOTIEFHERHALINGEN

Breimotieven worden ook verticaal herhaald, over een bepaald aantal naalden. Als het patroon eenvoudig is, dan is het aantal verticale motiefherhalingen niet zo belangrijk. Maar voor een ingewikkelder patroon, met herhalingen over een groot aantal naalden (zoals het 3D-kubuspatroon van blz. 130) is het misschien handig dat u van tevoren al berekent hoeveel verticale herhalingen u moet maken om bijvoorbeeld de bovenkant van het motiefje te laten samenvallen met de halslijn van een trui

RECHT EN AVERECHT

Voor de motiefjes in dit hoofdstuk worden alleen rechte en averechte steken gebruikt. Die kunt u combineren tot een visueel interessant geheel, door te spelen met banen en reliëfs. Het zal u verbazen hoe gemakkelijk u zulke verschillende lapjes maakt met die twee eenvoudige steken. Onthoud dat de afwerking mooier wordt wanneer u elke eerste steek van de naald niet breit, maar afhaalt.

Boordpatronen

Omdat boorden zo elastisch zijn, worden ze meestal gebreid op dunnere pennen dan het garen eigenlijk vraagt. Een boord met middeldik garen wordt bijvoorbeeld gebreid op een 3 mm-naald, terwijl het garen eigenlijk naalden van 4 mm nodig heeft. De hier getoonde voorbeelden zijn allemaal gemaakt met middeldik garen, met breinaalden van 4 mm.

2 recht, 2 averecht

2 RECHT, 2 AVERECHT

Deze boord maak ik het liefst met twee extra steken, zodat het begin en eind van de naald telkens gelijk zijn. Als ik bijvoorbeeld begin met 2 rechte steken (een dubbele ribbel aan de rechterkant van de stof) dan zet ik zoveel steken op dat ik aan het eind van de naald opnieuw 2 rechte steken kan breien. U kunt ook beginnen met 1 rechte steek: 1 r., * 2 av., 2 r. *, herh. van * tot * tot er nog 1 st. op de nld. staat en brei die steek recht. Zo begint en eindigt de stof ook gelijk.

Benodigd aantal steken: 4 steken
Naald 1: * 2 r., 2 av. *, herh. van * tot * tot het eind van de nld.
Naald 2: * 2 av., 2 r. *, herh. van * tot * tot het eind van de nld.
Herhaal deze beide naalden tot u de gewenste hoogte heeft bereikt.

Boord met wisselende breedtes

BOORD MET WISSELENDE BREEDTES

Dit boordpatroon is een van mijn favorieten. Het is speelser dan een regelmatige boord. Bij dit motief wordt aan begin en eind een herhaling voor de helft gebreid, zodat links en rechts gelijk zijn.

Benodigd aantal steken: 10 steken
Naald 1: 2 r., 2 av., 2 r., 2 av. *, 4 r., 2 av., 2 r., 2 av. *, herh. van * tot * tot er nog 2 steken over zijn, 2 r.
Naald 2: 2 av., * 2 r., 2 av., 2 r., 4 av. *, herh. van * tot * tot er nog 8 steken over zijn, 2 r., 2 av., 2 r., 2 av.
Herhaal deze beide naalden totdat u de gewenste hoogte heeft bereikt.

Foute boord

FOUTE BOORD

Eigenlijk zit er in deze boord geen fout: de onregelmatigheid is bewust aangebracht. De verticale ribbels worden gevormd doordat de motiefherhaling van de dubbele boordsteek aan de verkeerde kant van het werk een steek opschuift. Het is heel eenvoudig te breien, want alle naalden zijn gelijk.

Benodigd aantal steken: 4 steken + 3 extra
Naald 1: * 2 r., 2 av. *, herh. van * tot * tot er nog 3 steken over zijn, 2 r., 1 av.
Naald 2: Herhaal naald 1.
Blijf elke naald zo breien, totdat u de gewenste hoogte heeft bereikt.

Eenvoudige reliëfmotieven

GERSTEKORREL

Gerstekorrels geven een heel eenvoudige, vlakke lap stof, die toch reliëf heeft. Een gerstekorrel ontstaat door afwisselend 1 r., 1 av. te breien en dat per naald te verschuiven.

Benodigd aantal steken: 2 steken (elk willekeurig even aantal)
Naald 1: * 1 r., 1 av. *, herh. van * tot * tot het eind van de nld.
Naald 2: * 1 av., 1 r. *, herh. van * tot * tot het eind van de nld.
Herhaal deze beide naalden totdat u de gewenste hoogte heeft bereikt.

Gerstekorrel

DUBBELE GERSTEKORREL

Het uiterlijk van deze steek heeft wel wat van de aren van tarwe en daarom wordt de steek in Engelstalige landen ook wel de 'wheat stitch' (tarwesteek) genoemd. U bereikt dit effect door de beide naalden van de gerstekorrel telkens 2 keer te herhalen.

Benodigd aantal steken: 2 steken (elk willekeurig even aantal steken)
Naald 1: * 1 r., 1 av. *, herh. van * tot * tot het eind van de nld.
Naald 2: * 1 r., 1 av. *, herh. van * tot * tot het eind van de nld.
Naald 3: * 1 av., 1 r. *, herh. van * tot * tot het eind van de nld.
Naald 4: * 1 av., 1 r. *, herh. van * tot * tot het eind van de nld.
Herhaal deze 4 naalden totdat u de gewenste hoogte heeft bereikt.

Dubbele gerstekorrel

MANDENWEEFSTEEK

Dit motief heeft het uiterlijk van geweven bandjes tricotsteek en de verkeerde kant van de tricotsteek. De eerste 4 naalden vormen de basis voor het patroon, dat verspringt doordat het in de volgende 4 naalden opschuift. Zo ontstaat er een geweven effect.

Benodigd aantal steken: 88 steken + 5 extra
Naald 1: Alle st. r.
Naald 2: * 5 r., 3 av. *, herh. van * tot * tot er 5 st. over zijn, 5 r.
Naald 3: * 5 av., 3 r. *, herh. van * tot * tot er 5 st. over zijn, 5 av.
Naald 4: Herhaal naald 2.
Naald 5: Alle st. r.
Naald 6: 1 r., 3 av., * 5 r., 3 av. *, herh. van * tot * tot er nog 1 st. over is, 1 r.
Naald 7: 1 av., * 3 r., 5 av. *, herh. van * tot * tot er 4 st. over zijn, 3 r., 1 av.
Naald 8: Herhaal naald 6.
Herhaal deze 8 naalden totdat u de gewenste hoogte heeft bereikt.

Mandenweefsteek

Beenwarmers in boordpatroon

Deze klassiekers uit de jaren tachtig van de vorige eeuw, die ooit alleen in de danswereld werden gebruikt, maken een comeback in het modebeeld. Kies uw favoriete kleur en brei ze in een pittige boordsteek.

U HEEFT NODIG:

* zes bollen van 50 g middeldikke wol
* vier stuks 3,5 mm-breinaalden zonder kop (of twee met kop)
* maasnaald en schaar

WERKWIJZE:

Zet 88 steken op en verdeel ze gelijkmatig over 3 naalden – ik heb 32 steken op twee pennen gezet en 24 op de derde (zie blz. 91 voor tips over het opzetten van steken op breinaalden zonder punt). Begin met rondbreien, telkens 3 r., 2 av., 1 r., 2 av. (Benodigd aantal steken 8 steken). Vergeet niet dat u bij rondbreien alle steken breit alsof u ze vanaf de goede kant breit. U kunt dus telkens hetzelfde patroontje herhalen. Moet u een nieuwe bol garen aanspreken, doe dat dan aan het begin van een herhaling – maak u geen zorgen als dat niet aan het begin van een naald is. Voor elke beenwarmer heeft u drie bollen garen nodig. Wanneer u nog ongeveer één meter garen overheeft, kant u in patroon af. Hecht de uiteinden van het garen zorgvuldig af. Maak de tweede beenwarmer op dezelfde manier.

Als u liever op twee naalden breit, dan zet u 90 steken op. Haal de eerste steek af, brei dan een naald volgens patroon (3 r., 2 av., 1 r., 2 av.) en brei de laatste steek. Aan de verkeerde kant van het werk breit u als volgt: 1 st. afh., * 2 r., 1 av., 2 r., 3 av. *, herh. van * tot * tot 1 steek voor het eind van de naald, brei de laatste steek. Ga op deze manier door totdat u drie bollen garen heeft opgebreid; nieuwe bollen spreekt u telkens aan bij het begin van de naald. Kant af en naai de zijkanten van het werk aan elkaar met de matrassteek zodat er een platte zoom ontstaat (zie blz. 105). Hecht de uiteinden van het garen af in de zoom. Maak de tweede beenwarmer op dezelfde manier.

Deze beenwarmers zijn heel elastisch en passen de meeste tieners en volwassenen. Als u ze wilt maken voor een kind of voor iemand met heel dunne benen, zet dan 8 of 16 steken (1 of 2 motiefherhalingen) minder op. Voor een kind kunt u volstaan met twee bollen garen per beenwarmer; voor een dunne volwassene kunt u stoppen met breien zodra de beenwarmer ongeveer 50 cm hoog is.

Horizontale streepjes in ribbelsteek

Strepen

HORIZONTALE STREEPJES IN RIBBELSTEEK

Een enkele naald ribbelsteek aan de goede kant van de stof geeft een leuk horizontaal streepje op een achtergrond van tricotsteek.

Benodigd aantal steken: Elk willekeurig aantal steken
Naald 1 en alle oneven naalden: Alle st. r.
Naald 2 en 4: Alle st. av.
Naald 6: Alle st. r.
Herhaal deze 6 naalden totdat u de gewenste hoogte heeft bereikt.

Brede horizontale strepen

BREDE HORIZONTALE STREPEN

Stroken van 6 naalden in tricotsteek en even brede stroken in averechte tricotsteek vormen dit eenvoudige motief.

Benodigd aantal steken: Elk willekeurig aantal steken
Brei 6 nld. in tricotsteek (oneven naalden r., even naalden av.)
Brei 6 nld. in averechte tricotsteek (oneven naalden av., even naalden r.)
Herhaal deze 6 naalden totdat u de gewenste hoogte heeft bereikt.

HORIZONTALE STREPEN IN GERSTEKORREL

Horizontale strepen in gerstekorrel afgewisseld met stroken in tricotsteek vormen dit motief.

Benodigd aantal steken: Een willekeurig, even aantal steken
Brei 6 nld. in tricotsteek (oneven nld. r., even nld. av.)
Naald 7: * 1 r., 1 av. *, herh. van * tot * tot het eind van de nld.
Naald 8: * 1 av., 1 r. *, herh. van * tot * tot het eind van de nld.
Herhaal deze 8 naalden totdat u de gewenste hoogte heeft bereikt.

Horizontale strepen in gerstekorrel

VERTICALE LIJNTJES

Fijne verticale lijntjes steken fraai af tegen een achtergrond van averechte tricotsteek. Een herhaling is verdeeld over het begin en eind van de naalden, zodat de lijntjes vanuit het midden gelijk verdeeld zijn.

Benodigd aantal steken: 6 steken

Naald 1: 2 av., * 1 r., 5 av. *, herh. van * tot * tot er 4 st. over zijn, 1 r., 3 av.

Naald 2: 3 r., * 1 av., 5 r. *, herh. van * tot * tot er nog 3 st. op de nld. staan, 1 av., 2 r.

Herhaal deze twee naalden totdat u de gewenste hoogte heeft bereikt.

Verticale lijntjes

BREDE VERTICALE STREPEN

Elkaar afwisselende strepen van tricotsteek en averechte tricotsteek vormen dit motief.

Benodigd aantal steken: 10 steken

Naald 1: * 5 r., 5 av. *, herh. van * tot * tot het eind van de nld.

Naald 2: Herhaal naald 1 (u breit elke naald hetzelfde).

Herhaal dit motief totdat u de gewenste hoogte heeft bereikt.

Brede verticale strepen

VERTICALE STREPEN IN GERSTEKORREL

Een strookje van vijf steken in tricotsteek afgewisseld met telkens drie steken gerstekorrel. Een herhaling is verdeeld over het begin en eind van de naalden, zodat de strepen vanuit het midden gelijk verdeeld zijn.

Benodigd aantal steken: 8 steken

Naald 1: 2 r., * 1 av., 1 r., 1 av., 5 r. * herh. van * tot * tot er nog 6 st. op de nld. staan, 1 av., 1 r., 1 av., 3 r.

Naald 2: 3 av., * 1 av., 1 r., 1 av., 5 av. * herh. van * tot * tot er 5 st. over zijn, 1 av., 1 r., 1 av., 2 av.

Herhaal deze 2 naalden totdat u de gewenste hoogte heeft bereikt.

Verticale strepen in gerstekorrel

Diagonale lijntjes

DIAGONALE LIJNTJES

Fijne lijntjes van averechte steken op een achtergrond van tricotsteek schuiven over de stof. De motiefherhaling schuift in elke naald een steek op.

Benodigd aantal steken: 6 steken
Naald 1: * 5 r., 1 av. *, herh. van * tot * tot het eind van de nld.
Naald 2: * 5 av., 1 r. *, herh. van * tot * tot het eind van de nld.
Naald 3: 1 r., *1 av., 5 r. *, herh. van * tot * tot er nog 5 st. over zijn, 1 av., 4 r.
Naald 4: 3 av., * 1 r., 5 av. *, herh. van * tot * tot er 3 st. over zijn, 1 r., 2 av.
Naald 5: 3 r., * 1 r., 5 av. *, herh. van * tot * tot er 3 st. over zijn, 1 av., 2 r.
Naald 6: 1 av., * 1 r., 5 av. *, herh. van * tot * tot er 5 st. over zijn, 1 r., 1 av.
Herhaal deze 6 naalden tot u de gewenste hoogte heeft bereikt.

Als u de richting van de lijntjes wilt omkeren, doet u het volgende:
Naald 1: * 1 av., 5 r. *, herh. van * tot * tot het eind van de nld.
Naald 2: * 1 r., 5 av. *, herh. van * tot * tot het eind van de nld.
Naald 3: 4 r., * 1 av., 5 r. *, herh. van * tot * tot er 2 st. over zijn, 1 av., 1 r.
Naald 4: 2 av., * 1 r., 5 av. *, herh. van * tot * tot er 4 st. over zijn, 1 r., 3 av.
Naald 5: 2 r., * 1 av., 5 r. *, herh. van * tot * tot er 4 st. over zijn, 1 av., 3 r.
Naald 6: 4 av., * 1 r., 5 av. *, herh. van * tot * tot er 2 st. over zijn, 1 r., 1 av.
Herhaal deze 6 naalden tot u de gewenste hoogte heeft bereikt.

Brede diagonale strepen

BREDE DIAGONALE STREPEN

In dit patroon wisselen strepen in tricotsteek en averechte tricotsteek elkaar af.

Benodigd aantal steken: 6 steken
Naald 1: * 3 av., 3 r. *, herh. van * tot * tot het eind van de nld.
Naald 2: * 3 av., 3 r. *, herh. van * tot * tot het eind van de nld.
Naald 3: 1 r., * 3 av., 3 r. *, herh. van * tot * tot er 5 st. over zijn, 3 av., 2 r.
Naald 4: 2 av., * 3 r., 3 av. *, herh. van * tot * tot er 4 st. over zijn, 3 r., 1 av.
Naald 5: 2 r., * 3 av., 3 r. *, herh. van * tot * tot er 4 st. over zijn, 3 av., 1 r.
Naald 6: 1 av., * 3r., 3 av. *, herh. van * tot * tot er 5 st. over zijn, 3 r., 2 av.
Naald 7: * 3 r., 3 av. *, herh. van * tot * tot het eind van de nld.
Naald 8: * 3 r., 3 av. *, herh. van * tot * tot het eind van de nld.
Naald 9: 1 av., * 3 r., 3 av. *, herh. van * tot * tot er 5 st. over zijn, 3 r., 2 av.
Naald 10: 2 r., * 3 av., 3 r. *, herh. van * tot * tot er 4 st. over zijn, 3 av., 1 r.
Naald 11: 2 av., * 3 r., 3 av. *, herh. van * tot * tot er 4 st. over zijn, 3 r., 1 av.
Naald 12: 1 r., * 3 av., 3 r. *, herh. van * tot * tot er 5 st. over zijn, 3 av., 2 r.
Herhaal deze 12 naalden totdat u de gewenste hoogte heeft bereikt.

Als u de richting van de strepen wilt omkeren, doet u het volgende:
Naald 1: * 3 r., 3 av. *, herh. van * tot * tot het eind van de nld.
Naald 2: * 3 r., 3 av. *, herh. van * tot * tot het eind van de nld.
Naald 3: 2 r., * 3 av., 3 r. *, herh. van * tot * tot er 4 st. over zijn, 3 av., 1 r.
Naald 4: 1 av., * 3 r., 3 av. *, herh. van * tot * tot er 5 st. over zijn, 3 r., 2 av.
Naald 5: 1 r., * 3 av., 3 r. *, herh. van * tot * tot er 5 st. over zijn, 3 av., 2 r.
Naald 6: 2 av., * 3r., 3 av. *, herh. van * tot * tot er 4 st. over zijn, 3 r., 1 av.
Naald 7: * 3 av., 3 r. *, herh. van * tot * tot het eind van de nld.
Naald 8: * 3 av., 3 r. *, herh. van * tot * tot het eind van de nld.
Naald 9: 2 av., * 3 r., 3 av. *, herh. van * tot * tot er 4 st. over zijn, 3 r., 1 av.
Naald 10: 1 r., * 3 av., 3 r. *, herh. van * tot * tot er 5 st. over zijn, 3 av., 2 r.
Naald 11: 1 av., * 3 r., 3 av. *, herh. van * tot * tot er 5 st. over zijn, 3 r., 2 av.
Naald 12: 2 r., * 3 av., 3 r. *, herh. van * tot * tot er 4 st. over zijn, 3 av., 1 r.
Herhaal deze 12 naalden totdat u de gewenste hoogte heeft bereikt.

DIAGONALE STREPEN IN GERSTEKORREL

Deze strepen lijken op een dubbele rij fijne lijntjes.

Diagonale strepen in gerstekorrel

Benodigd aantal steken: 8 steken
Naald 1: * 5 r., 1 av., 1 r., 1 av. *, herh. van * tot * tot het eind van de nld.
Naald 2: * 1 av., 1 r., 5 av., 1 r. *, herh. van * tot * tot het eind van de nld.
Naald 3: * 1 r., 1 av., 5 r., 1 av. *, herh. van * tot * tot het eind van de nld.
Naald 4: * 5 av., 1 r., 1 av., 1 r. *, herh. van * tot * tot het eind van de nld.
Naald 5: * 1 r., 1 av., 1 r., 1 av., 4 r. *, herh. van * tot * tot het eind van de nld.
Naald 6: * 3 av., 1 r., 1 av., 1 r., 2 av. *, herh. van * tot * tot het eind van de nld.
Naald 7: * 3 r., 1 av., 1 r., 1 av., 2 r. *, herh. van * tot * tot het eind van de nld.
Naald 8: * 1 av., 1 r., 1 av., 1 r., 4 av. * herh. van * tot * tot het eind van de nld.
Herhaal deze 8 naalden totdat u de gewenste hoogte heeft bereikt.

Als u de richting van de strepen wilt omkeren, doet u het volgende:
Naald 1: * 5 r., 1 av., 1 r., 1 av. *, herh. van * tot * tot het eind van de nld.
Naald 2: * 1 av., 1 r., 1 av., 1 r., 4 av. *, herh. van * tot * tot het eind van de nld.
Naald 3: * 3 r., 1 av., 1 r., 1 av., 2 r. *, herh. van * tot * tot het eind van de nld.
Naald 4: * 3 av., 1 r., 1 av., 1 r., 2 av. *, herh. van * tot * tot het eind van de nld.
Naald 5: * 1 r., 1 av., 1 r., 1 av., 4 r. *, herh. van * tot * tot het eind van de nld.
Naald 6: * 5 av., 1 r., 1 av., 1 r. *, herh. van * tot * tot het eind van de nld.
Naald 7: * 1 r., 1 av., 5 r., 1 av. *, herh. van * tot * tot het eind van de nld.
Naald 8: * 1 av., 1 r., 5 av., 1 r. * herh. van * tot * tot het eind van de nld.
Herhaal deze 8 naalden totdat u de gewenste hoogte heeft bereikt.

Ruiten en andere vormen

Eenvoudige ruiten

EENVOUDIGE RUITEN

Elkaar kruisende lijnen van averechte steken in beide richtingen vormen een eenvoudig ruitpatroon.

Benodigd aantal steken: 6 steken

Naald 1: * 5 r., 1 av. *, herh. van * tot * tot het eind van de nld.

Naald 2: * 1 av., 1 r., 3 av., 1 r. *, herh. van * tot * tot het eind van de nld.

Naald 3: * 1 r., 1 av., 1 r., 1 av., 2 r. *, herh. van * tot * tot het eind van de nld.

Naald 4: * 3 av., 1 r., 2 av. *, herh. van * tot * tot het eind van de nld.

Naald 5: Herhaal naald 3.

Naald 6: Herhaal naald 2.

Herhaal deze 6 naalden totdat u de gewenste hoogte heeft bereikt.

Koning Charlesruit

KONING CHARLESRUIT

De koninklijke achtergrond van dit traditionele motief kan een gewone trui of sjaal een vorstelijke uitstraling geven.

Benodigd aantal steken: 12 steken + 1 extra

Naald 1: * 5 r., 1 av., 1 r., 1 av., 4 r. *, herh. van * tot * tot er nog 1 st. over is, 1 r.

Naald 2: * 4 av., 1 r., 1 av., 1r., 1 av., 1 r., 3 av. *, herh. van * tot * tot er nog 1 st. over is, 1 av.

Naald 3: * 3 r., 1 av., 1 r., 1 av., 1 r., 1 av., 1 r., 1 av., 2 r. *, herh. van * tot * tot er nog 1 st. over is, 1 r.

Naald 4: * 2 av., 1 r., 1 av., 1 r., 3 av., 1 r., 1 av., 1 r., 1 av. *, herh. van * tot * tot er nog 1 st. over is, 1 av.

Naald 5: * 1 r., 1 av., 1 r., 1 av., 5 r., 1 av., 1 r., 1 av. *, herh. van * tot * tot er nog 1 st. over is, 1 r.

Naald 6: * 1 r., 1 av., 1 r., 7 av., 1 r., 1 av. *, herh. van * tot * tot er nog 1 st. over is, 1 r.

Naald 7: * 1 r., 1 av., 9 r., 1 av. *, herh. van * tot * tot er nog 1 st. over is, 1 r.

Naald 8: Herhaal naald 6.

Naald 9: Herhaal naald 5.

Naald 10: Herhaal naald 4.

Naald 11: Herhaal naald 3.

Naald 12: Herhaal naald 2.

Herhaal deze 12 naalden totdat u de gewenste hoogte heeft bereikt.

Ruiten

RUITEN

Als u het in de vingers begint te krijgen, dan kunt u experimenteren met herhalingen van deze ruiten in horizontale of verticale banen.

Benodigd aantal steken: 14 steken

Naald 1: * 4 r., 1 av., 1 r., 1 av., 1 r., 1 av., 1 r., 1 av., 3 r. *, herh. van * tot * tot het eind van de nld.

Naald 2 en alle even naalden: Alle st. av.

Naald 3: * 1 av., 4 r., 1 av., 1 r., 1 av., 1 r., 1 av., 4 r. *, herh. van * tot * tot het eind van de nld.

Naald 5: * 1 r., 1 av., 4 r., 1 av., 1 r., 1 av., 4 r., 1 av. *, herh. van * tot * tot het eind van de nld.

Naald 7: * 1 av., 1 r., 1 av., 4 r., 1 av., 4 r., 1 av., 1 r. *, herh. van * tot * tot het eind van de nld.

Naald 9: * 1 r., 1 av., 1 r., 1 av., 7 r., 1 av., 1 r., 1 av. *, herh. van * tot * tot het eind van de nld.

Naald 11: Herhaal naald 7.

Naald 13: Herhaal naald 5.

Naald 15: Herhaal naald 3.

Herhaal deze 16 naalden totdat u de gewenste hoogte heeft bereikt.

Schaakbord

SCHAAKBORD

Dit schaakbordmotief bestaat uit vierkantjes in tricotsteek en averechte tricotsteek. U kunt de averechte tricotsteek ook vervangen door een gerstekorrel.

Benodigd aantal steken: 10 steken

Naald 1 tot en met 6: * 5 r., 5 av. *, herh. van * tot * tot het eind van de nld.

Naald 7 tot en met 12: * 5 av., 5 r. *, herh. van * tot * tot het eind van de nld.

Herhaal deze 12 naalden totdat u de gewenste hoogte heeft bereikt.

Driehoeken

DRIEHOEKEN

Deze driehoeken trekken de aandacht, alsof het bergen zijn die in water worden weerspiegeld.

Benodigd aantal steken: 10 steken + 1 extra

Naald 1: 1 r., * 9 av., 1 r. *, herh. van * tot * tot het eind van de nld.

Naald 2: * 2 av., 7 r., 1 av. *, herh. van * tot * tot er nog 1 st. over is, 1 av.

Naald 3: 1 r., *2 r., 5 av., 3 r. *, herh. van * tot * tot het eind van de nld.

Naald 4: * 4 av., 3 r., 3 av. *, herh. van * tot * tot er nog 1 st. over is, 1 av.

Naald 5: 1 r., * 4 r., 1 av., 5 r. *, herh. van * tot * tot het eind van de nld.

Naald 6: * 5 r., 1 av., 4 r. *, herh. van * tot * tot er nog 1 st. over is, 1 r.

Naald 7: 1 av., * 2 av., 3 r., 5 av. *, herh. van * tot * tot het eind van de nld.

Naald 8: * 4 r., 3 av., 3 r. *, herh. van * tot * tot er nog 1 st. over is, 1 r.

Naald 9: 1 av., * 2 av., 5 r., 3 av. *, herh. van * tot * tot het eind van de nld.

Naald 10: * 5 r., 1 av., 4 r. *, herh. van * tot * tot er nog 1 st. over is, 1 r.

Herhaal deze 10 naalden totdat u de gewenste hoogte heeft bereikt.

3D-kubussen

Parallellogrammen

Dynamische vormen

3D-KUBUSSEN

Met niet meer dan drie motiefjes kunt u optische illusies creëren: tricotsteek, averechte tricotsteek en gerstekorrel.

Benodigd aantal steken: 10 steken

Naald 1: * 1 r., 1 av. *, herh. van * tot * tot het eind van de nld.

Naald 2: * 1 av., 1 r., 1 av., 2 r., 2 av., 1 r., 1 av., 1 r. *, herh. van * tot * tot het eind van de nld.

Naald 3: * 1 r., 1 av., 3 r., 3 av., 1 r., 1 av. *, herh. van * tot * tot eind van de nld.

Naald 4: *, 1 r., 4 r., 4 av., 1 r. * herh. van * tot * tot het eind van de nld.

Naald 5: * 5 r., 5 av. *, herh. van * tot * tot het eind van de nld.

Naald 6 tot en met 8: Herhaal naald 5 nog drie keer.

Naald 9: * 4 r., 1 av., 1 r., 4 av. *, herh. van * tot * tot het eind van de nld.

Naald 10: * 3 r., 1 av., 1 r., 1 av., 1 r., 3 av. *, herh. van * tot * tot eind van de nld.

Naald 11: * 2 r., 1 av., 1 r., 1 av., 1 r., 1 av., 1 r., 2 av. *, herh. van * tot * tot het eind van de nld.

Naald 12: * 1 r., 1 av. *, herh. van * tot * tot het eind van de nld.

Naald 13: * 1 av., 1 r.*, herh. van * tot * tot het eind van de nld.

Naald 14: * 2 av., 1 r., 1 av., 1 r., 1 av., 1 r., 1 av., 2 r. *, herh. van * tot * tot het eind van de nld.

Naald 15: * 3 av., 1 r., 1 av., 1 r., 1 av., 3 r.*, herh. van * tot * tot eind van de nld.

Naald 16: * 4 av., 1 r., 1 av., 4 r. *, herh. van * tot * tot het eind van de nld.

Naald 17: * 5 av., 5 r. *, herh. van * tot * tot het eind van de nld.

Naald 18 tot en met 20: Herhaal naald 17 nog drie keer.

Naald 21: * 1 r., 4 av., 4 r., 1 av. *, herh. van * tot * tot het eind van de nld.

Naald 22: * 1 av., 1 r., 3 av., 3 r., 1 av., 1 r. *, herh. van * tot * tot eind van de nld.

Naald 23: * 1 r., 1 av., 1 r., 2 av., 2 r., 1 av., 1 r., 1 av. *, herh. van * tot * tot het eind van de nld.

Naald 24: * 1 av., 1 r. *, herh. van * tot * tot het eind van de nld.

Herhaal deze 24 naalden totdat u de gewenste hoogte heeft bereikt.

Als u ergens in het midden van het motief moet stoppen, doe dat dan bij voorkeur in naald 4, 8, 12 of 20.

PARALLELLOGRAMMEN

Deze dropfiguurtjes zigzaggen over het breiwerk en vormen zo een dynamisch patroon.

Benodigd aantal steken: 10 steken.

Naald 1: * 5 r., 5 av. *, herh. van * tot * tot het eind van de nld.

Naald 2: 4 r., * 5 av., 5 r. *, herh. van * tot * tot er 6 st. over zijn, 5 av., 1 r.

Naald 3: 2 av., * 5 r., 5 av. *, herh. van * tot * tot er 8 st. over zijn, 5 r., 3 av.

Naald 4: 2 r., * 5 av., 5 r. *, herh. van * tot * tot er 8 st. over zijn, 5 av., 3 r.
Naald 5: 4 av., * 5 r., 5 av. *, herh. van * tot * tot er 6 st. over zijn, 5 r., 1 av.
Naald 6: herhaal naald 1.
Herhaal deze zes naalden totdat u de gewenste hoogte heeft bereikt.

STERMOTIEF

Deze grote ster in gerstekorrel kan worden gebruikt als motief op tricotsteek.

Benodigd aantal steken: 30 steken
Naald 1: 8 r., 1 av., 13 r., 1 av., 8 r.
Naald 2: 9 av., 1 r., 11 av., 1 r., 9 av.
Naald 3: 8 r., 1 av., 1 r., 1 av., 9 r., 1 av., 1 r., 1 av., 8 r.
Naald 4: 9 av., 1 r., 1 av., 1 r., 7 av., 1 r., 1 av., 1 r., 9 av.
Naald 5: 8 r., 1 av., 1 r., 1 av., 1 r., 1 av., 5 r., 1 av., 1 r., 1 av., 1 r., 1 av., 8 r.
Naald 6: 9 av., 1 r., 1 av., 1 r., 1 av., 1 r., 3 av., 1 r., 1 av., 1 r., 1 av., 1 r., 9 av.
Naald 7: 8 r., 7 x (1 av., 1 r), 1 av., 8 r.
Naald 8: 9 av., 6x (1 r., 1 av), 1 r., 9 av.
Naald 9: 2 r., 14 x (1 av., 1 r), 1 r.
Naald 10: 3 av., 13 x (1 r., 1 av), 2 av.
Naald 11: 4 r., 12 x (1 av., 1 r), 3 r.
Naald 12: 5 av., 11 x (1 r., 1 av), 4 av.
Naald 13: 6 r., 10 x (1 av., 1 r), 5 r.
Naald 14: 7 av., 9 x (1 r., 1 av), 6 av.
Naald 15: 8 r., 8 x (1 av., 1 r), 7 r.
Naald 16: 9 av., 7 x (1 r., 1 av), 8 av.
Naald 17: Herhaal naald 15.
Naald 18: Herhaal naald 14.
Naald 19: Herhaal naald 13.
Naald 20: Herhaal naald 12.
Naald 21: Herhaal naald 11.
Naald 22: Herhaal naald 10.
Naald 23: Herhaal naald 9.
Naald 24: Herhaal naald 8.
Naald 25: Herhaal naald 7.
Naald 26: Herhaal naald 6.
Naald 27: Herhaal naald 5.
Naald 28: Herhaal naald 4.
Naald 29: Herhaal naald 3.
Naald 30: Herhaal naald 2.
Naald 31: Herhaal naald 1.

HARTJES

U kunt uw hele breiwerk met deze hartjes vullen (zoals in ons voorbeeld), ze in een baan breien of als een uniek motiefje. Onderstaande instructies zijn voor één hartje.

Benodigd aantal steken: 11 steken
Naald 1: 5 r., 1 av., 5 r.
Naald 2: 4 av., 3 r., 4 av.
Naald 3: 3 r., 5 av., 3 r.
Naald 4: 2 av., 7 r., 2 av.
Naald 5: 1 r., 9 av., 1 r.
Naald 6: alle st. r.
Naald 7: alle st. av.
Naald 8: alle st. r.
Naald 9: 1 r., 4 av., 1 r., 4 av., 1 r.
Naald 10: 2 av., 2 r., 3 av., 2 r., 2 av.
Wilt u deze motiefjes in een horizontale baan herhalen, laat dan na elk motiefje 2 st. vrij (herhaling na elke 13 steken). Om een verticale baan te maken breit u na elk hartje twee naalden zonder motief (zie het iPod-hoesje op blz. 135). Om een heel pand vol te breien met deze motiefjes laat u na elk motiefje 9 st. vrij (herhaling na elke 20 steken) en begint u een nieuw motiefje midden in deze vrije ruimte vanaf naald 6 van de eerste baan.

Stermotief

Hartjes

Patroonvullende motieven

Hagelkorrels

HAGELKORRELS

Door op een achtergrond van tricotsteek allemaal ribbelsteekjes te breien, creëert u iets dat wel op een mild hagelbuitje lijkt.

Benodigd aantal steken: 4 steken
Naald 1: Alle st. r.
Naald 2 en alle even naalden: Alle st. av.
Naald 3: * 3 r., 1 av. *, herh. van * tot * tot het eind van de nld.
Naald 5: Alle st. r.
Naald 7: 1 r., * 1 av., 3 r. *, herh. van * tot * tot er 3 st. over zijn, 1 av., 2 r.
Herhaal deze 8 naalden totdat u de gewenste hoogte heeft bereikt.

Kruipende rupsen

KRUIPENDE RUPSEN

Dit motief wordt ook wel het 'gedachtestreepje' genoemd, omdat het lijkt op die leestekens. Er worden steeds korte strookjes in ribbelsteek gebreid.

Benodigd aantal steken: 8 steken
Naald 1 en alle oneven naalden: Alle st. r.
Naald 2: Alle st. av.
Naald 4: * 5 r., 3 av. *, herh. van * tot * tot het eind van de nld.
Naald 6: Alle st. av.
Naald 8: 1 r., * 3 av., 5 r. *, herh. van * tot * tot er 7 st. over zijn, 3 av., 4 r.
Herhaal deze 8 naalden totdat u de gewenste hoogte heeft bereikt.

KLIMMENDE RUPSEN

Verticale streepjes van rechte steken op een averechte tricotsteek.

Benodigd aantal steken: 6 steken
Naald 1: * 1 r., 5 av. *, herh. van * tot * tot het eind van de nld.
Naald 2: * 5 r., 1 av. *, herh. van * tot * tot het eind van de nld.
Naald 3 tot en met 6: Herhaal naald 1 en 2 nog twee keer.
Naald 7: 3 av., * 1 r., 5 av. *, herh. van * tot * tot er 3 st. over zijn, 1 r., 2 av.
Naald 8: 2 r., * 1 av., 5 r. *, herh. van * tot * tot er 4 st. over zijn, 1 av., 3 r.
Naald 9 tot en met 12: Herhaal naald 7 en 8 nog twee keer.
Herhaal deze 12 naalden totdat u de gewenste hoogte heeft bereikt.

Klimmende rupsen

BLOKJES EN BANDJES

Hier lijkt het alsof bandjes van averechte tricotsteekblokjes blokjes van tricotsteek bij elkaar proberen te trekken.

Benodigd aantal steken: 16 steken
Naald 1: Alle st. r.
Naald 2: Alle st. av.
Naald 3: 6 r., * 4 av., 12 r. *, herh. van * tot * tot er 10 st. over zijn, 4 av., 6 r.
Naald 4: 6 av., * 4 r., 12 av. *, herh. van * tot * tot er 10 st. over zijn, 4 r., 6 av.
Naald 5: Herhaal naald 3.
Naald 6: Herhaal naald 4.
Naald 7 tot en met 10: Herhaal naald 1 en 2 twee keer.
Naald 11: 2 av., * 12 r., 4 av. *, herh. van * tot * tot er 14 st. over zijn, 12 r., 2 av.
Naald 12: 2 r., * 12 av., 4 r. *, herh. van * tot * tot er 14 st. over zijn, 12 av., 2 r.
Naald 13: Herhaal naald 11.
Naald 14: Herhaal naald 12.
Naald 15: Alle st. r.
Naald 16: Alle st. av.
Herhaal deze 16 naalden totdat u de gewenste hoogte heeft bereikt.

Blokjes en bandjes

HORIZONTAAL GEWEVEN LINTEN

Stroken van met elkaar vervlochten tricotsteek en averechte tricotsteek geven een horizontaal geweven indruk.

Benodigd aantal steken: 6 steken
Naald 1: Alle st. r.
Naald 2: Alle st. av.
Naald 3: * 1 r., 4 av., 1 r. * herh. van * tot * tot het eind van de nld.
Naald 4: * 1 av., 4 r., 1 av. *, herh. van * tot * tot het eind van de nld.
Naald 5: Herhaal naald 3.
Naald 6: Herhaal naald 4.
Naald 7: Alle st. r.
Naald 8: Alle st. av.
Herhaal deze 8 naalden totdat u de gewenste hoogte heeft bereikt.

Horizontaal geweven linten

VERTICAAL GEWEVEN LINTEN

Linten van tricotsteek banen zich een weg door een ondergrond van ribbels.

Benodigd aantal steken: 6 steken
Naald 1 en alle oneven naalden: Alle st. r.
Naald 2, 4, 6, 8 en 10: * 3 r., 3 av. *, herh. van * tot * tot het eind van de nld.
Naald 12, 14, 16, 18 en 20: * 3 av., 3 r. *, herh. van * tot * tot het eind van de nld.
Herhaal deze 20 naalden totdat u de gewenste hoogte heeft bereikt.

Verticaal geweven linten

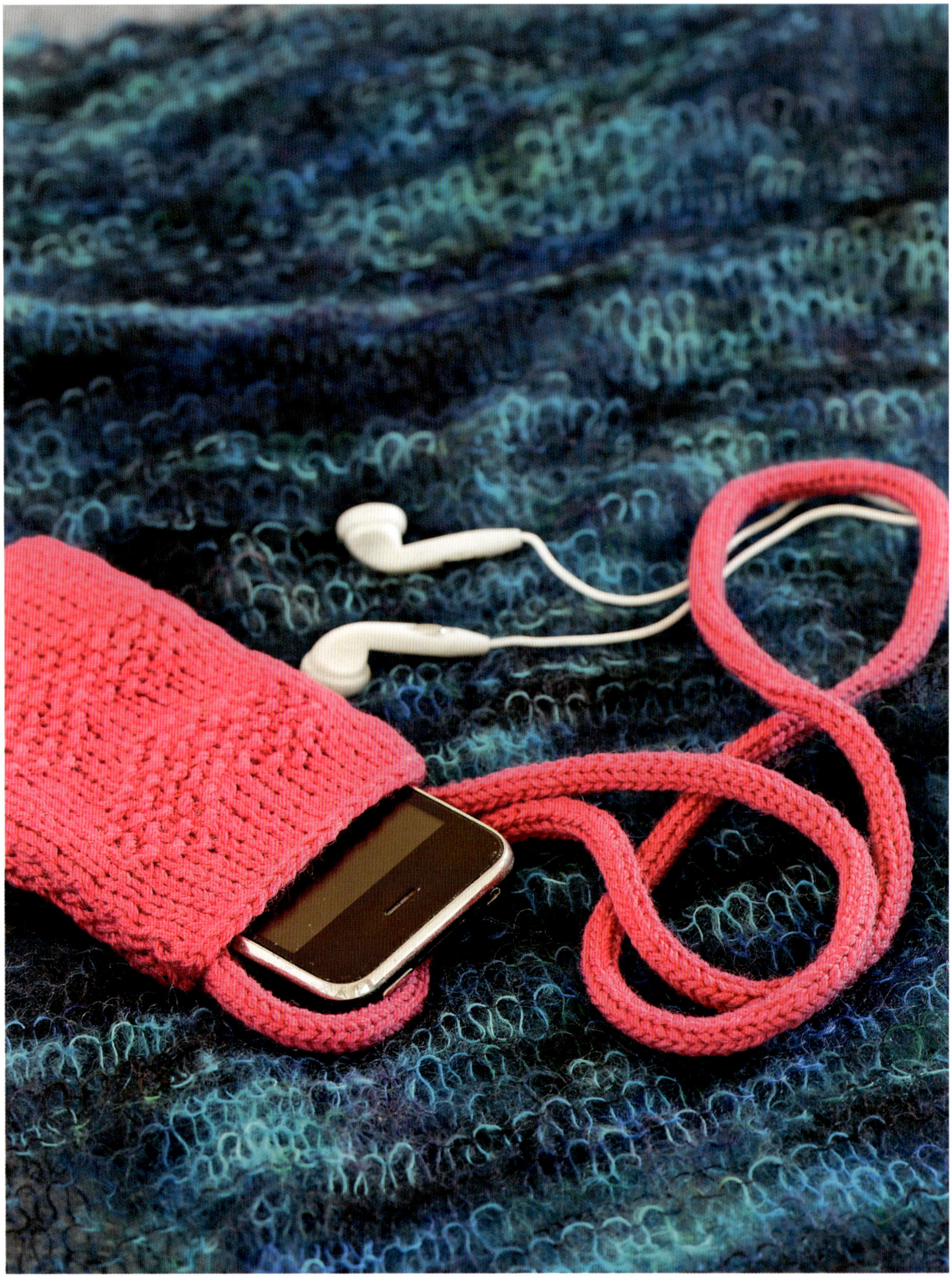

Hoesje voor de iPod

Berg uw iPod of mp3-speler – of uw mobiele telefoon – op in dit leuke hoesje en hang het om uw nek zodat u er gemakkelijk bij kunt, waar u ook bent.

U HEEFT NODIG:

- ✱ 1 bol van 50 g middeldikke wol
- ✱ 4 mm-breinaalden met knop
- ✱ punnikklosje en haaknaald
- ✱ maasnaald, schaar en spelden voor het in elkaar zetten

WERKWIJZE:

Voorkant: zet 19 st. op met de 4 mm-breinaalden. Brei 6 naalden tricotsteek.

Begin motief:

naald 1: 9 r., 1 av., 9 r.

naald 2: 8 av., 1 r., 1 av., 1 r., 8 av.

naald 3: 7 r., 1 av., 1 r., 1 av., 1 r., 1 av., 7 r.

naald 4: 6 av., 3 x (1 r., 1 av.), 1 r., 6 av.

naald 5: 5 r., 4 x (1 av., 1 r.), 1 av., 5 r.

naald 6: 4 av., 5 x (1 r., 1 av.), 1 r., 4 av.

naald 7: Herhaal naald 5.

naald 8: Herhaal naald 6.

naald 9: Herhaal naald 5.

naald 10: Herhaal naald 6.

naald 11: 5 r., 1 av., 1 r., 1 av., 3 r., 1 av., 1 r., 1 av., 5 r.

naald 12: 6 av., 1 r., 5 av., 1 r., 6 av.

Brei nu 2 nld. in tricotsteek en herhaal het motief nog eens (naald 1 tot en met 12).

Als u het tweede motief af heeft breit u nog eens 6 nld. in tricotsteek. Kant af.

achterkant: Zet 19 st. op met de 4 mm-breinaalden. Brei 38 nld. in tricotsteek. Kant af.

KOORDJE:

Maak met een punnikklosje een koord (zie blz. 114) van ongeveer 90 cm lang of de lengte die u prettig vindt.

IN ELKAAR ZETTEN:

Speld de voor- en achterkant van het hoesje op elkaar, met de goede kanten tegen elkaar. Naai de zijkanten en de opzetranden aan elkaar vast. Hecht de uiteinden van het garen af in de zomen. Gebruik de uiteinden van het koordje om dat stevig te bevestigen aan de beide zijkanten bovenaan het hoesje. Hang het hoesje om, stop uw iPod erin en lopen maar!

Andalusische steek

Seersuckersteek

Linten met knoopjes

Nog meer reliëfmotieven

ANDALUSISCHE STEEK

Dit leuke reliëfmotiefje heet Andalusische steek, misschien wel omdat het lijkt op de kantelen van het Alhambra, het beroemde middeleeuwse kasteel in Granada.

Benodigd aantal steken: Elk willekeurig aantal steken
Naald 1: Alle st. r.
Naald 2: Alle st. av.
Naald 3: Alle st. r.
Naald 4: * 1 r., 1 av. *, herh. van * tot * tot het eind van de nld. Bij een oneven aantal steken eindigt u met een rechte steek.
Herhaal deze 4 nld. tot u de gewenste hoogte heeft bereikt.

SEERSUCKERSTEEK

Seersucker is bobbelig katoen dat ooit veel werd gebruikt voor tafelkleden, maar ook voor rokjes en jurkjes. Dit motief heeft een structuur die daar wel wat op lijkt.

Benodigd aantal steken: 4 steken
Naald 1: * 1 r., 1 av., 1 r., 1 av. *, herh. van * tot * tot het eind van de nld.
Naald 2: * 1 r., 1 av., 1 r., 1 av. *, herh. van * tot * tot het eind van de nld.
Naald 3: * 1 av., 3r *, herh. van * tot * tot het eind van de nld.
Naald 4: * 3 av., 1 r. *, herh. van * tot * tot het eind van de nld.
Naald 5: Herhaal naald 1.
Naald 6: Herhaal naald 2.
Naald 7: * 2 r., 1 av., 1 r. *, herh. van * tot * tot het eind van de nld.
Naald 8: * 1 av., 1 r., 2 av. *, herh. van * tot * tot het eind van de nld.
Herhaal deze 8 naalden totdat u de gewenste hoogte heeft bereikt.

LINTEN MET KNOOPJES

Verticale linten in tricotsteek worden beteugeld door knoopjes van gerstekorrel.

Benodigd aantal steken: 8 steken
Naald 1: Alle st. r.
Naald 2: Alle st. av.
Naald 3: * 3 r., 2 av., 1 r., 2 av. *, herh. van * tot * tot het eind van de nld.
Naald 4: * 1 r., 1 av., 1 r., 1 av., 1 r., 3 av. *, herh. van * tot * tot het eind van de nld.
Naald 5: Herhaal naald 3.
Naald 6: Herhaal naald 4.
Naald 7: Herhaal naald 1.
Naald 8: Herhaal naald 2.
Naald 9: * 1 av., 1 r., 2 av., 3 r., 1 av. *, herh. van * tot * tot het eind van de nld.
Naald 10: * 1 r., 3 av., 1 r., 1 av., 1 r., 1 av. *, herh. van * tot * tot het eind van de nld.
Naald 11: Herhaal naald 9.
Naald 12: Herhaal naald 10.
Herhaal deze 12 naalden totdat u de gewenste hoogte heeft bereikt.

Guernseymotieven

Guernseymotieven zijn traditionele motieven van visserstruien. In hoofdstuk 9 (blz. 163) vindt u hier meer informatie en aanwijzingen over.

NEPKABELS

Als u de echte kabels (zie hoofdstuk 9) nog niet aandurft, bereikt u met dit motief een soortgelijk touweffect.

Benodigd aantal steken: 10 steken
Naald 1: * 4 av., 1 r., 1 av., 4 r. *, herh. van * tot * tot het eind van de nld.
Naald 2: * 3 av., 2 r., 2 av., 3 r. *, herh. van * tot * tot het eind van de nld.
Naald 3: * 2 av., 2 r., 1 av., 1 r., 2 av., 2 r. *, herh. van * tot * tot einde nld.
Naald 4: * 1 av., 2 r., 2 av., 2 r., 2 av., 1 r. *, herh. van * tot * tot einde nld.
Naald 5: * 2 r., 3 av., 3 r., 2 av. *, herh. van * tot * tot het eind van de nld.
Naald 6: * 1 r., 4 av., 4 r., 1 av. *, herh. van * tot * tot het eind van de nld.
Herhaal deze 6 naalden totdat u de gewenste hoogte heeft bereikt.

GUERNSEYLADDERS

Op een Guernseytrui kunnen ladders breed of smal zijn.

Benodigd aantal steken: Een band van 12 steken in een achtergrond van tricotsteek. De gegeven instructies gelden alleen voor het motief.
Naald 1: 1 av., 1 r., 1 av., 6 r., 1 av., 1 r., 1 av.
Naald 2: 1 r., 1 av., 1 r., 6 av., 1 r., 1 av., 1 r.
Naald 3: Herhaal naald 1.
Naald 4: Herhaal naald 2.
Naald 5: 1 av., 1 r., 8 av., 1 r., 1 av.
Naald 6: 1 r., 1 av., 8 r., 1 av., 1 r.
Herhaal deze 6 nld. totdat u de gewenste hoogte heeft bereikt. Als u rondbreit, zoals bij traditionele visserstruien wordt gedaan, dan moeten de even naalden precies zo worden gebreid als de eraan voorafgaande oneven naalden.

HUWELIJKSBANDEN

Guernseyvisserstruien werden meestal gebreid voor vissers door hun aanstaande bruiden. Dit zigzagpatroon zou de loop van een huwelijk verbeelden.

Benodigd aantal steken: Een paneel van 14 steken in een achtergrond van tricotsteek. De aanwijzingen gelden alleen voor het paneel.
Naald 1: 1 av., 1 r., 1 av., 1 r., 1 av., 8 r., 1 av.
Naald 2: 1 r., 7 av., 1 r., 1 av., 1 r., 2 av., 1 r.
Naald 3: 1 av., 3 r., 1 av., 1 r., 1 av., 6 r., 1 av.
Naald 4: 1 r., 5 av., 1 r., 1 av., 1 r., 4 av., 1 r.
Naald 5: 1 av., 5 r., 1 av., 1 r., 1 av., 4 r., 1 av.
Naald 6: 1 r., 3 av., 1 r., 1 av., 1 r., 6 av., 1 r.
Naald 7: 1 av., 7 r., 1 av., 1r, 1 av., 2 r., 1 av.
Naald 8: 1 r., 1 av., 1 r., 1 av., 1 r., 8 av., 1 r.
Naald 9: Herhaal naald 7.
Naald 10: Herhaal naald 6.
Naald 11: Herhaal naald 5.
Naald 12: Herhaal naald 4.
Naald 13: Herhaal naald 3.
Naald 14: Herhaal naald 2.
Herhaal deze 14 naalden totdat u de gewenste hoogte heeft bereikt.

Nepkabels

Guernseyladders

Huwelijksbanden

8

Kant en ajour

✳ Gaatjes breien ✳ Oogjes ✳ Open werk ✳ Organische vormen ✳ Roosters en netwerken ✳ Zeemotieven ✳ Architecturale motieven ✳ Veel ruimte ✳ Veren en varens ✳ Kantrandjes

Sierlijk en luchtig

Voor de motieven in dit hoofdstuk moet u opzettelijk gaatjes in uw werk maken, door steken af te halen of samen te breien en dan met lusjes weer nieuwe steken op te zetten.

De meeste motieven bestaan uit aanwijzingen die in een naald telkens worden herhaald, totdat het hele pand compleet is. Maar het gebeurt ook dat u telkens een aantal naalden moet herhalen. Dat worden 'patroonherhalingen' genoemd. U leest meer over het berekenen van het aantal horizontale en verticale herhalingen op blz. 118-119.

Ook voor kant en ajour is het belangrijk dat u een proeflapje breit (zie blz. 62). Brei voor zo'n proeflapje het patroontje dat u voor uw uiteindelijke project wilt gebruiken. Pas eventueel de naalddikte of het aantal steken aan.

Gaatjes breien

Om een eenvoudig gaatje te breien, moet u telkens een steek minderen (door twee steken samen te breien) en daarna met de werkdraad een lus om de naald leggen. Zo blijft het aantal steken op de naald gelijk.

1. Haal de werkdraad naar voren en brei twee steken recht samen.
2. Brei in de volgende naald de omslag alsof het een gewone steek is.
3. Als u averecht breit, zorg dan dat de omslag helemaal om de naald gaat.

MAAK ER EEN GAT IN

In alle patroontjes in dit hoofdstuk zitten kantachtige gaatjes. Wat betreft moeilijkheid variëren die van eenvoudige oogjes tot clusters van kantachtige bladmotieven, maar geen van de patroontjes is echt moeilijk te leren. Vaak krijgt u tijdens het maken van een proeflapje de slag al te pakken. Bedenk dat de randen van uw werk mooier worden wanneer u de eerste steek van elke naald steeds afhaalt zonder die te breien.

OMSLAAN PLUKKEN

Oogjes

Hagelgaatjes

HAGELGAATJES

Dit patroon geeft allemaal gaatjes, verspreid in een ondergrond van tricot-steek.

Benodigd aantal steken: 6 steken + 1 extra

Naald 1: Alle st. r.

Naald 2 en alle even naalden: Alle st. av.

Naald 3: * 2 r., 1 omsl., 2 r. samenbr., 2 r. *, herh. van * tot * tot einde nld.

Naald 5: Alle st. r.

Naald 7: 1 r., * 4 r., 1 omsl., 2 r. samenbr. *, herh. van * tot * tot einde nld.

Herhaal deze 8 naalden totdat u de gewenste hoogte heeft bereikt.

Vlindersteek

VLINDERSTEEK

Groepjes van vier gaatjes die op vlindertjes lijken.

Benodigd aantal steken: 8 steken + 1 extra

Naald 1: 1 r., * 1 r., 2 r. samenbr., 1 omsl., 1 r., 1 omsl., 1 r. afh., 1 r., haal afgeh. st. over, 2 r. *, herh. van * tot * tot het eind van de nld.

Naald 2: * 4 av., 1 av. afh., 3 av. *, herh. van * tot * tot er nog 1 st. over is, 1 av.

Naald 3: Herhaal naald 1. **Naald 4:** Herhaal naald 2.

Naald 5: 1 r., * 1 omsl., 1 r. afh., 1 r., haal afgeh. st. over, 3 r., 2 r. samenbr., 1 omsl., 1 r. *, herh. van * tot * tot het eind van de nld.

Naald 6: * 1 av. afh, 7 av. *, herh. van * tot * tot er nog 1 st. over is, 1 av.

Naald 7: Herhaal naald 5. **Naald 8:** Herhaal naald 6.

Herhaal deze 8 naalden totdat u de gewenste hoogte heeft bereikt.

Bloempjes

BLOEMPJES

Groepjes van zes oogjes vormen een patroon als een veld bloeiende bloemen.

Benodigd aantal steken: 12 steken + 1 extra

Naald 1: Alle st. r. **Naald 2 en alle even naalden:** Alle st. av.

Naald 3: * 2 r., 1 omsl., 1 r. afh., 2 r. samenbr., afgeh. st. overh., 1 omsl., 7 r. *, herh. van * tot * tot er nog 1 st. over is, 1 r.

Naald 5: * 2 r. samenbr., 1 omsl., 3 r., 1 omsl., 2 gedr. r. samenbr., 5 r. *, herh. van * tot * tot er nog 1 st. over is, 1 r.

Naald 7: Herhaal naald 3.

Naald 9: * 9 r., 1 omsl., 1 r. afh., 2 r. samenbr., afgeh. st. overh., 1 omsl. *, herh. van * tot * tot er nog 1 st. over is, 1 r.

Naald 11: 6 r., * 2 r. samenbr., 1 omsl., 3 r., 1 omsl., 2 gedr. r. samenbr., 5 r. *, herh. van * tot * tot er 7 st. over zijn, 7 r. **Naald 13:** Herhaal naald 9.

Herhaal deze 14 naalden totdat u de gewenste hoogte heeft bereikt.

Open werk

RIJEN MET OOGJES

Een horizontale rij oogjes kan een blikvanger zijn.

Benodigd aantal steken: Elk willekeurig aantal steken

Naald 1: 1 r., * 1 omsl., 2 r. samenbr. *, herh. van * tot * tot het eind van de nld.

Naald 2: Alle st. en omsl. av.

Deze 2 naalden vormen de oogjes en kunnen op elke gewenste plek in een tricotsteek worden opgenomen. U kunt ze ook zo vaak herhalen als u wilt.

Rijen met oogjes

OPEN LADDERS

Benodigd aantal steken: 7 steken (of elk willekeurig oneven aantal steken, al naargelang u de strepen breder of smaller wilt maken).

Naald 1: * 3 r., 2 r. samenbr., 1 omsl., 2 gedr. r. samenbr. *, herh. van * tot * tot het eind van de nld. (Let op: aan het eind van de naald houdt u – inclusief omslag – slechts zes steken over, ook al bent u met zeven steken begonnen.)

Naald 2: * 1 gedr. av., 1 omsl., omsl. uit vorige nld. laten vallen, 1 gedr. av., 3 av. *, herh. van * tot * tot het eind van de nld.

Naald 3: * 3 r., 1 gedr. r., 1 omsl., omsl. uit vorige nld. laten vallen, 1 gedr. r. *, herh. van * tot * tot het eind van de nld.

Naald 4: Herhaal naald 2. Herhaal naald 3 en 4 totdat u de gewenste hoogte heeft bereikt.

Open ladders

DIAGONAAL OPEN BREIEN

Brei voor dit effect op de aangegeven plaatsen twee steken gedraaid samen volgens de instructies op blz. 86.

Benodigd aantal steken: 4 steken + 1 extra

Naald 1: * 3 r., 1 omsl., 2 gedr. r. samenbr. *, herh. van * tot * tot einde nld.

Naald 2 en alle even naalden: Alle st. av. (ook de omslagen).

Naald 3: 1 r., * 3 r., 1 omsl., 2 gedr. r. samenbr. *, herh. van * tot * tot er 4 st. over zijn, 4 r.

Naald 5: 2 r., * 3 r., 1 omsl., 2 gedr. r. samenbr. *, herh. van * tot * tot er 3 st. over zijn, 3 r.

Naald 7: 1 r., 1 omsl., 2 gedr. r. samenbr., * 3 r., 1 omsl., 2 gedr. r. samenbr. *, herh. van * tot * tot er 2 st. over zijn, 2 r.

Naald 9: 2 r., 1 omsl., 2 gedr. r. samenbr., * 3 r., 1 omsl., 2 gedr. r. samenbr. *, herh. van * tot * tot er nog 1 st. over is, 1 r.

Herhaal deze 10 naalden totdat u de gewenste hoogte heeft bereikt.

Diagonaal open breien

Horizontale chevrons

Verticale chevrons

HORIZONTALE CHEVRONS

Chevrons (korporaalsstrepen) zijn zigzagmotieven. Deze zijn gemaakt in een achtergrond van tricotsteek. U kunt enkele chevrons breien, maar ze ook combineren (zie de driedubbele chevronboord op blz. 157).

Benodigd aantal steken: 8 steken + 2 extra

Naald 1: 1 r., * 6 r., 2 r. samenbr., 1 omsl. *, herh. van * tot * tot er nog 1 st. over is, 1 r.

Naald 2 en alle even naalden: Alle st. en omsl. av.

Naald 3: 1 r., * 1 omsl., 2 r. samenbr., 3 r., 2 r. samenbr., 1 omsl., 1 r. *, herh. van * tot * tot er nog 1 st. over is, 1 r.

Naald 5: 1 r., * 1 r., 1 omsl., 2 gedr. r. samenbr., 1 r., 2 r. samenbr., 1 omsl., 2 r. *, herh. van * tot * tot er nog 1 st. over is, 1 r.

Naald 7: 1 r., * 2 r., 1 omsl., 1 r. afh., 2 r. samenbr., afgeh. st. overh., 3 r. *, herh. van * tot * tot er nog 1 st. over is, 1 r.

Naald 9: 1 r., * 3 r., 1 omsl., 2 gedr. r. samenbr., 3 r. *, herh. van * tot * tot er nog 1 st. over is, 1 r.

Deze 10 naalden vormen een horizontale baan chevrons. Herhaal zo vaak als u wilt in een achtergrond van tricotsteek.

VERTICALE CHEVRONS

Verticale chevrons vormen een zigzagpatroon dat de aandacht omhoog trekt.

Benodigd aantal steken: 7 steken

Naald 1: * 5 r., 1 omsl., 2 gedr. r. samenbr. *, herh. van * tot * tot het eind van de nld.

Naald 2 en alle even naalden: Alle st. en omsl. av.

Naald 3: * 4 r., 1 omsl., 2 gedr. r. samenbr., 1 r. *, herh. van * tot * tot het eind van de nld.

Naald 5: * 3 r., 1 omsl., 2 gedr. r. samenbr., 2 r. *, herh. van * tot * tot het eind van de nld.

Naald 7: * 2 r., 1 omsl., 2 gedr. r. samenbr., 3 r. *, herh. van * tot * tot het eind van de nld.

Naald 9: * 1 r., 1 omsl., 2 gedr. r. samenbr., 4 r. *, herh. van * tot * tot het eind van de nld.

Naald 11: Herhaal naald 7.

Naald 13: herhaal naald 5.

Naald 15: Herhaal naald 3.

Herhaal deze 16 naalden totdat u de gewenste hoogte heeft bereikt.

Organische vormen

RUPSENLUNCH

Benodigd aantal steken: 8 steken + 2 extra

Naald 1: 1 r., * 1 omsl., 2 gedr. r. samenbr., 6 r. *, herh. van * tot * tot nog 1 st. 1 r.

Naald 2 en alle even naalden: Alle st. en omsl. av.

Naald 3: 2 r., * 1 omsl., 2 gedr. r. samenbr., 6 r. *, herh. van * tot * tot einde nld.

Naald 5: 3 r., * 1 omsl., 2 gedr. r. samenbr., 6 r. *, herh. van * tot * tot er nog 7 steken op de nld. staan, 1 omsl., 2 gedr. r. samenbr., 5 r.

Naald 7: 4 r., * 1 omsl., 2 gedr. r. samenbr., 6 r. *, herh. van * tot * tot er nog 6 steken op de nld. staan, 1 omsl., 2 gedr. r. samenbr., 4 r.

Naald 9: 7 r., * 2 r. samenbr., 1 omsl., 6 r. *, herh. van * tot * tot er nog 3 steken op de nld. staan, 3 r.

Naald 11: 6 r., * 2 r. samenbr., 1 omsl., 6 r. *, herh. van * tot * tot er nog 4 steken op de nld. staan, 4 r.

Naald 13: 5 r., * 2 r. samenbr., 1 omsl., 6 r. *, herh. van * tot * tot er nog 5 steken op de nld. staan, 5 r.

Naald 15: 4 r., * 2 r. samenbr., 1 omsl., 6 r. *, herh. van * tot * tot er nog 6 steken op de nld. staan, 6 r.

Herhaal deze 16 naalden totdat u de gewenste hoogte heeft bereikt.

Rupsenlunch

KANTACHTIGE RUITEN

Benodigd aantal steken: 10 st. + 1 extra

Naald 1: * 1 r., 1 omsl., 2 gedr. r. samenbr., 5 r., 2 r. samenbr., 1 omsl. *, herh. van * tot * tot er nog 1 st. over is, 1 r.

Naald 2 en alle even naalden: Alle st. en omsl. av.

Naald 3: * 2 r., 1 omsl., 2 gedr. r. samenbr., 3 r., 2 r. samenbr., 1 omsl., 1 r. *, herh. van * tot * tot er nog 1 st. over is, 1 r.

Naald 5: * 3 r., 1 omsl., 2 gedr. r. samenbr., 1 r., 2 r. samenbr., 1 omsl., 2 r. *, herh. van * tot * tot er nog 1 st. over is, 1 r.

Naald 7: * 4 r., 1 omsl., 1 afh., 2 r. samenbr., afgeh. st. overh., 1 omsl., 3 r. *, herh. van * tot * tot er nog 1 st. over is, 1 r.

Naald 9: * 3 r., 2 r. samenbr., 1 omsl., 1 r., 1 omsl., 2 gedr. r. samenbr., 2 r. *, herh. van * tot * tot er nog 1 st. over is, 1 r.

Naald 11: * 2 r., 2 r. samenbr., 1 omsl., 3 r., 1 omsl., 2 gedr. r. samenbr., 1 r. *, herh. van * tot * tot er nog 1 st. over is, 1 r.

Naald 13: * 1 r., 2 r. samenbr., 1 omsl., 5 r., 1 omsl., 2 gedr. r. samenbr. *, herh. van * tot * tot er nog 1 st. over is, 1 r.

Naald 15: 2 r. samenbr., * 1 omsl., 7 r., 1 omsl., 1 afh., 2 r. samenbr., afgeh. st. overh. *, herh. van * tot * tot er 9 st. over zijn, 1 omsl., 7 r., 1 omsl., 2 r. samenbr.

Herhaal deze 16 naalden totdat u de gewenste hoogte heeft bereikt.

Kantachtige ruiten

Takken

TAKKEN

Benodigd aantal steken: 9 steken

Naald 1: Alle st. r.

Naald 2 en alle even naalden: Alle st. en omsl. av.

Naald 3: * 2 r. samenbr., 2 r., 1 omsl., 1 r., 1 omsl., 2 r., 2 gedr. r. samenbr. *, herh. van * tot * tot het eind van de nld.

Naald 5: * 1 r., 2 r. samenbr., 1 omsl., 3 r., 1 omsl., 2 gedr. r. samenbr., 1 r. *, herh. van * tot * tot het eind van de nld.

Herhaal deze 6 naalden totdat u de gewenste hoogte heeft bereikt.

BLADEREN

Benodigd aantal steken: 8 steken + 1 extra

Naald 1: * 1 r., 1 omsl, 2 r., 1 afh., 2 r. samenbr., afgeh. st. overh., 2 r., 1 omsl. *, herh. van * tot * tot er nog 1 st. over is, 1 r.

Naald 2 en alle even naalden: Alle st. en omsl. av.

Bladeren

Naald 3: 2 r., 1 omsl., 1 r., 1 afh., 2 r. samenbr., afgeh. st. overh., 1 r., 1 omsl., 1 r. *, herh. van * tot * tot er nog 1 st. over is, 1 r.

Naald 5: * 3 r., 1 omsl., 1 afh., 2 r. samenbr., afgeh. st. overh., 1 omsl., 2 r. *, herh. van * tot * tot er nog 1 st. over is, 1 r.

Naald 7: * 2 r. samenbr., afgeh. st. overh., 2 r., 1 omsl., 1 r., 1 omsl., 2 r. *, herh. van * tot * tot er nog 1 st. over is, 2 r. afh., gedr. terugpl., dan samenbr.

Naald 9 en 11: Herhaal naald 7.

Naald 13: * 1 r. afh., 2 r. samenbr., afgeh. st. overh., 1 r., 1 omsl., 3 r., 1 omsl., 1 r. *, herh. van * tot * tot er nog 1 st. over is, 1 r.

Naald 15: * 1 r. afh., 2 r. samenbr., afgeh. st. overh., 1 omsl., 5 r., 1 omsl. *, herh. van * tot * tot er nog 1 st. over is, 1 r.

Naald 17 en 19: Herhaal naald 1.

Herhaal deze 20 naalden totdat u de gewenste hoogte heeft bereikt.

VARENS

Dubbele rijen oogjes bedekken deze kantachtige stof als wuivende varens.

Varens

Benodigd aantal steken: 8 steken + 1 extra

Naald 1: 1 r., * 1 r., 1 omsl., 5 r., 2 r. samenbr. *, herh. van * tot * tot einde nld.

Naald 2 en alle even naalden: Alle st. en omsl. av.

Naald 3: 1 r., * 1 omsl., 1 r., 1 omsl, 4 r., 3 r. samenbr. *, herh. van * tot * tot eind nld.

Naald 5: 1 r., * 1 r., 1 omsl., 1 r., 1 omsl., 3 r., 3 r. samenbr. *, herh. van * tot * tot het eind van de nld.

Naald 7: 1 r., * 2 r., 1 omsl., 1 r., 1 omsl., 2 r., 3 r. samenbr. *, herh. van * tot * tot het eind van de nld.

Naald 9: 1 r., * 3 r., 1 omsl., 1 r., 1 omsl., 1 r., 3 r. samenbr. *, herh. van * tot * tot het eind van de nld.

Herhaal deze 10 naalden totdat u de gewenste hoogte heeft bereikt.

LELIES

Benodigd aantal steken: 18 steken (herhaal deze 18 steken in de breedte zo vaak u wilt).

LET OP: u kunt desgewenst in elke naald de 2 steken samenbreien (achter insteken) vervangen door 2 x 1 steek afhalen, die gedraaid terug plaatsen op de linkerbreinaald en dan samen breien.

Naald 1: 4 r., 2 r. samenbr., 2 r., 1 omsl., 5 r., 1 omsl., 2 r., 2 samenbr. (achter inst.), 1 r.

Naald 2 en alle even naalden: Alle st. en omsl. r.

Naald 3: 3 r., 2 r. samenbr., 2 r., 1 omsl., 1 r., 1 omsl., 2 r., 2 samenbr. (achter inst.), 6 r. **Naald 5:** 2 r., 2 r. samenbr., 2 r., 1 omsl., 3 r., 1 omsl., 2 r., 2 samenbr. (achter inst.), 5 r. **Naald 7:** 1 r., 2 r. samenbr., 2 r., 1 omsl., 5 r., 1 omsl., 2 r., 2 samenbr. (achter inst.), 4 r. **Naald 9:** 6 r., 2 r. samenbr., 2 r., 1 omsl., 1 r., 1 omsl., 2 r., 2 samenbr. (achter inst.), 3 r. **Naald 11:** 5 r., 2 r. samenbr., 2 r., 1 omsl., 3 r., 1 omsl., 2 r., 2 samenbr. (achter inst.), 2 r.

Herhaal deze 12 naalden tot u de gewenste hoogte heeft bereikt.

Lelies

Tralie- en vlechtwerk

MOORS RAAMWERK

Benodigd aantal steken: 3 steken + 1 extra

Naald 1: * 1 r., 1 omsl., 2 r. samenbr. *, herh. van * tot * tot er nog 1 st. over is, 1 r.

Naald 2: 1 av., * 1 av., 1 r., 1 av. *, herh. van * tot * tot het eind van de nld (alle omsl. r., alle st. av.).

Naald 3: * 1 r., 2 r. samenbr., 1 omsl. *, herh. van * tot * tot er nog 1 st. over is, 1 r.

Naald 4: 1 av., * 1 r., 2 av. *, herh. van * tot * tot het eind van de nld (alle omsl. r., alle st. av.).

Herhaal deze 4 naalden totdat u de gewenste hoogte heeft bereikt.

Moors raamwerk

TURKSE STEEK

Werp een steelse blik in de harem door dit rasterwerk van kantbreisel. Deze steek is volledig omkeerbaar: beide zijden van de stof zien er hetzelfde uit.

Benodigd aantal steken: Elk willekeurig even aantal steken

Naald 1: 1 r., * 1 omsl., 2 r. samenbr. *, herh. van * tot * tot er nog 1 st. over is, 1 r.

Alle naalden zijn gelijk, dus brei verder totdat u de gewenste hoogte heeft bereikt.

Turkse steek

Sokken met kantrandjes

Als u eenmaal kunt rondbreien op breinaalden zonder knop, dan is het breien van sokken helemaal niet zo moeilijk. Bij wijze van oefening kunt u eerst een paar sokken voor een peuter breien. Weet u hoe het werkt, maak dan grotere sokken.

U HEEFT NODIG:

- 1 bol van 50 g niet al te dikke babywol of sokkengaren
- een setje van 4 breinaalden zonder knop (2,25 mm)
- een maasnaald en een schaar

Onderstaande aanwijzingen geven een paar sokken die geschikt zijn voor een voetje van 14 cm lang, van hiel tot teen. U kunt de voetlengte aanpassen door wat langer door te breien op het voetgedeelte.

WERKWIJZE:

Zet 50 steken op en verdeel die over 3 breinaalden: 16 steken op de eerste en 17 steken op de twee andere naalden.

Brei in het rond: * 1 r., 1 av. *, herh. van * tot * in totaal 10 toeren lang (ongeveer 2,5 cm).

Begin dan met het kantpatroon van de dubbele chevrons (korporaalsstrepen). Let op: wanneer u aan het eind van de naald een omslag moet maken, zorg dan dat die op de naald blijft staan. Als er nog 1 steek op de naald staat en u volgens patroon 2 steken moet samenbreien, schuif dan de laatste steek op de volgende naald, vanaf die naald 2 r. samenbr. Het maakt in dit stadium niet uit dat het aantal steken op elke naald wat varieert.

Toer 1: Alle st. r.

Toer 2: * 8 r., 2 r. samenbr., 1 omsl. *, herh. van * tot * nog vier keer.

Toer 3 en alle andere oneven toeren: Alle st. en omsl. r.

Toer 4: * 1 omsl., 2 r. samenbr. (achter inst.), 5 r., 2 r. samenbr., 1 omsl., 1 r. *, herh. van * tot * nog vier keer.

Toer 6: * 1 r., 1 omsl., 2 r. samenbr. (achter inst.), 3 r., 2 r. samenbr., 1 omsl., *, herh. van * tot * nog vier keer.

Toer 8: * 1 omsl., 2 r. samenbr. (achter inst.), 1 omsl., 2 r. samenbr. (achter inst.), 1 r., 2 st. samenbr., 1 omsl., 2 r. samenbr., 1 omsl., 1 r. *, herh. van * tot * nog vier keer.

Toer 10: * 1 r., 1 omsl., 2 r. samenbr. (achter inst.), 1 omsl, 1 afh., 2 st. samenbr., afgeh. st. overh., 1 omsl., 2 r. samenbr., 1 omsl., 2 r. *, herh. van * tot * nog vier keer.

Toer 12: * 2 r., 1 omsl., 1 afh., 2 r. samenbr. (achter inst.), afgeh. st. overh., 1 omsl, 2 r. samenbr., 1 omsl., 3 r. *, herh. van * tot * nog vier keer.

Toer 14: * 3 r., 1 omsl., 1 afh., 2 r. samenbr., 2 afgeh. st. overh., 1 omsl., 4 r. *, herh. van * tot * nog vier keer.

Toer 16: * 3 r., 2 r. samenbr., 1 omsl., 5 r. *, herh. van * tot * nog vier keer.

Brei vervolgens 6 toeren alle st. r.

DE HIEL BREIEN

Het begin van de volgende toer wordt het midden van de hiel. 12 r., 2 st. samenbr. en dan stoppen. Zet de laatste 13 steken van de vorige ronde op het andere eind van dezelfde naald, zodat er nu 26 steken op die naald staan. De werkdraad bevindt zich aan het uiteinde.

Verdeel de resterende 23 steken gelijkmatig over twee naalden en laat die rusten. Dat wordt straks de bovenkant van het voetgedeelte.

Brei dan de 26 steken voor de hiel met twee breinaalden

zonder knop in tricotsteek (telkens 1 nld. av., 1 nld. r.; begin met een av. nld.) Haal de eerste steek van elke naald recht af zonder die te breien en brei elke eerste steek van elke naald recht – ook in de averechte naalden. Brei zo 15 naalden in tricotsteek, en eindig met een naald averecht.

DE HIEL VORMEN

NAALD 16: 15 r., 2 r. samenbr., 1 r., keer het werk.
NAALD 17: 1 r. afh., 5 av., 2 st. samenbr., 1 av., keer het werk.
(LET OP: U breit in elke naald een steek verder dan de voorgaande naald, en breit die steek dan samen met de volgende ongebreide steek.)
NAALD 18: 1 r. afh., 6 r., 2 st. samenbr., 1 r., keer het werk.
NAALD 19: 1 r. afh., 7 av., 2 st. samenbr., 1 av., keer het werk.
NAALD 20: 1 r. afh., 8 r., 2 st. samenbr., 1 r., keer het werk.
NAALD 21: 1 r. afh., 9 av., 2 st. samenbr., 1 av., keer het werk.
NAALD 22: 1 r. afh., 10 r., 2 st. samenbr., 1 r., keer het werk.
NAALD 23: 1 r. afh., 11 av., 2 st. samenbr., 1 av., keer het werk.
NAALD 24: 1 r. afh., 12 r., 2 st. samenbr., 1 r., keer het werk.
NAALD 25: 1 r. afh., 13 av., 2 st. samenbr., 1 av., keer het werk.
Als het goed is, heeft u nu 16 steken op de naald. Brei 8 steken om het garen terug te brengen tot het midden van de hiel.

DE VOET BREIEN:

Zet alle 23 steken voor de bovenvoet op 1 breinaald. U heeft nu 8 steken op de eerste breinaald, 23 op de tweede en 8 op de derde (39 steken in totaal). Gebruik de vierde naald om weer verder rond te breien. Doe dat als volgt:

Brei 8 r. van de eerste breinaald en neem dan met dezelfde naald 10 st. op langs de zijkant van de hiel (zie blz. 106 voor aanwijzingen over het opnemen van steken); brei 23 r. van de tweede breinaald, neem dan de vierde (werk) naald en neem daarmee 10 st. op langs de zijkant van de hiel, dan 8 r. van de overgebleven naald. (Er moeten nu 59 (18, 23, 18) steken op drie naalden staan.)

TOER 1: Alle st. r.
TOER 2: Alle st. r. totdat er nog 3 st. over zijn, 2 r. samenbr., 1 r.; op de tweede naald 23 r.; op de derde naald 1 r., 2 r. samenbr. (achter inst.), verder alle st. r.
Herhaal deze 2 rondes nog vijf keer, totdat u nog 47 steken over heeft.

Brei verder in tricotsteek. Pas na 22 toeren begint u de teen te vormen. Als u een iets kortere of langere sok wilt, brei dan iets minder ver of juist verder door. Reken ongeveer 4 toeren per centimeter.

Minder in de laatste toer 1 steek aan het begin van de derde naald (46 st.).

DE TEEN VORMEN:

TOER 1: Alle st. r. tot er nog 3 st. over zijn, 2 r. samenbr., 1 r.; op de tweede naald 1 r., 2 r. samenbr. (achter inst.), alle st. r. tot er nog 3 st. over zijn, 2 r. samenbr., 1 r.; op de derde naald 1 r., 2 r. samenbr. (achter inst.), naald uitbreien.
TOER 2: Alle st. r.

Herhaal deze 2 toeren totdat er nog 6 steken op de eerste naald staan, 11 op de tweede en 5 op de derde.

AFWERKEN:

Kant af met drie naalden (zie blz. 96). Dat geeft een mooie, platte zoom op de tenen. In plaats daarvan kunt u ook eenvoudig afkanten en de teennaad dichtnaaien met een maasnaald en het breigaren.

Hecht de losse eindjes af. Maak een tweede sok net als de eerste.

LET OP: De sokken op de foto zijn gebreid met tamelijk dun garen, op 2,25 mm naalden. De voet is iets verkort, zodat ze de teddybeer passen.

LAYETTESTEEK

Deze steek is niet echt omkeerbaar, maar ziet er aan beide zijden mooi uit.

Benodigd aantal steken: 8 steken + 2 extra

Naald 1: 1 r., * 1 av., 3 r., 1 av., 3 r. *, herh. van * tot * tot er nog 1 st. over is, 1 r.

Naald 2: 1 av., * 3 av., 1 r., 3 av., 1 r .*, herh. van * tot * tot er nog 1 st. over is, 1 av.

Naald 3: Herhaal naald 1.

Naald 4: 1 av., * 1 omsl., 3 av. samenbr., 1 omsl., 1 r., 1 omsl., 3 av. samenbr., 1 omsl., 1 r. *, herh. van * tot * tot er nog 1 st. over is, 1 av. **let op:** Wanneer u het garen omslaat voordat u de drie steken av. samenbreit, zorg dan dat de draad goed om de naald valt: van voor naar achteren en dan weer naar de voorkant.

Naald 5: 1 r., * 2 r., 1 av., 3 r., 1 av., 1 r *, herh. van * tot * tot er nog 1 st. over is, 1 r.

Naald 6: 1 av., *1 av., 1 r., 3 av., 1 r., 2 av., herh. van * tot * tot er nog 1 st. over is, 1 av.

Naald 7: Herhaal naald 5.

Naald 8: 1 av., * 1 omsl., 1 r., 1 omsl., 3 av. samenbr., 1 omsl., 1 r., 1 omsl., 3 av. samenbr. *, herh. van * tot * tot er nog 1 st. over is, 1 av.

Herhaal deze 8 naalden totdat u de gewenste hoogte heeft bereikt.

Layettesteek

SCHAAKBORD MET KANT

Een kantachtige variatie op het schaakbordmotief uit het vorige hoofdstuk.

Benodigd aantal steken: 16 steken + 1 extra

Naald 1: 1 r., * 8 r., vier keer (1 omsl., 2 r. samenbr.) *, herh. van * tot * tot het eind van de nld.

Naald 2: * vier keer (1 av., 1 r.), 8 av. * herh. van * tot * tot er nog 1 st. over is, 1 av.

Naald 3 tot en met 8: Herhaal naald 1 en 2 nog drie keer.

Naald 9: 1 r., * vier keer (1 omsl., 2 r. samenbr.), 8 r. *, herh. van * tot * tot het eind van de nld.

Naald 10: * 8 av., vier keer (1 av., 1 r.) *, herh. van * tot * tot er nog 1 st. over is, 1 av.

Naald 11 tot en met 16: Herhaal naald 9 en 10 nog drie keer.

Herhaal deze 16 naalden totdat u de gewenste lengte heeft bereikt.

Schaakbord met kant

STERVORMIG RASTER

Dit is niet echt een omkeerbare steek, maar het breiwerk ziet er aan beide kanten goed uit. U kunt deze steek dus prima gebruiken voor een kantachtige sjaal of das.

Benodigd aantal steken: 4 steken + 1 extra

Naald 1 en 3: Alle st. av. (Dit is de verkeerde kant van het werk.)

Naald 2: * 1 r., 1 omsl., 2 st. r. afh., 1 r., 2 afgeh. st. overh., 1 omsl. *, herh. van * tot * tot er nog 1 st. over is, 1 r.

Naald 4: 2 r. afh., gedr. terugpl., dan samenbr., 1 omsl., * 1 r., 1 omsl. 2 st. r. afh., 1 r., 2 afgeh. st. overh., 1 omsl. *, herh. van * tot * tot er 3 st. over zijn, 2 r. samenbr., 1 r.

Herhaal deze 4 naalden totdat u de gewenste hoogte heeft bereikt.

Stervormig raster

Zeemotieven

Golfjes

GOLFJES

Benodigd aantal steken: 18 steken

Naald 1: Alle st. r. **Naald 2 en alle even naalden:** Alle st. av.

Naald 3: Alle st. r. **Naald 5:** * drie keer (2 av. samenbr.), zes keer (1 r., 1 omsl.), drie keer (2 av. samenbr.) *, herh. van * tot * tot het eind van de nld.

Herhaal deze 6 naalden totdat u de gewenste hoogte heeft bereikt.

DENNENBOMEN VAN NORFOLK ISLAND

Dennenbomen van Norfolk Island

Benodigd aantal steken: 13 steken

let op: In elke naald kunt u desgewenst de 2 st. samenbr. (achter inst.) vervangen door 2 r. afh., gedr. terugpl., dan samenbr.

Naald 1 tot en met 4: Alle st. r. (ribbelsteek).

Naald 5: * 1 r., 2 r. samenbr., 2 r. samenbr., drie keer (1 omsl., 1 r.), 1 omsl., 2 st. samenbr. (achter inst.), 2 st. samenbr. (achter inst.), 1 r. *, herh. van * tot * tot het eind van de nld.

Naald 6: * 3 av., drie keer (1 r., 1 av.), 1 r., 3 av. *, herh. van * tot * tot het eind van de nld.

Naald 7 tot en met 12: Herhaal naald 5 en 6 nog drie keer.

Herhaal deze 12 naalden totdat u de gewenste hoogte heeft bereikt.

MOSSELSCHELPEN

Benodigd aantal steken: 10 steken + 2 extra

let op: In naald 1 kunt u desgewenst de 2 st. samenbr. (achter inst.) vervangen door 2 r. afh., gedr. terugpl., dan samenbr.

Naald 1: 1 r., * 1 r., 1 omsl., 3 r., 2 r. samenbr. (achter inst.), 4 r. *, herh. van * tot * tot er nog 1 st. over is, 1 r.

Naald 2 en alle even naalden: Alle st. av.

Naald 3: 1 r., * 1 omsl., 1 r., 1 omsl., 2 r., 1 r. afh., 2 r. samenbr., afgeh. st. overh., 4 r. *, herh. van * tot * tot er nog 1 st. over is, 1 r.

Naald 5: 1 r. * 3 r., 1 omsl., 1 r., 1 r. afh., 2 r. samenbr., afgeh. st. overh., 3 r., 1 omsl. *, herh. van * tot * tot er nog 1 st. over is, 1 r.

Naald 7: 1 r., * 4 r., 1 omsl., 1 r. afh., 2 r. samenbr., afgeh. st. overh., 2 r., 1 omsl, 1 r. *, herh. van * tot * tot er nog 1 st. over is, 1 r.

Naald 9: 1 r., * 5 r., 1 r. afh., 2 r. samenbr., afgeh. st. overh., 1 r., 1 omsl., 1 r., 1 omsl. *, herh. van * tot * tot er nog 1 st. over is, 1 r.

Naald 11: 1 r. * 1 omsl, 4 r., 1 r. afh., 2 r. samenbr., afgeh. st. overh., 1 omsl., 3 r. *, herh. van * tot * tot er nog 1 st. over is, 1 r.

Herhaal deze 12 naalden totdat u de gewenste hoogte heeft bereikt.

Mosselschelpen

Architecturale motieven

ROMEINSE STREEP

De strepen van dit leuke rasterwerk lijken wel op de zuilenrijen rondom het Romeinse Colosseum.

Romeinse streep

Benodigd aantal steken: Elk willekeurig aantal even steken.

Naald 1: Alle st. r.

Naald 2: Alle st. r.

Naald 3: 1 r., * 1 omsl., 1 r. *, herh. van * tot * tot er nog 1 st. over is, 1 r. (**let op:** er staan nu bijna twee keer zo veel steken op de naald).

Naald 4: 1 r., alle st. av. tot de laatste st. op de nld, 1 r.

Naald 5: 1 r., * 2 r. samenbr. *, herh. van * tot * tot er nog 1 st. over is, 1 r.

Naald 6: 1 r., * 1 omsl., 2 r. samenbr. *, herh. van * tot * tot er nog 1 st. over is, 1 r.

Naald 7: Herhaal naald 6.

Naald 8: Alle st. r.

Herhaal deze 8 naalden totdat u de gewenste hoogte heeft bereikt.

GOTISCHE BOGEN

Een strook van dit motief vormt een leuke bies, maar een heel pand vol is ook schitterend.

Gotische bogen

Benodigd aantal steken: 10 steken + 2 extra

let op: u kunt desgewenst in elke naald de 2 steken samenbreien (achter inst.) vervangen door 2 x 1 steek afhalen, die verdraaid terugplaatsen op de linkerbreinaald en dan samenbreien.

Naald 1: 1 r., * 1 omsl., 2 r. samenbr., 5 r., 2 st. samenbr. (achter inst.), 1 omsl, 1 r. *, herh. van * tot * tot er nog 1 st. over is, 1 r.

Naald 2 en alle even naalden: Alle st. av.

Naald 3: Herhaal naald 1.

Naald 5: 1 r., * 1 omsl, 3 r., 1 r. afh., 2 r. samenbr., afgeh. st. overh., 3 r., 1 omsl, 1 r. *, herh. van * tot * tot er nog 1 st. over is, 1 r.

Naald 7: 1 r., * 1 r., 1 omsl., 2 r., 1 r. afh., 2 r. samenbr., afgeh. st. overh., 2 r., 1 omsl, 2 r.*, herh. van * tot * tot er nog 1 st. over is, 1 r.

Naald 9: 1 r., * 2 r., 1 omsl, 1 r., 1 r. afh., 2 r. samenbr., afgeh. st. overh., 1 r., 1 omsl., 3 r. *, herh. van * tot * tot er nog 1 st. over is, 1 r.

Naald 11: 1 r., * 3 r., 1 omsl., 1 r. afh., 2 r. samenbr., afgeh. st. overh., 1 omsl., 4 r. *, herh. van * tot * tot er nog 1 st. over is, 1 r.

Herhaal deze 12 naalden tot u de gewenste hoogte heeft bereikt.

Huisjes

HUISJES

Als u deze schattige, kleine huisjes met schoorsteentjes over de hele stof breit, dan ziet het motief er hetzelfde uit als u het van boven of van onder bekijkt.

Benodigd aantal steken: 10 steken + 1 extra

Naald 1: * twee keer (1 r., 1 omsl., 2 r. samenbr [achter inst.], 1 omsl) *, herh. van * tot * tot er nog 1 st. over is, 1 r.

Naald 2 en alle even naalden: Alle st. av.

Naald 3: Herhaal naald 1.

Naald 5: * 1 r., 1 omsl., 2 r. samenbr. (achter inst.), 5 r., 2 r. samenbr., 1 omsl. *, herh. van * tot * tot er nog 1 st. over is, 1 r.

Naald 7: *2 r., 1 omsl., 2 r. samenbr. (achter inst.), 3 r., 2 r. samenbr., 1 omsl., 1 r. *, herh. van * tot * tot er nog 1 st. over is, 1 r.

Naald 9: * 3 r., 1 omsl., 2 r. samenbr. (achter inst.), 1 r., 2 r. samenbr., 1 omsl., 2 r. *, herh. van * tot * tot er nog 1 st. over is, 1 r.

Naald 11: * 4 r., 1 omsl., 1 r. afh., 2 r. samenbr., afgeh. st. overh., 1 omsl., 3 r. *, herh. van * tot * tot er nog 1 st. over is, 1 r.

Herhaal deze 12 naalden totdat u de gewenste hoogte heeft bereikt.

Veel ruimte

LUIE WIJVENSTEEK

Door tussen twee steken telkens een omslag te maken en die omslag in de teruggaande naald te laten vallen, kunt u dwars op de stof brede, open stroken maken. Zo'n steek gaat lekker snel (dat verklaart de naam) en kunt u in alle eenvoudige stoffen maken: tricotsteek, ribbelsteek of omgekeerde ribbelsteek.

Brei de eerste naald van het patroon aan de goede kant van het werk.

Benodigd aantal steken: Elk oneven aantal steken

Naald 1: * 1 r., 1 dubbele omsl. *, herh. van * tot * tot er nog 1 st. over is, 1 r.

Naald 2: Alle st. av. Laat alle omslagen tijdens het breien gewoon van de naald vallen.

Brei dan weer een aantal naalden in de steek waarmee u was begonnen, en brei dan het motief opnieuw.

Luie wijvensteek

ZEESCHUIMSTEEK

Dit is een variatie op de luie wijvensteek, waarbij telkens extra omslagen om de naald worden gemaakt. In deze versie varieert het aantal extra omslagen. Zo ontstaat een golvend effect in een achtergrond van ribbels.

Benodigd aantal steken: 8 steken

Naald 1: * 3 r., 1 omsl., 1 r., 1 dubbele omsl., 1 r., 1 dubbele omslag, 1 r., 1 omsl., 2 r. *, herh. van * tot * tot het eind van de nld.

Naald 2: Alle st. av. Laat alle omslagen tijdens het breien van de linkernaald glijden.

Naald 3 en 4: Alle st. r. (ribbelsteek).

Naald 5: * 1 r., 1 dubbele omsl., 1 r., 1 omsl., 5 r., 1 omsl., 1 r., 1 dubbele omsl. *, herh. van * tot * tot het eind van de nld.

Naald 6: Herhaal naald 2.

Naald 7 en 8: Alle st. r. (ribbelsteek).

Herhaal deze 8 naalden totdat u de gewenste hoogte heeft bereikt.

Zeeschuimsteek

Veren en varens

VEER-EN-WAAIERSTEEK

Benodigd aantal steken: 11 steken

Naald 1: Alle st. r.

Naald 2: Alle st. av.

Naald 3: * 2 av. samenbr., 2 av. samenbr., drie keer (1 omsl., 1 r.), 1 omsl, 2 av. samenbr., 2 av. samenbr. *, herh. van * tot * tot het eind van de nld.

Naald 4: Alle st. av.

Herhaal deze 4 naalden totdat u de gewenste hoogte heeft bereikt.

Veer- en waaiersteek

PALMVARENS

Benodigd aantal steken: 12 steken

Naald 1: 4 av., 2 r., * 3 r., 7 av., 2 r. *, herh. van * tot * tot er 6 st. over zijn, 3 r., 3 av.

Naald 2 en alle even naalden: Alle st. av.

Naald 3: 2 av. samenbr., 2 av., 2 r., 1 omsl., * 1 r., 1 omsl., 2 r., 2 av., 1 r. afh., 2 r. samenbr., afgeh. st. overh., 2 av., 2 r., 1 omsl. *, herh. van * tot * tot er 6 st. over zijn, 1 r., 1 omsl., 2 r., 1 av., 2 av. samenbr.

Naald 5: 2 av. samenbr., 1 av., 2 r., 1 omsl., 1 r., * 2 r., 1 omsl., 2 r., 1 av., 1 r. afh., 2 r. samenbr., afgeh. st. overh., 1 av., 2 r., 1 omsl., 1 r. *, herh. van * tot * tot er 6 st. over zijn, 2 r., 1 omsl., 2 r., 2 av. samenbr.

Naald 7: 2 av. samenbr., 2 r., 1 omsl., 2 r., * 3 r., 1 omsl., 2 r., 1 r. afh., 2 r. samenbr., afgeh. st. overh., 2 r., 1 omsl., 2 r. *, herh. van * tot * tot er 6 st. over zijn, 3 r., 1 omsl., 1 r., 2 r. samenbr.

Herhaal deze 8 naalden totdat u de gewenste hoogte heeft bereikt.

Palmvarens

Kantrandjes

De volgende motiefjes zijn geschikt als boordjes langs een werkstuk zonder motief – denk aan tricotsteek, ribbelsteek, averechte ribbelsteek of gerstekorrel.

KANTBOORDJE

Dit kantboordje is niet zo elastisch als een gewone boordsteek, maar is wel erg leuk.

Benodigd aantal steken: 7 steken + 2 extra

let op: u kunt in naald 3 de 2 steken samenbreien (achter inst.) desgewenst vervangen door 2 x 1 steek afhalen, die verdraaid terugplaatsen op de linkerbreinaald en dan samenbreien.

Naald 1: * 2 av., 5 r. *, herh. van * tot * tot er nog 2 st. over zijn, 2 av.

Naald 2: * 2 r., 5 av. *, herh. van * tot * tot er nog 2 st. over zijn, 2 r.

Naald 3: * 2 av., 2 r. samenbr., 1 omsl., 1 r., 1 omsl., 2 r. samenbr. (achter inst.) *, herh. van * tot * tot er nog 2 st. over zijn, 2 av.

Naald 4: Herhaal naald 2.

Herhaal naald 1 tot en met 4 nog drie keer of totdat de boord de door u gewenste hoogte heeft bereikt.

Brei dan verder zonder motief.

Kantboordje

Geschulpte rand

Boord met driedubbele chevrons

GESCHULPTE RAND

Met dit motief maakt u een geschulpte rand langs een tricotsteek.

Benodigd aantal steken: 15 steken + 2 extra

Naald 1: 1 r., * 2 r. in volgende st., 5 r., 1 r. afh., 2 r. samenbr., afgeh. st. overh., 5 r., 2 r. in volgende st. *, herh. van * tot * tot er nog 1 st. over is, 1 r.

Naald 2: Alle st. av.

Herhaal deze twee naalden nog vier keer en ga dan verder in tricotsteek. Brei dan verder totdat u de gewenste hoogte heeft bereikt.

BOORD MET DRIEDUBBELE CHEVRONS

Deze kantachtige variatie op de geschulpte boord heeft een driedubbele rij van chevron-oogjes langs de rand.

Benodigd aantal steken: 24 steken + 2 extra

Naald 1: 1 r., zes keer (2 r. samenbr., 1 omsl.), * 1 r., vijf keer (1 omsl., 2 r. samenbr. [achter inst.]), 1 omsl., 1 r. afh., 2 r. samenbr., afgeh. st. overh., 1 omsl., vijf keer (2 r. samenbr., 1 omsl) *, herh. van * tot * tot er 13 st. over zijn, 1 r., zes keer (1 omsl., 2 r. samenbr. [achter inst.]).

Naald 2 en alle even naalden: Alle st. av.

Naald 3 en 5: Herhaal naald 1.

Naald 7: 1 r., 2 r. samenbr., * 10 r., 1 meerderen door de lus uit de onderliggende nld. te breien, 1 r., 1 meerderen, 10 r., 1 r. afh., 2 st. r. samenbr., afgeh. st. overh. *, herh. van * tot * tot er 23 st. over zijn, 10 r., 1 meerderen, 1 r., 1 meerderen, 10 r., 2 r. samenbr., 1 r.

Naald 9 en 11: Herhaal naald 7.

Naald 12: Alle st. av.

Ga over op de steek van uw keuze – tricotsteek bijvoorbeeld – en brei verder totdat u de gewenste hoogte heeft bereikt.

9

Gedraaide steken en kabels

✳ Guernseykabels ✳ Guernseyvlechtwerk

✳ Overallmotieven ✳ Knopen en noppen

✳ Variaties op boordsteken ✳ Variaties op kabels

✳ Diagonale kabelpatronen ✳ Lange lussen

✳ Meer variaties op kabels ✳ Randjes

Kabels en draaiingen

n dit hoofdstuk leert u hoe u de steken zo kunt manipuleren en draaien dat u nieuwe, verrassende patronen en vormen krijgt. We beginnen met eenvoudige kabels.

De meeste breipatronen bestaan uit een reeks instructies die in een naald worden herhaald, voor een gedeelte van het patroon of hele panden. Soms wordt ook het hele werkstuk door een aantal naalden herhaald. In dat geval heeft u te maken met motiefherhalingen. Voor meer informatie over het bepalen van het aantal horizontale en verticale motiefherhalingen leest u het best blz. 118-119.

Het blijft altijd belangrijk om een proeflapje te breien (zie blz. 62). Brei dit proeflapje volgens het breipatroon dat u wilt volgen en pas de dikte van de naalden of het aantal steken eventueel aan.

DRAAIEN MAAR

De steken in dit hoofdstuk worden overgeslagen, gedraaid, verdubbeld en gelust. Probeer eerst eens een eenvoudige kabel of een stoere visserskabel. Daarna kunt u wat ingewikkelder ontwerpen breien. Voordat u het weet, bent u klaar met uw eerste echte visserstrui!

EEN KABEL BREIEN

Voor een huis-tuin-en-keukenkabel heeft u een kabelnaald nodig. Daarop kunt u telkens een paar steken bewaren. Een kabelnaald moet qua dikte in de buurt komen van de naalden waar u mee breit, maar iets dikker of dunner is niet erg. Het belangrijkst is dat u de steken er telkens op zet zonder die te verdraaien. U breit ze er dan vanaf de andere kant weer af. Laat de kabelnaald niet draaien, want dan breit u de steken in de verkeerde volgorde. Op de volgende pagina ziet u hoe een kabel van vier steken breed wordt gebreid.

TIP

Haal de kabelnaald door een paar steken aan de onderkant van uw breiwerk wanneer u die niet gebruikt. U hoeft er dan niet telkens naar te zoeken (achter of onder kussens op de bank of in de plooien van uw kleding) wanneer u de naald wél nodig heeft.

① Een kabel wordt meestal gebreid in tricotsteek, tegen een achtergrond van averechte tricotsteek.

② Aan het begin van de kabel zet u het benodigd aantal steken van de linkerbreinaald op de kabelnaald (2 in dit geval). Voor een draai naar links houdt u die kabelnaald voor het werk.

③ Sla de steken op de kabelnaald over en brei de volgende 2 steken van de linkerbreinaald.

④ Houd nu de kabelnaald voor de linkerbreinaald en brei de steken van de kabelnaald alsof dit de volgende steken zijn van de linkerbreinaald. Zo krijgt u een draai naar links. Brei daarna verder zoals u anders ook doet.

⑤ Voor een draai naar rechts zet u het benodigd aantal steken van de linkerbreinaald op de kabelnaald en houdt u de kabelnaald achter het werk. Brei dan de eerstvolgende 2 steken van de linkerbreinaald.

⑥ Houd nu de kabelnaald achter de linkerbreinaald en brei de steken van de kabelnaald alsof dit de volgende steken zijn van de linkerbreinaald. Brei dan verder zoals u anders ook doet.

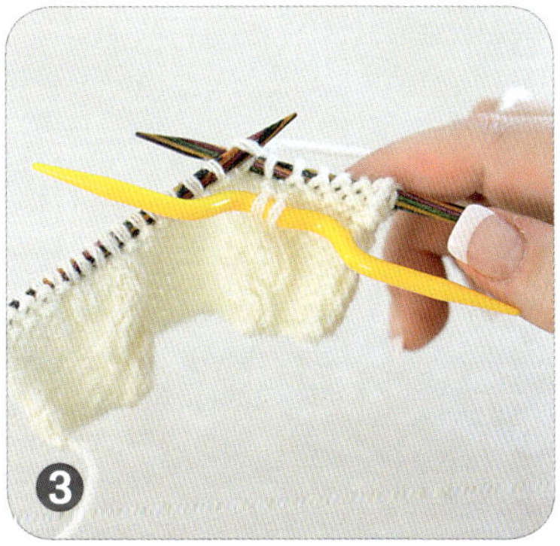

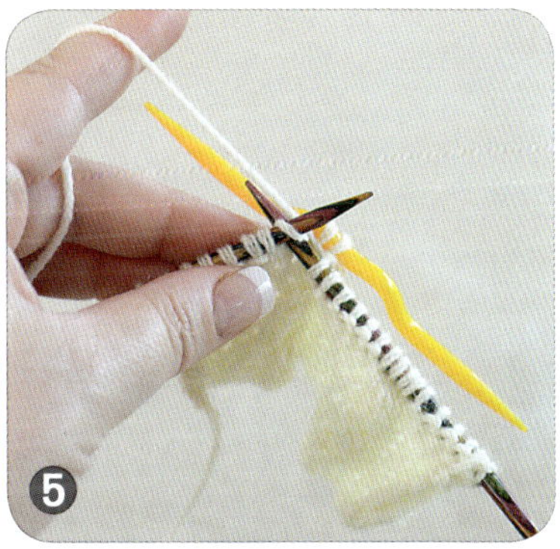

Guernseykabels

ZES-BIJ-ZESKABELS MET DE DRAAI NAAR LINKS

Zes-bij-zeskabels

Kabels worden meestal gebreid in tricotsteek, tegen een achtergrond van averechte tricotsteek. Het aantal steken van de kabel en het aantal steken tussen twee kabels geven de draaiingen een ander aanzien.

Benodigd aantal steken: 12 steken (de kabel zelf telt er 6)

Naald 1: 3 av., 6 r., 3 av.

Naald 2: 3 r., 6 av., 3 r.

Naald 3: Herhaal naald 1.

Naald 4: Herhaal naald 2.

Naald 5: 3 av., zet de volgende 3 st. op een kabelnaald vóór het werk, 3 r., 3 r. vanaf de kabelnaald, 3 av.

Naald 6: Herhaal naald 2.

Herhaal deze instructies voor elke te breien kabel. U kunt variëren met het aantal steken tussen twee kabels, zodat de ruimte ertussen smaller of breder wordt. Herhaal deze 6 naalden totdat u de gewenste hoogte heeft bereikt.

ZES-BIJ-ZESKABELS MET DE DRAAI NAAR RECHTS

Zes-bij-zeskabels met omgekeerde draai

De kabels in dit voorbeeld zijn hetzelfde als die hierboven, maar door de kabelnaald achter het werk te houden in plaats van ervoor kunt u de richting van de draai veranderen.

Benodigd aantal steken: 12 steken (de kabel zelf telt er 6)

Naald 1: 3 av., 6 r., 3 av.

Naald 2: 3 r., 6 av., 3 r.

Naald 3: Herhaal naald 1.

Naald 4: Herhaal naald 2.

Naald 5: 3 av., zet de volgende 3 st. op een kabelnaald achter het werk, 3 r., 3 r. vanaf de kabelnaald, 3 av.

Naald 6: Herhaal naald 2.

Herhaal deze instructies voor elke te breien kabel. U kunt variëren met het aantal steken tussen twee kabels, zodat de ruimte ertussen smaller of breder wordt. Herhaal deze 6 naalden totdat u de gewenste hoogte heeft bereikt.

ZES-BIJ-ACHTKABELS

Deze kabels zijn langer en slanker dan de voorgaande voorbeelden, omdat er tussen twee draaien meer naalden worden gebreid. De kabels hebben een draai naar links, maar u kunt ze naar rechts laten draaien door de kabelnaald achter het werk te houden.

Zes-bij-achtkabels

Benodigd aantal steken: 12 steken (de kabel zelf telt er 6)
Naald 1 en 3: 2 av., 6 r., 3 av.
Naald 2 en alle even naalden: 3 r., 6 av., 3 r.
Naald 5: 3 av., zet de volgende 3 st. op een kabelnaald voor het werk, 3 r., 3 r. vanaf de kabelnaald, 3 av.
Naald 7: herhaal naald 1.
Herhaal deze instructies voor elke te breien kabel. U kunt variëren met het aantal steken tussen twee kabels, zodat de ruimte ertussen smaller of breder wordt. Herhaal deze 8 naalden totdat u de gewenste hoogte heeft bereikt.

ACHT-BIJ-TIENKABELS

Deze stoere kabels zijn iets lastiger.

Acht-bij-tienkabels

Benodigd aantal steken: 16 steken (de kabel zelf telt er 8)
Naald 1 en 3: 4 av., 8 r., 4 av.
Naald 2 en alle even naalden: 4 r., 8 av., 4 r.
Naald 5: 4 av., zet de volgende 4 st. op een kabelnaald, 4 r., 4 r. vanaf de kabelnaald, 4 av.
* Houd de kabelnaald voor het werk voor een draai naar links en achter het werk voor een draai naar rechts.
Naald 7 en 9: Herhaal naald 1.
Herhaal deze instructies voor elke te breien kabel. U kunt variëren met het aantal steken tussen twee kabels, zodat de ruimte ertussen smaller of breder wordt. Herhaal deze 10 naalden totdat u de gewenste hoogte heeft bereikt.

VISSERSTRUIEN

Traditionele visserstruien (ook bekend als Gansey's, Guernsey's of Jersey's, naar de eilanden waar ze gemaakt werden) werden oorspronkelijk gebreid door de vrouwen in de vissersdorpen voor hun zeevarende mannen. De keuze voor de siersteken die in deze naadloze truien werden verwerkt, was vaak afhankelijk van het dorp waar ze werden gebreid. Bovendien werden de initialen of persoonlijke symbolen van de drager van de trui ingebreid. (Dit maakte het ook eenvoudiger om verdronken zeelieden te identificeren.) Guernsey-steken (zie blz. 137 en in de rest van dit hoofdstuk) waren geïnspireerd op het zeilen en de zee – touwen, ladders, golven, netten en zand – maar ook op de gezinsrelaties aan wal. De steken kunnen eenvoudig worden gecombineerd tot een leuk, boeiend ontwerp, zoals bij onze 'capuchaal' van blz. 164.

Capuchaal

Dit rondgebreide werk met motieven en kabels houdt het midden tussen een capuchon en een sjaal en duikt de laatste tijd regelmatig op in designercollecties. Nu kunt u uw eigen capuchaal maken.

U HEEFT NODIG:

* zes bollen van 50 g middeldikke wol
* een rondbreinaald van 5,5 mm dik en minimaal 40 cm lang
* een kabelnaald
* steken- en naaldmarkeerders
* een maasnaald en een schaar

WERKWIJZE:

Zet 220 steken op. Het is handig om na elke 55 steken een stekenmarkeerder te plaatsen, omdat het motief per ronde vier keer wordt herhaald. Gebruik een afwijkende stekenmarkeerder aan het begin van het werk, zodat u gemakkelijk ziet wanneer u een toer af heeft.

Brei rond naar het volgende patroon: gerstekorrelsteek; 2 r.; smalle kabel naar links; 1 r., 1 av., 1 r.; brede kabel; 1 r., 1 av., 1 r.; smalle kabel naar rechts; 2 r.; herhaal vanaf het begin (vier herhalingen per toer).

Brei volgens patroon totdat u de grote kabel drie keer heeft gebreid (108 toeren). Kant losjes af volgens patroon. Hecht de losse eindjes af.

GERSTEKORRELSTEEK (5 STEKEN)

ONEVEN NAALDEN: 1 av., 1 r., 1 av., 1 r., 1 av.; even naalden: 1 r., 1 av., 1 r., 1 av., 1 r.

SMALLE KABEL NAAR LINKS (8 STEKEN)

NAALD 1: 2 av., 4 r., 2 av.

NAALD 2 EN ALLE EVEN NAALDEN: 2 av., 4 r., 2 av.

NAALD 3: 2 av., 2 st. op kabelnaald vóór het werk, 2 r., 2 r. van kabelnaald, 2 av.

Herhaal deze 4 naalden.

SMALLE KABEL NAAR RECHTS (8 STEKEN)

NAALD 1: 2 av., 4 r., 2 av.

NAALD 2 EN ALLE EVEN NAALDEN: 2 av., 4 r., 2 av.

NAALD 3: 2 av., 2 st. op kabelnaald achter het werk, 2 r., 2 r. van kabelnaald, 2 av.

Herhaal deze 4 naalden.

BREDE KABEL (24 STEKEN)

NAALD 1: 7 av., 4 r., 2 av., 4 r., 7 av.

NAALD 2: 7 av., 4 r., 2 av., 4 r., 7 av.

NAALD 3: 7 av., 4 st. op kabelnaald voor het werk, 1 av., 4 r. van kabelnaald, 1 st. op kabelnaald achter het werk, 4 r., 1 av. van kabelnaald, 7 av.

NAALD 4: 8 av., 8 r., 8 av.

NAALD 5: 8 av., 4 st. op kabelnaald voor het werk, 4 r., 4 r. van kabelnaald, 8 av.

NAALD 6: 8 av., 8 r., 8 av.

NAALD 7: 7 av., 1 st. op kabelnaald achter het werk, 4 r., 1 av. van kabelnaald, 4 st. op kabelnaald voor het werk, 1 av., 4 r. van kabelnaald, 7 av.

(VERVOLG PATROON OP VOLGENDE BLZ.)

Naald 8: 7 av., 4 r., 2 av., 4 r., 7 av.

Naald 9: 6 av., 1 st. op kabelnaald achter het werk, 4 r., 1 av. van kabelnaald, 2 av., 4 st. op kabelnaald voor het werk, 1 av., 4 r. van kabelnaald, 6 av.

Naald 10: 6 av., 4 r., 4 av., 4 r., 6 av.

Naald 11: 5 av., 1 st. op kabelnaald achter het werk, 4 r., 1 av. van kabelnaald, 4 av., 4 st. op kabelnaald voor het werk, 1 av., 4 r. van kabelnaald, 5 av.

Naald 12: 5 av., 4 r., 6 av., 4 r., 5 av.

Naald 13: 4 av., 1 st. op kabelnaald achter het werk, 4 r., 1 av. van kabelnaald, 6 av., 4 st. op kabelnaald voor het werk, 1 av., 4 r. van kabelnaald, 4 av.

Naald 14: 4 av., 4 r., 8 av., 4 r., 4 av.

Naald 15: 3 av., 1 st. op kabelnaald achter het werk, 4 r., 1 av. van kabelnaald, 8 av., 4 st. op kabelnaald voor het werk, 1 av., 4 r. van kabelnaald, 3 av.

Naald 16: 3 av., 4 r., 10 av., 4 r., 3 av.

Naald 17: 2 av., 1 st. op kabelnaald achter het werk, 4 r., 1 av. van kabelnaald, 10 av., 4 st. op kabelnaald voor het werk, 1 av., 4 r. van kabelnaald, 2 av.

Naald 18: 2 av., 4 r., 12 av., 4 r., 2 av.

Naald 19 en 20: herhaal naald 18.

Naald 21: 2 av., 4 st. op kabelnaald voor het werk, 1 av., 4 r. van kabelnaald, 10 av., 1 st. op kabelnaald achter het werk, 4 r., 1 av. van kabelnaald, 2 av.

Naald 22: 3 av., 4 r., 10 av., 4 r., 3 av.

Naald 23: 3 av., 4 st. op kabelnaald voor het werk, 1 av., 4 r. van kabelnaald, 8 av., 1 st. op kabelnaald achter het werk, 4 r., 1 av. van kabelnaald, 3 av.

Naald 24: 4 av., 4 r., 8 av., 4 r., 4 av.

Naald 25: 4 av., 4 st. op kabelnaald voor het werk, 1 av., 4 r. van kabelnaald, 6 av., 1 st. op kabelnaald achter het werk, 4 r., 1 av. van kabelnaald, 4 av.

Naald 26: 5 av., 4 r., 6 av., 4 r., 5 av.

Naald 27: 5 av., 4 st. op kabelnaald voor het werk, 1 av., 4 r. van kabelnaald, 4 av., 1 st. op kabelnaald achter het werk, 4 r., 1 av. van kabelnaald, 5 av.

Naald 28: 6 av., 4 r., 4 av., 4 r., 6 av.

Naald 29: 6 av., 4 st. op kabelnaald voor het werk, 1 av., 4 r. van kabelnaald, 2 av., 1 st. op kabelnaald achter het werk, 4 r., 1 av. van kabelnaald, 6 av.

Naald 30: 7 av., 4 r., 2 av., 4 r., 7 av.

Naald 31: 7 av., 4 st. op kabelnaald voor het werk, 1 av., 4 r. van kabelnaald, 1 st. op kabelnaald achter het werk, 4 r., 1 av. van kabelnaald, 7 av.

Naald 32: 8 av., 8 r., 8 av.

Naald 33: 8 av., 4 st. op kabelnaald achter het werk, 4 r., 4 r. van kabelnaald, 8 av.

Naald 34: 8 av., 8 r., 8 av.

Naald 35: 7 av., 1 st. op kabelnaald achter het werk, 4 r., 1 av. van kabelnaald, 4 st. op kabelnaald voor het werk, 1 av., 4 r. van kabelnaald, 7 av.

Naald 36: 7 av., 4 r., 2 av., 4 r., 7 av.

Herhaal deze 36 naalden.

Guernseyvlechtwerk

VAANDRIGSVLECHT

Een vaandrig is een lage officier in het leger en daarom heeft hij maar vier stroken in de vlecht van zijn trui.

Benodigd aantal steken: 20 steken (alleen de vlecht)

Naald 1: 3 r., 4 av., 3 st. op kabelnaald achter het werk, 3 r., 3 r. van kabelnaald, 4 av., 3 r.

Naald 2 en alle volgende even naalden tot en met naald 22: Brei alle steken zoals ze zich voordoen (in naald 2 breit u dus 3 av., 4 r., 6 av., 4 r., 3 av.).

Naald 3: * 3 st. op kabelnaald voor het werk, 1 av., 3 r. van kabelnaald, 2 av., 1 st. van kabelnaald achter het werk, 3 r., 1 av. van kabelnaald *, herh. van * tot *.

Naald 5: * 1 av., 3 st. op kabelnaald voor het werk, 1 av., 3 r. van kabelnaald, 1 st. op kabelnaald achter het werk, 3 r., 1 av. van kabelnaald, 1 av. *, herh. van * tot *.

Naald 7: 2 av., 3 st. op kabelnaald voor het werk, 3 r., 3 r. van kabelnaald, 4 av., 3 st. op kabelnaald achter het werk, 3 r., 3 r. van kabelnaald, 2 av.

Naald 9: * 1 av., 1 st. op kabelnaald achter het werk, 3 r., 1 av. van kabelnaald, 3 st. op kabelnaald voor het werk, 1 av., 3 st. van kabelnaald, 1 av. *, herh. van * tot *.

Naald 11: * 1 st. op kabelnaald achter het werk, 3 r., 1 av. van kabelnaald, 2 av., 3 st. op kabelnaald voor het werk, 1 av., 3 r. van kabelnaald *, herh. van * tot *.

Naald 13: 3 r., 4 av., 3 st. op kabelnaald voor het werk, 3 r., 3 r. van kabelnaald, 4 av., 3 r.

Naald 15: Herhaal naald 3.

Naald 17: Herhaal naald 5.

Naald 19: 2 av., 3 st. op kabelnaald achter het werk, 3 r., 3 r. van kabelnaald, 4 av., 3 st. op kabelnaald voor het werk, 3 r., 3 r. van kabelnaald, 2 av.

Naald 21: Herhaal naald 9.

Naald 23: Herhaal naald 11.

Naald 24: * 3 av., 4 r., 3 av. *, herh. van * tot *.

Herhaal deze 24 naalden tot het vlechtwerk de gewenste hoogte heeft bereikt.

Vaandrigsvlecht

KELTISCHE PRINSESSENVLECHT

Kledingstukken van Keltische prinsessen worden versierd met een vijf stroken brede vlecht.

Benodigd aantal steken: 14 steken (alleen de vlecht)

Naald 1: vier keer (2 r., 1 av.), 2 r.

Naald 2 en alle even naalden: vier keer (2 av., 1 r.), 2 av.

Naald 3: 2 r., * 1 av., 3 st. op kabelnaald voor het werk, 2 r., 1 av. st. van kabelnaald op linkerbreinaald zetten en 1 av., 2 r. van kabelnaald *, herh. van * tot *.

Naald 5: Herhaal naald 1.

(Vervolg patroon op volgende blz.)

Keltische prinsessenvlecht

Naald 7: * 3 st. op kabelnaald achter het werk, 2 r., 1 av. st. van kabelnaald op linkerbreinaald zetten en 1 av., 2 r. van kabelnaald, 1 av. *, herh. van * tot *.

Herhaal deze 8 naalden totdat de vlecht de gewenste hoogte heeft bereikt.

SAKSISCHE VLECHT

Deze vlecht van zes stroken is een decoratie die een Saksische krijger waardig is.

Benodigd aantal steken: 22 steken (alleen de vlecht)

Kabel A: 2 st. op kabelnaald voor het werk, 2 r., 2 r. van kabelnaald.

Kabel B: 1 st. op kabelnaald achter het werk, 2 r., 1 av. van kabelnaald.

Kabel C: 2 st. op kabelnaald voor het werk, 1 av., 2 r. van kabelnaald.

Kabel D: 2 st. op kabelnaald achter het werk, 2 r., 2 r. van kabelnaald.

Naald 1: 3 av., (kabel A), 2 av., (kabel A), 2 av., (kabel A), 3 av.

Naald 2 en alle even naalden: Brei alle st. zoals ze zich voordoen.

Naald 3: 2 av., (kabel B), (kabel C), herhaal kabel B en C nog twee keer, 2 av.

Naald 5: 2 av., 2 r., 2 av., (kabel D), 2 av., (kabel D), 2 av., 2 r., 2 av.

Naald 7: 1 av., (kabel B), 1 av., (kabel B), (kabel C), (kabel B), (kabel C), 1 av., (kabel C), 1 av.

Naald 9: 1 av., 2 r., 2 av., 2 r., 2 av., (kabel A), 2 av., 2 r., 2 av., 2 r., 1 av.

Naald 11: 1 av., (kabel C), 1 av., (kabel C), (kabel B), (kabel C), (kabel B), 1 av., (kabel B), 1 av.

Naald 13: 2 av., 2 r., 2 av., (kabel D), 2 av., (kabel D), 2 av., 2 r., 2 av.

Naald 15: 2 av., (kabel C), (kabel B), (kabel C), (kabel B), (kabel C), (kabel B), 2 av.

Herhaal deze 16 naalden totdat u de gewenste hoogte heeft bereikt.

Saksische vlecht

Overallmotieven

HONINGRAAT

In deze driedimensionale stof helpen de cellen van de honingraat om lucht vast te houden, zodat een trui warmer oogt en voelt.

Benodigd aantal steken: 8 steken

Naald 1: Alle st. r.

Naald 2 en alle even naalden: Alle st. av.

Naald 3: * 2 st. op kabelnaald achter het werk, 2 r., 2 r. van kabelnaald, 2 st. op kabelnaald voor het werk, 2 r., 2 r. van kabelnaald, herh. van * tot * tot het eind van de nld.

Naald 5: Alle st. r.

Naald 7: * 2 st. op kabelnaald voor het werk, 2 r., 2 r. van kabelnaald, 2 st. op kabelnaald achter het werk, 2 r., 2 r. van kabelnaald, herh. van * tot * tot het eind van de nld.

Herhaal deze 8 naalden totdat u de gewenste hoogte heeft bereikt.

Honingraat

AVERECHTE HONINGRAAT

Bij deze honingraat worden de cellen omgeven door wandjes van omgekeerde tricotsteek. Bij dit motief wordt geen kabelnaald gebruikt, maar worden de verbindingen gemaakt door steken uit een lager gelegen naald over te halen over steken van een hoger gelegen naald.

Averechte honingraat

Benodigd aantal steken: 8 steken

Naald 1: Alle st. av. (dit is de goede kant van het werk).

Naald 2: Alle st. r.

Naald 3: * 3 r., 2 st. afh., 3 r. *, herh. van * tot * tot het eind van de nld.

Naald 4: * 3 av., 2 st. afh. met werkdraad voor, 3 av. *, herh. van * tot * tot het eind van de nld.

Naald 5 tot en met 8: Herhaal naald 3 en 4 nog twee keer.

Naald 9: Alle st. av.

Naald 10: Alle st. r.

Naald 11: * 1 st. afh., 6 r., 1 st. afh. *, herh. van * tot * tot het eind van de nld.

Naald 12: * 1 st. afh., 6 av., 1 st. afh. *, herh. van * tot * tot het eind van de nld.

Naald 13 tot en met 16: Herhaal naald 11 en 12 nog twee keer.

Herhaal deze 16 naalden totdat u de gewenste hoogte heeft bereikt.

TRALIEWERK

In dit patroon lopen rechte lijnen kriskras over de stof.

Traliewerk

Benodigd aantal steken: 12 steken

Voor dit motief worden de volgende afkortingen voor kabels gebruikt:

Kabel naar rechts (KR): 2 st. op kabelnaald achter het werk, 2 r., 2 r. van kabelnaald.

Kabel naar links (KL): 2 st. op kabelnaald voor het werk, 2 av., 2 r. van kabelnaald.

Naald 1: * 2 av., KR, KL, 2 av. *, herh. van * tot * tot het eind van de nld.

Naald 2 en alle even naalden: Brei alle naalden zoals ze zich voordoen.

Naald 3: * KR, 4 av., KL *, herh. van * tot * tot het eind van de nld.

Naald 5: 2 r., * 8 av., 2 st. op kabelnaald achter het werk, 2 r., 2 r. van kabelnaald *, herh. van * tot * tot er 10 st. over zijn, 8 av., 2 r.

Naald 7: * KL, 4 av., KR herh. van * tot * tot het eind van de nld.

Naald 9: * 2 av., KL, KR, 2 av. *, herh. van * tot * tot het eind van de nld.

Naald 11: * 4 av., 2 st. op kabelnaald voor het werk, 2 r., 2 r. van kabelnaald, 4 av. *, herh. van * tot * tot het eind van de nld.

Herhaal deze 12 naalden totdat u de gewenste hoogte heeft bereikt.

Geweven mandmotief

GEWEVEN MANDMOTIEF

Deze dichtgebreide stof oogt als geweven stof en wordt gebreid met behulp van een kabelnaald.

Benodigd aantal steken: 4 steken

Naald 1: 2 r., * 2 st. op kabelnaald achter het werk, 2 r., 2 r. van kabelnaald *, herh. van * tot * tot er 2 st. over zijn, 2 r.

Naald 2: Alle st. av.

Naald 3: * 2 st. op kabelnaald voor het werk, 2 r., 2 r. van kabelnaald, herh. van * tot * tot het eind van de nld.

Naald 4: Alle st. av.

Herhaal deze 4 naalden totdat u de gewenste hoogte heeft bereikt.

Bladeren

BLADEREN

Deze kabels van twee steken breed zien eruit als blaadjes.

Benodigd aantal steken: 4 steken

Naald 1: * 2 r., 2 av. *, herh. van * tot * tot het eind van de nld.

Naald 2 tot en met 4: Herhaal naald 1 nog drie keer (vier naalden in totaal).

Naald 5: * 1 st. op kabelnaald voor het werk, 1 r., 1 r. van kabelnaald, 2 av. *, herh. van * tot * tot het eind van de nld.

Naald 6: * 2 av., 2 r. *, herh. van * tot * tot het eind van de nld.

Naald 7 tot en met 10: Herhaal naald 6 nog vier keer.

Naald 11: * 2 av., 1 st. op kabelnaald voor het werk, 1 r., 1 r. van kabelnaald *, herh. van * tot * tot het eind van de nld.

Naald 12: * 2 r., 2 av. *, herh. van * tot * tot het eind van de nld.

Herhaal deze 12 naalden tot u de gewenste hoogte heeft bereikt.

Sterrensteek

STERRENSTEEK

Over deze stof lijkt een melkwegstelsel vol stralende sterren te zijn uitgestrooid.

Benodigd aantal steken: 4 steken + 1 extra

Naald 1: Alle st. r.

Naald 2: 1 r., * (3 av. samenbr. maar niet van linkerbreinaald af laten glijden, 1 omsl, brei dezelfde 3 st. nog eens av. en laat ze van de naald glijden), 1 r. *, herh. van * tot * tot het eind van de nld.

Naald 3: Alle st. r.

Naald 4: 1 r., 1 av., 1 r., * (3 av. samenbr. maar niet van linkerbreinaald af laten glijden, 1 omsl, brei dezelfde 3 st. nog eens av. en laat ze van de naald glijden), 1 r. *, herh. van * tot * tot er 2 st. over zijn, 1 av., 1 r.

Herhaal deze 4 naalden totdat u de gewenste hoogte heeft bereikt.

TULPSTEEK

Door regelmatig een paar steken omhoog te halen ontstaat dit veld vol tulpen tegen een achtergrond van averechte tricotsteek.

Benodigd aantal steken: 4 steken

Maak een blaadje: Steek de rechterbreinaald in de volgende rij steken, 3 naalden onder de volgende steek. Haal de lus omhoog. Laat geen steken vallen van de linkerbreinaald, maar brei verder volgens de instructies.

Naald 1: Alle st. av. **Naald 2:** Alle st. r.

Naald 3 en 4: Herhaal naald 1 en 2.

Naald 5: * 2 av., breng de werkdraad achter de naalden, maak een blaadje, 1 r., maak een blaadje, 1 av. *, herh. van * tot * tot het eind van de nld.

Naald 6: * 1 r., 3 av., 2 r. *, herh. van * tot * tot het eind van de nld. (Let op: brei de twee blaadjes en de steek ertussen av. In deze naald staan per herhaling twee extra steken op de naald.)

Naald 7: * 1 av., 2 av. samenbr., 1 av., 1 afh., 1 av., afgeh. st. overh. *, herh. van * tot * tot het eind van de nld.

Naald 8: Alle st. r.

Herhaal deze 8 naalden totdat u de gewenste hoogte heeft bereikt.

Tulpsteek

KEVERTJES

Deze zespotige kruipertjes krioelen als kevertjes over een tricotsteek.

Benodigd aantal steken: 10 steken + 2 extra (Let op: Elke motiefherhaling telt twee kevertjes. Door een halve herhaling achterwege te laten kunt u ook met een meervoud van 5 steken breien.)

Naald 1: 1 r., * 5 st. afh. met werkdraad voor, 5 r. *, herh. van * tot * tot er nog 1 st. over is, 1 r.

Naald 2 en alle even naalden: Alle st. av. **Naald 3:** Herhaal naald 1.

Naald 5: 1 r., * werkdraad naar voren halen en 2 st. afh., (breng werkdraad naar achteren, steek de rechterbreinaald achter de koordjes van de voorgaande naalden door en brei 1 r. in de volgende steek van de linkerbreinaald; trek die nieuwe steek om de koordjes heen), werkdraad naar voren halen en 2 st. afh., 5 r. *, herh. van * tot * tot er nog 1 st. over is, 1 r.

Naald 7: 1 r., * 5 r., werkdraad naar voren halen en 5 st. afh. *, herh. van * tot * tot er nog 1 st. over is, 1 r. **Naald 9:** Herhaal naald 7.

Naald 11: 1 r., * 5 r., werkdraad naar voren halen en 2 st. afh., (breng werkdraad naar achteren, steek de rechterbreinaald achter de koordjes van de voorgaande naalden door en brei 1 r. in de volgende steek van de linkerbreinaald; trek die nieuwe steek om de koordjes heen), werkdraad naar voren halen en 2 st. afh. *, herh. van * tot * tot er nog 1 st. over is, 1 r.

Herhaal deze 12 naalden totdat u de gewenste hoogte heeft bereikt.

Kevertjes

Knopen en bobbels

Knoopjessteek

KNOOPJESSTEEK

Door dezelfde steek een aantal keren opnieuw te breien, ontstaat er een knoopje op de bovenkant van de stof.

Benodigd aantal steken: 6 steken

Een knoopje maken (MK): Brei de volgende steek op de linkerbreinaald, maar laat de steek niet afglijden. Zet de nieuwe steek van de rechter- op de linkerbreinaald en brei die nog eens r. Maak nog 1 r. in de eerste steek, deze nieuwe steek terugzetten, r. breien, en dan voor een derde keer 1 r. in de eerste steek, terugzetten en r. breien. Pas dan laat u de oorspronkelijke steek van de linkerbreinaald afglijden.

Naald 1: Alle st. r.

Naald 2 en alle even naalden: Alle st. av.

Naald 3: * 5 r., MK *, herh. van * tot * tot het eind van de nld.

Naald 5: Alle st. r.

Naald 7: * 2 r., MK, 3 r. *, herh. van * tot * tot het eind van de nld.

Herhaal deze 8 naalden totdat u de gewenste hoogte heeft bereikt.

Bobbelsteek

BOBBELSTEEK

Deze steek heeft veel reliëf. De goede kant van het werk is waar u averecht breit.

Benodigd aantal steken: 4 steken

Naald 1: Alle st. av.

Naald 2: * (in de eerste st. 1 r., 1 av., 1 r.), 3 av. samenbr. *, herh. van * tot * tot het eind van de nld.

Naald 3: Alle st. av.

Naald 4: * 3 av. samenbr., (in de volgende st. 1 r., 1 av., 1 r.) *, herh. van * tot * tot het eind van de nld.

Herhaal deze 4 naalden totdat u de gewenste hoogte heeft bereikt.

Druiventrosjes

DRUIVENTROSJES

Dit motief geeft grote noppen die aan een steek lijken te hangen zoals druiven aan een trosje.

Benodigd aantal steken: 11 steken (voor één trosje druiven)

Maak een nop (MN): 5 r. in de volgende st., keer het werk, 5 av., keer het werk, 5 r., keer het werk, 5 av., keer het werk, 5 r. samenbr.

Draai naar links (DL): 1 st. op kabelnaald voor het werk, 1 av., 1 r. van kabelnaald.

Draai naar rechts (DR): 1 st. op kabelnaald achter het werk, 1 r., 1 av. van kabelnaald.

Naald 1: Alle st. av. (dit is de goede kant van het werk).

Naald 2: Alle st. r.

Naald 3: 5 av., MN, 5 av.

Naald 4: 5 r., 1 av., 5 r.

Naald 5: 2 av., MN, 2 av., 1 r., 2 av., MN, 2 av.

Naald 6: Herhaal naald 4.

Naald 7: MN, 4 av., 1 r., 4 av., MN.

Naald 8: 1 av., 2 r., 1 av., 1 r., 1 av., 1 r., 1 av., 2 r., 1 av.

Naald 9: DL, 1 av., DL, 1 r., DR, 1 av., DR.

Naald 10: 1 r., DL, 1 r., 3 av., 1 r., DR, 1 r.

Naald 11: 2 av., DL, 1 av. in het lusje uit de vorige naald, 1 afh., 2 r. samenbr., afgeh. st. overh., opnieuw 1 av. in het lusje uit de vorige naald, DR, 2 av.

Naald 12: 3 r., DL, 1 av., DR, 3 r.

Naald 13: 4 av., 1 av. in het lusje uit de vorige naald, 1 afh., 2 r. samenbr., afgeh. st. overh., 1 av. in het lusje uit de vorige naald, 4 av.

Naald 14: 5 r., 1 av., 5 r.

Herhaal deze 14 naalden totdat u de gewenste hoogte heeft bereikt.

Variaties op boordsteken

PATENTSTEEK

Deze stoere boordsteek doet wel wat denken aan oude vismanden. Een trui uit deze steek is lekker dicht en houdt u goed warm op koude dagen.

Benodigd aantal steken: Elk willekeurig even aantal steken.

Naald 1: Alle st. av. (dit is de basisnaald).

Naald 2: 1 r., * 1 av., 1 r. inst. in de st. onder de nld. *, herh. van * tot * tot er nog 1 st. over is, 1 r.

Herhaal naald 2 (elke naald is precies gelijk) tot de gewenste hoogte.

Patentsteek

IN DE ONDERLIGGENDE NAALD BREIEN

Bij deze steek breit u niet alleen de steken op de linkerbreinaald, maar breit u tegelijkertijd de steken in de lussen ónder die ketting. Op die manier borgt u beide steken: u laat de steken niet vallen.

Gevoerd beursje

Dit lieve kleine beursje of make-uptasje is gevoerd met satijn.

U HEEFT NODIG:

* 1 bol van 50 g middeldik garen
* 4 mm-breinaalden
* stukje satijn van 10 x 22 cm
* naainaald en bijpassend naaigaren
* maasnaald en schaar
* een knoop van 4 cm doorsnee

WERKWIJZE:

MOTIEFSTEEK: steek de rechterbreinaald onder het koordje door uit de eerdere naald en brei de volgende steek van de linkerbreinaald r., waarbij u de nieuwe steek om het koordje heen trekt.

Zet 27 steken op.

NAALD 1: 2 r., * werkdraad naar voren halen en 5 st. afh., 1 r. *, herh. van * tot * totdat er nog 1 st. over is, 1 r.

NAALD 2 EN ALLE EVEN NAALDEN: Alle st. av.

NAALD 3: 4 r., * (motiefsteek), 5 r. *, herh. van * tot * totdat er nog 5 st. over zijn, (motiefsteek), 4 r.

NAALD 5: 1 r., werkdraad naar voren halen en 3 st. afh., * 1 r., werkdraad naar voren halen en 5 st. afh. *, herh. van * tot * totdat er nog 5 st. over zijn, 1 r., werkdraad naar voren halen en 3 st. afh., 1 r.

NAALD 7: 1 r., * (motiefsteek), 5 r. *, herh. van * tot * totdat er nog 2 st. over zijn, (motiefsteek), 1 r.

Herhaal deze 8 naalden nog 9 keer (tien verticale herh.).

Brei een boordje.

NAALD 1: * 1 r., 1 av. *, herh. van * tot * totdat er nog 1 st. over is, 1 r.

NAALD 2: 1 r., * 1 r., 1 av. *, herh. van * tot * totdat er nog 2 st. over zijn, 2 r.

NAALD 3 EN 5: Herhaal naald 1.

NAALD 4 EN 6: Herhaal naald 2.

NAALD 7: vijf keer (1 r., 1 av.), 7 st. r. afkanten, vijf keer (1 av., 1 r.).

NAALD 8: 1 r., vier keer (1 r., 1 av.), 1 r. Keer het werk en zet 7 st. op volgens de kabelmethode (zie blz. 69). Keer het werk opnieuw en brei op de resterende 10 st. in boordsteek verder.

NAALD 9 EN 11: Herhaal naald 1.

NAALD 10 EN 12: Herhaal naald 2.

Kant af in boordsteek.

VOERING INZETTEN EN IN ELKAAR NAAIEN:

Leg de gebreide stof met de goede kant naar beneden op een glad oppervlak. Pers een smal zoompje (zo'n 5 mm) rondom alle randjes van het satijn, en leg dit met de goede kant naar boven op de gebreide stof. De voering loopt door tot aan de boordsteek. Speld de voering met de hoeken vast aan de gebreide stof, juist binnen de rand van het breiwerk.

Gebruik een bijpassend naaigaren om de satijnen voering met stiksteken aan het breiwerk vast te maken, juist binnen de randjes.

Zodra de voering vastzit, vouwt u de opzetrand om, zodat u aan de voorzijde vier patroonherhalingen ziet. Zet met het garen waarmee u ook heeft gebreid de beide zijnaden vast. Gebruik daarvoor een maasnaald en kies voor de matrassteek (zie blz. 105).

Vouw de flap om, en bepaal waar de knoop moet komen. Naai de knoop met naaigaren vast door de gebreide stof, maar ook door de voering. Neem dan nog een stukje breigaren en maak een siersteek, zodat het naaigaren niet meer te zien is.

Halve patentsteek

HALVE PATENTSTEEK

Deze boordsteek is schitterend wanneer u die in één kleur breit. Denkt u dat u de steek beheerst, kijk dan eens op blz. 190 om te zien hoe u dezelfde steek met 2 kleuren maakt.

Benodigd aantal steken: Elk willekeurig aantal even steken

Naald 1: 1 r., * 1 omsl., 1 st. av. afh. met de draad achter het werk, 1 r. *, herh. van * tot * totdat er nog 1 st. over is, 1 r. (dit is de basisnaald).

Naald 2: 1 r., * 1 omsl., 1 st. av. afh. met de draad achter het werk, 2 st. r. samenbr. *, herh. van * tot * totdat er nog 1 st. over is, 1 r.

Blijf naald 2 herhalen (elke naald precies gelijk) totdat u de gewenste hoogte heeft bereikt.

VERSIERDE BOORDSTEEK

Versierde boordsteek

Benodigd aantal steken: 5 steken + 2 extra

Rechte draai (r. dr.): 1 st. overslaan, 1 st. r. (achter inst.), maar laat beide st. op de linkerbreinaald staan., 1 r. in de overgeslagen steek, beide st. op rechterbreinaald zetten.

Averechte draai (av. dr.): werkdraad naar voren halen, volgende st. overslaan, 1 av. in volgende st., maar laat beide st. op de linkerbreinaald staan, 1 av. in de overgeslagen st., beide st. op rechterbreinaald zetten.

Naald 1: 1 r., * 1 av., (r. dr.), 1 av., 1 r. *, herh. van * tot * totdat er nog 1 st. over is, 1 r.

Naald 2: 1 r., * 1 av., 1 r., (av. dr.), 1 r. *, herh. van * tot * totdat er nog 1 st. over is, 1 r.

Herhaal deze 2 naalden totdat u de gewenste hoogte heeft bereikt.

Variaties op kabels

GEDRAAIDE KABEL

Hierbij wordt een overgeslagen steek gebruikt om een kabel na te bootsen tegen een achtergrond van een averechte tricotsteek.

Benodigd aantal steken: 3 steken (alleen de kabel). In het voorbeeld liggen tussen twee kabels telkens vier steken averechte tricotsteek.

Naald 1: 3 r.

Naald 2: 3 av.

Naald 3: 1 r. afh., 2 r., 1 omsl., afgeh. steek over alle drie de lusjes halen.

Naald 4: 3 av.

Herhaal deze 4 naalden totdat u de gewenste hoogte heeft bereikt.

Gedraaide kabel

GEDRAAID KOORD

Dit patroon is eigenlijk gewoon een zes-bij-vierkabel, maar omdat de kabel breed en kort is, ziet die er uit als een gedraaid koord.

Benodigd aantal steken: 6 steken (alleen de kabel). In het voorbeeld liggen tussen twee kabels telkens drie steken averechte tricotsteek.

Naald 1: 6 r.

Naald 2: 6 av.

Naald 3: zet 3 st. op de kabelnaald vóór het werk, 3 r., 3 r. van kabelnaald.

Naald 4: Herhaal naald 2.

Herhaal deze 4 naalden totdat u de gewenste hoogte heeft bereikt.

Gedraaid koord

ONZICHTBARE KABEL

Door de kabel in een achtergrond van rechte tricotsteek te breien, geeft u een subtiele suggestie van kabels.

Benodigd aantal steken: 14 steken (let op: u kunt ook een meervoud van 7 steken breien, door een halve herhaling weg te laten).

Naald 1: Alle st. r.

Naald 2 en alle even naalden: Alle st. av.

Naald 3: Herhaal naald 1.

Naald 5: * 1 r., zet 3 st. op de kabelnaald voor het werk, 3 r., 3 r. van kabelnaald, 7 r. *, herh. van * tot * tot het eind van de nld.

Naald 7 en 9: Herhaal naald 1.

Naald 11: * 8 r., zet 3 st. op de kabelnaald voor het werk, 3 r., 3 r. van kabelnaald *, herh. van * tot * tot het eind van de nld.

Herhaal deze 12 naalden totdat u de gewenste hoogte heeft bereikt.

Onzichtbare kabel

Diagonale koorden

Diagonale kabelpatronen

DIAGONALE KOORDEN

Benodigd aantal steken: 6 steken + 2 extra

Om de koorden naar links te laten hellen:

Naald 1: * zet 2 st. op de kabelnaald voor het werk, 1 av., 2 r. van kabelnaald, 3 av. *, herh. van * tot * tot het eind van de nld.

Naald 2 en alle even naalden: Brei alle steken zoals die zich voordoen.

Naald 3: 1 av., * zet 2 st. op de kabelnaald voor het werk, 1 av., 2 r. van kabelnaald, 3 av. *, herh. van * tot * tot er nog 1 st. over is, 1 r.

Naald 5: 2 av., * zet 2 st. op de kabelnaald voor het werk, 1 av., 2 r. van kabelnaald, 3 av. *, herh. van * tot * tot het eind van de nld.

Naald 7: 3 av., * zet 2 st. op de kabelnaald voor het werk, 1 av., 2 r. van kabelnaald, 3 av. *, herh. van * tot * totdat er nog 5 st. over zijn, zet 2 st. op de kabelnaald voor het werk, 1 av., 2 r. van kabelnaald, 2 av.

Naald 9: 1 r., 3 av., * zet 2 st. op de kabelnaald voor het werk, 1 av., 2 r. van kabelnaald, 3 av. *, herh. van * tot * totdat er nog 4 st. over zijn, zet 2 st. op de kabelnaald voor het werk, 1 av., 2 r. van kabelnaald, 1 av.

Naald 11: 2 r., 3 av., * zet 2 st. op de kabelnaald voor het werk, 1 av., 2 r. van kabelnaald, 3 av. *, herh. van * tot * totdat er nog 3 st. over zijn, zet 2 st. op de kabelnaald voor het werk, 1 av., 2 r. van kabelnaald.

Herhaal deze 12 naalden totdat u de gewenste hoogte heeft bereikt.

Om de koorden naar rechts te laten hellen:

Naald 1: 2 r., * 3 av., zet 1 st. op de kabelnaald achter het werk, 2 r., 1 av. van kabelnaald *, herh. van * tot * tot het eind van de nld.

Naald 2 en alle even naalden: Brei alle steken zoals die zich voordoen.

Naald 3: 1 r., 1 av., * 2 av., zet 1 st. op de kabelnaald achter het werk, 2 r., 1 av. van kabelnaald, 1 av. *, herh. van * tot * tot het eind van de nld.

Naald 5: 2 r., * 1 av., zet 1 st. op de kabelnaald achter het werk, 2 r., 1 av. van kabelnaald, 2 av. *, herh. van * tot * tot het eind van de nld.

Naald 7: 2 av., * zet 1 st. op de kabelnaald achter het werk, 2 r., 1 av. van kabelnaald, 3 av. *, herh. van * tot * tot het eind van de nld.

Naald 9: 1 av., * zet 1 st. op de kabelnaald achter het werk, 2 r., 1 av. van kabelnaald, 3 av. *, herh. van * tot * totdat er nog 1 st. over is, 1 r.

Naald 11: * zet 1 st. op de kabelnaald achter het werk, 2 r., 1 av. van kabelnaald, 3 av. *, herh. van * tot * totdat er nog 2 st. over zijn, 2 r.

Herhaal deze 12 naalden totdat u de gewenste hoogte heeft bereikt.

ZIGZAGGENDE KOORDEN

Benodigd aantal steken: 6 steken

Kabel naar rechts (KR): zet 1 st op de kabelnaald achter het werk, 2 r., 1 av. van kabelnaald.

Kabel naar links (KL): zet 2 st. op de kabelnaald voor het werk, 1 av., 2 r. van kabelnaald.

Naald 1: * 3 av., KR *, herh. van * tot * tot het eind van de nld.

Naald 2: * 1 r., 2 av., 3 r. *, herh. van * tot * tot het eind van de nld.

Naald 3: * 2 av., KR, 1 av. *, herh. van * tot * tot het eind van de nld.

Naald 4: * 2 r., 2 av., 2 r. *, herh. van * tot * tot het eind van de nld.

Naald 5: * 1 av., KR, 2 av. *, herh. van * tot * tot het eind van de nld.

Naald 6: * 3 r., 2 av., 1 r. *, herh. van * tot * tot het eind van de nld.

Naald 7: * KR, 3 av. *, herh. van * tot * tot het eind van de nld.

Naald 8: * 4 r., 2 av. *, herh. van * tot * tot het eind van de nld.

Naald 9: * KL, 3 av. *, herh. van * tot * tot het eind van de nld.

Naald 10: Herhaal naald 6.

Naald 11: * 1 av., KL, 2 av. *, herh. van * tot * tot het eind van de nld.

Naald 12: Herhaal naald 4.

Naald 13: * 2 av., KL, 1 av. *, herh. van * tot * tot het eind van de nld.

Naald 14: Herhaal naald 2.

Naald 15: * 3 av., KL *, herh. van * tot * tot het eind van de nld.

Naald 16: * 2 av., 4 r. *, herh. van * tot * tot het eind van de nld.

Herhaal deze 16 naalden totdat u de gewenste hoogte heeft bereikt.

Zigzaggende koorden

IN KOORDEN GEVANGEN RUITEN

Benodigd aantal steken: 13 steken (alleen het motief; brei dit tegen een achtergrond van averechte tricotsteek).

Kabel naar rechts (KR): zet 1 st op de kabelnaald achter het werk, 2 r., 1 av. van kabelnaald.

Kabel naar links (KL): zet 2 st. op de kabelnaald voor het werk, 1 av., 2 r. van kabelnaald.

Naald 1: KL, 1 av., 1 r., 1 av., 1 r., 1 av., 1 r., 1 av., KR.

Naald 2 en alle even naalden: Brei alle steken zoals ze zich voordoen.

Naald 3: 1 av., KL, 1 av., 1 r., 1 av., 1 r., 1 av., KR, 1 av.

Naald 5: 2 av., KL, 1 av., 1 r., 1 av., KR, 2 av.

Naald 7: 3 av., KL, 1 av., KR, 3 av.

Naald 9: 4 av., zet 3 st. op kabelnaald achter het werk, 2 r., zet de 3e steek van de kabelnaald weer op de linkerbreinaald en brei die na de 2 st. van de kabelnaald, 2 r. van de kabelnaald, 4 av.,

Naald 11: 3 av., KR, 1 av., KL, 3 av.

(vervolg patroon op volgende blz.)

In koorden gevangen ruiten

Tarwehalmen

Naald 13: 2 av., KR, 1 av., 1 r., 1 av., KL, 3 av.

Naald 15: 1 av., KR, 1 av., 1 r., 1 av., 1 r., 1 av., KL, 1 av.

Naald 17: KR, 1 av., 1 r., 1 av., 1 r., 1 av., 1 r., 1 av., KL.

Naald 19: 2 r., 1 av., 1 r., 1 av., 1 r., 1 av., 1 r., 1 av., 1 r., 1 av., 2 r.

Herhaal deze 20 naalden totdat u de gewenste hoogte heeft bereikt.

Lange lussen

TARWEHALMEN

Deze steek doet me denken aan lange, wuivende tarwehalmen.

Benodigd aantal steken: 7 steken + 1 extra

Begin met twee naalden tricotsteek en begin dan met het patroon.

Naald 1: * 3 r., 2 afh., 2 r. *, herh. van * tot * totdat er nog 1 st. over is, 1 r.

Naald 2: * 2 av., werkdraad naar voren halen, 2 afh., 3 av. *, herh. van * tot * totdat er nog 1 st. op de naald staat, 1 r.

Naald 3: Herhaal naald 1.

Naald 4: Herhaal naald 2.

Naald 5: * 1 r., 2 st. op kabelnaald achter het werk, 1 r. (afgeh. st.), 2 r. van kabelnaald, 1 st. (een afgeh. st.!) op kabelnaald voor het werk, 2 r., 1 r. van kabelnaald *, herh. van * tot * totdat er nog 1 st. over is, 1 r.

Herhaal deze 5 naalden totdat u de gewenste hoogte heeft bereikt.

Gevleugelde zaadjes

GEVLEUGELDE ZAADJES

Het lijken wel zaadjes uit een dennenappel die naar de grond dwarrelen.

Benodigd aantal steken: 4 steken + 2 extra

Naald 1: Alle st. r.

Naald 2: Alle st. av.

Naald 3: 2 r., * 1 afh., 3 r. *, herh. van * tot * tot het eind van de nld.

Naald 4: * 3 av., 1 afh. *, herh. van * tot * totdat er nog 2 st. over zijn, 2 av.

Naald 5: 2 av., * zet 1 st. (is afgeh. st.) op kabelnaald voor het werk, 2 r., 1 r. van kabelnaald, 1 r. *, herh. van * tot * tot het eind van de nld.

Naald 6: Alle st. av.

Naald 7: Alle st. r.

Naald 8: Alle st. av.

Naald 9: Herhaal naald 3.

Naald 10: Herhaal naald 4.

Naald 11: * zet 2 st. op kabelnaald achter het werk, 1 r. (is afgeh. st.), 2 r. van kabelnaald, 1 r. *, herh. van * tot * totdat er nog 2 st. over zijn, 2 r.

Naald 12: Alle st. av.

Herhaal deze 12 naalden totdat u de gewenste hoogte heeft bereikt.

Meer variaties op kabels

KLEINE SLAGEN

Telkens twee kabels naast elkaar, die elk in een andere richting draaien.

Benodigd aantal steken: 10 steken

Naald 1: * 3 av., 1 afh., 2 r., 1 av., 2 r., 1 afh. *, herh. van * tot * tot het eind van de nld.

Naald 2: * 1 afh., 2 av., 1 r., 2 av., 1 afh., 3 r. *, herh. van * tot * tot het eind van de nld.

Naald 3: * 3 av., 1 st. op kabelnaald voor het werk, 2 r., 1 r. van kabelnaald, 1 av., 2 st. op kabelnaald achter het werk, 1 r., 2 r. van kabelnaald *, herh. van * tot * tot het eind van de nld.

Naald 4: * 3 av., 1 r., 3 av., 3 r. *, herh. van * tot * tot het eind van de nld.

Herhaal deze 4 naalden totdat u de gewenste hoogte heeft bereikt.

Kleine slagen

HOEFIJZERKABELS

Benodigd aantal steken: 12 steken (alleen de kabel). Deze kabel kunt u zo vaak u wilt herhalen tegen een achtergrond van averechte tricotsteek.

Naald 1: 12 r.

Naald 2 en alle even naalden: 12 av.

Naald 3: 3 st. op kabelnaald achter het werk, 3 r., 3 r. van kabelnaald, 3 st. op kabelnaald voor het werk, 3 r., 3 r. van kabelnaald.

Naald 5: 12 r.

Herhaal deze 6 naalden totdat u de gewenste hoogte heeft bereikt.

Hoefijzerkabels

KUSJES EN KNUFFELS

In sms-taal staat XOXO voor 'kisses and hugs' ofwel 'kusjes en knuffels'.

Benodigd aantal steken: 8 steken (alleen de kabel). Brei dit motief tegen een achtergrond van averechte tricotsteek.

Kabel naar rechts (KR): zet 2 st op de kabelnaald achter het werk, 2 r., 2 r. van kabelnaald.

Kabel naar links (KL): zet 2 st. op de kabelnaald voor het werk, 2 r., 2 r. van kabelnaald.

Naald 1: 8 r.

Naald 2 en alle even naalden: 8 av.

Naald 3: KR, KL.

Naald 5: 8 r.

Naald 7: Herhaal naald 3: KR, KL.

Naald 9: 8 r.

Naald 11: KL, KR.

Naald 13: 8 r.

Naald 15: KL, KR.

Herhaal deze 16 naalden totdat u de gewenste hoogte heeft bereikt.

Kusjes en knuffels

Kabelrand

Randjes

KABELRAND

Deze afwerkrand wordt in de lengte gebreid en heeft aan een kant een naadtoeslag van 2 steken zodat u de rand aan een horizontale rand kunt naaien. Breit u deze afwerkrand verticaal, als deel van een patroon, dan laat u die 2 steken gewoon weg.

Zet 8 st. op.

Naald 1: Alle st. r.

Naald 2 en alle even naalden: 2 r., de rest van de naald av.

Naald 3: Alle st. r.

Naald 5: 3 st. op kabelnaald voor het werk, 3 r., 3 r. van kabelnaald, 2 r.

Naald 7: Alle st. r.

Herhaal deze 8 naalden totdat u de gewenste hoogte heeft bereikt.

Waaiervormige kabelrand

WAAIERVORMIGE RAND

Benodigd aantal steken: 18 steken (u moet minimaal 2 herhalingen breien voor het effect).

Naald 1: Alle st. av. (dit is de verkeerde kant van het werk).

Naald 2: * drie keer (2 r. samenbr.), zes keer (1 omsl., 1 r.), drie keer (2 r. samenbr.) *, herh. van * tot * tot het eind van de nld.

Naald 3: 15 r., * 6 av., 12 r. *, herh. van * tot * tot er 3 st. over zijn, 3 r.

Naald 4: 15 r., * 3 st. op kabelnaald achter het werk, 3 r., 3 r. van kabelnaald, 12 r. *, herh. van * tot * tot er 3 st. over zijn, 3 r.

Herhaal deze 4 naalden nog twee keer. Brei dan 1 naald av. en kant af of begin met een gladde tricotsteek.

Lussensteek

LUSSENSTEEK

Lussen geven een vrolijke uitstraling aan kraagjes en boordjes. U kunt ook hele panden in lussensteek breien, zodat u uw eigen nepbont maakt. Elke steek in een rechte naald is een lussensteek, dus hoeveel steken u opzet, maakt niet uit. Begin en eindig elke naald met een gewone rechte steek, bij wijze van een zoompje of zelfkant. De steken aan de verkeerde kant worden allemaal recht gebreid.

1. Begin met een basisnaald door alle steken recht te breien. Brei losjes: u heeft wat speling nodig om lussen te kunnen maken.
2. Plaats de punt van de rechterbreinaald in de steek alsof u die wilt breien en leg de werkdraad tussen beide naalden.
3. Sla de werkdraad om uw linkerduim en breng de lus tussen de twee naalden door.
4. Laat de steek nog niet vallen, maar steek de punt van de rechterbreinaald opnieuw in de steek, alsof u die wilt breien.
5. Brei deze steek recht en laat van de linkerbreinaald glijden.
6. Nu heeft u twee lusjes op de rechterbreinaald. Haal de eerste lus over de tweede heen. Hiermee is de eerste lussensteek klaar. In het voorbeeld ziet u 7 naalden lussensteek en daarna tricotsteek.

10

Van kleur veranderen

✳ Een andere kleur invoegen ✳ Strepen

✳ Kleurvlakken ✳ Geometrische figuren

✳ Fair Isle ✳ Intarsia

Klassiek en modern

Breien met meer kleuren in één pand is de volgende stap in uw breiavontuur.

Sommige kleurige patronen, zoals de traditionele motieven van Fair Isle, bestaan uit een reeks instructies die in de diverse naalden steeds worden herhaald. Zo wordt dan de hele stof met kleuren gevuld. Soms wordt ook een aantal naalden telkens opnieuw herhaald totdat het pand klaar is. Dat noemen we 'patroonherhalingen'. Voor meer informatie over het berekenen van het aantal horizontale en verticale patroonherhalingen leest u het best blz. 118-119. Als de kleuren een motief of een plaatje vormen (dat wordt vaak 'intarsia' genoemd), dan is er vaak maar één beschrijving voor het motief – het wordt dan ook niet herhaald.

Het blijft belangrijk om een proeflapje te breien (zie blz. 62) voordat u met een project begint. Maak dit proeflapje met het garen en het motief dat u wilt gaan maken en pas de dikte van de naald of het aantal steken eventueel aan. Meerkleurig breien wordt vaak – maar niet altijd – gedaan in tricotsteek. Die geeft een gladde stof die de aandacht niet afleidt van het kleurige patroon.

TIP

Wanneer u met meer kleuren breit, dan kunt u het best na elk paar naalden de diverse werkdraden ontwarren. En als u dan toch bezig bent, hecht dan de losse eindjes af: u heeft die saaie, tijdrovende klus dan alvast geklaard en kunt het werkstuk snel in elkaar zetten en dragen! Op blz. 102-103 ziet u stap voor stap hoe u uit-eindjes af kunt hechten.

Een andere kleur invoegen

U kunt een nieuwe kleur op twee manieren toevoegen. Bij strepen en horizontale patronen (zoals Fair Isle) wordt het garen aan de zijkanten toegevoegd. Op blz. 87 ziet u stap-voor-stapinstructies voor het werken met een nieuwe bol.

EEN NIEUWE KLEUR MIDDEN IN DE NAALD

In patronen die meerdere gekleurde elementen in het midden van de stof hebben, vindt u het waarschijnlijk gemakkelijker om kleine spoeltjes te maken van de te gebruiken kleuren. Daarvoor kunt u 'visjes' kopen bij een winkel die breibenodigdheden verkoopt, maar u kunt ook zelf spoeltjes maken van stevig karton. Knip een stuk karton van ongeveer 3 x 5 cm en maak aan één van de uiteinden een sneetje van zo'n 1 cm diep waar u het garen in vastklemt. Bepaal hoeveel garen u van elke kleur nodig heeft door uit te gaan van de formule van vier keer de breedte van de naald.

① Zodra u bent aangekomen op de plek waar de nieuwe kleur moet beginnen, voegt u de nieuwe kleur toe – net zoals u zou doen wanneer u vanaf de zijkant een nieuwe kleur gebruikt.
② Brei het vereiste aantal steken in deze kleur.
③ U kunt een knoopje in het garen leggen om de spanning van de lus intact te houden, maar bij het afhechten moet u dat knoopje wel weer los kunnen halen!
④ Draai in elke volgende naald de beide werkdraden om elkaar heen op het punt waar u van kleur wisselt.

GAREN MEENEMEN

In intarsiapatronen en motieven heeft u voor elke wisseling van kleur een eigen spoeltje garen nodig, ook wanneer dezelfde kleur weer terugkomt. Bij Fair Isle kunt u de kleuren die u niet gebruikt, meenemen achter het werk. Daarbij is het belangrijk dat de draadspanning goed is: houdt u de meegenomen werkdraad te strak dan krijgt u bubbels. Maar houdt u die te los dan ziet het patroon er rommelig uit en kunt u met vingers en tenen of met knopen en riemen van kleding die u onder het breiwerk draagt blijven hangen achter de (te) lange lussen.

① Voeg de benodigde kleuren in aan de zijkant van het werk.

② Laat het garen dat u niet gebruikt achter het werk hangen terwijl u de eerste kleur breit. U kunt ook beide werkdraden losjes in de hand houden, maar daarvan alleen de benodigde kleur breien.

③ Wanneer u van kleur moet veranderen, laat u de eerste kleur hangen en breit u verder met de tweede kleur. Laat het garen losjes achter het werk hangen.

④ Brei het benodigd aantal steken van de tweede kleur en ga verder met de eerste kleur. Probeer de lichtere kleur boven de donkere kleur te laten hangen zodat de draden niet in de war raken.

Garen dat u op deze manier meeneemt in de draad zou niet meer dan 5 of 6 steken achter het werk moeten hangen. Breit u meer steken in deze kleur, draai beide draden dan om de paar steken een slag om elkaar heen.

GEEF UW WERELD KLEUR

Of u nu met eenvoudige strepen begint, grote kleurvlakken gaat maken of een ingewikkeld Fair Isleproject maakt: veelkleurig breiwerk geeft niet alleen extra cachet aan uw breiwerk, maar levert u ook een hoop extra breiervaring op.

Strepen

SMALLE HORIZONTALE STREPEN

Smalle horizontale strepen, hier in twee kleuren en in tricotsteek.

Benodigd aantal steken: 4 naalden
Brei in tricotsteek. Brei eerst twee naalden van de eerste kleur, voeg de tweede kleur toe aan de zijkant. Brei dan twee naalden in de tweede kleur. Wanneer er maar 2 of 4 naalden tussen strepen van dezelfde kleur zitten dan kunt u het garen losjes langs de zijkant meenemen totdat u weer aan een kleurwissel toe bent. Het meegenomen garen verdwijnt in de zoom.
Herhaal deze vier naalden zo vaak u maar wilt. U kunt bijvoorbeeld twee of drie strepen breien en dan verder gaan in de hoofdkleur, maar u kunt ook alles in smalle strepen breien.

Smalle horizontale strepen

BREDE HORIZONTALE STREPEN

Brede horizontale strepen in tricotsteek, hier in drie kleuren.

Benodigd aantal steken: 18 naalden (6 naalden per kleur)
Brei 6 naalden in tricotsteek en ga dan vanaf de zijkant verder met een nieuwe kleur. Knip de werkdraad van de eerste kleur af, maar laat een staartje van 10 tot 15 cm hangen.
Brei nu 6 naalden in de tweede kleur, ga verder met de derde kleur en knip de werkdraad van de tweede kleur af, net als die van de eerste.
Brei dan 6 naalden in de derde kleur.
Herhaal deze 18 naalden totdat u de gewenste hoogte heeft bereikt.

Brede horizontale strepen

STREPEN IN RIBBELSTEEK

Strepen in twee kleuren, in de ribbelsteek. Ook al is de ribbelsteek meestal omkeerbaar: met twee kleuren ziet de achterkant er heel anders uit dan de voorkant.

Benodigd aantal steken: 4 naalden
Brei in ribbelsteek (alle naalden recht). Begin met de eerste kleur en ga vanaf de zijkant verder met de tweede kleur.
Brei dan twee naalden in de tweede kleur.
Wanneer er maar 2 of 4 naalden tussen strepen van dezelfde kleur zitten dan kunt u het garen losjes langs de zijkant meenemen totdat u weer aan een kleurwissel toe bent. Het meegenomen garen verdwijnt in de zoom.
Herhaal deze vier naalden zo vaak u maar wilt. U kunt bijvoorbeeld twee of drie strepen breien en dan verder gaan in de hoofdkleur, maar u kunt ook alles in smalle strepen breien.

Strepen in ribbelsteek

Streepjes van maar één naald hoog

STREEPJES VAN MAAR ÉÉN NAALD HOOG

Met breinaalden zonder knop kunt u telkens één kleur per naald breien zonder dat u elke naald opnieuw een andere draad moet aanhechten.

Deze smalle streepjes bieden een keur aan mogelijkheden. Om afwisselend strepen van twee kleuren te maken, breit u eerst een naald in de eerste kleur, vervolgens begint u aan de rechterkant van het werk (zonder keren) met de volgende kleur. Pas dan keert u het werk en breit u weer een (averechte) pen in de eerste kleur. (Op blz. 74 vindt u stap-voor-stapaanwijzingen.) Wilt u drie kleuren afwisselen, dan breit u driemaal een naald recht, telkens met een andere kleur, vervolgens keert u het werk en breit u drie naalden averecht in de andere richting.

In het voorbeeld ziet u een wat complexer patroon van enkele streepjes. U kunt de werkdraden van de kleuren die u niet gebruikt, meenemen langs de zijkant van het werk.

Smalle verticale strepen

SMALLE VERTICALE STREPEN

Het lastige van het breien van verticale strepen is dat u ervoor moet zorgen dat de spanning van de draden achter het werk precies goed is, zodat de kleurbanen dicht bij elkaar blijven.

Benodigd aantal steken: 6 steken
Brei in tricotsteek (recht aan de goede kant en averecht aan de verkeerde kant van het werk).
Naald 1: 2 r. in de hoofdkleur (HK), * 2 r. in de contrastkleur (CK), 4 r. HK *, herh. van * tot * tot er 4 st. over zijn, 2 r. CK, 2 r. HK.
Naald 2: 2 av. HK, * 2 av. CK, 4 av. HK *, herh. van * tot * tot er 4 st. over zijn, 2 av. CK, 2 av. HK.
Herhaal deze twee naalden totdat u de gewenste hoogte heeft bereikt.

Tweekleurige patentsteek (voorkant)

TWEEKLEURIGE PATENTSTEEK

Door breinaalden zonder knop te gebruiken, kunt u een patentsteek maken als een tweezijdig gestreepte stof. In het voorbeeld ziet u twee contrasterende kleuren, maar deze steek is vooral erg mooi wanneer u een donkere en lichtere tint van dezelfde kleur kiest.

Benodigd aantal steken: Elk willekeurig aantal steken, + 2 extra
Zet steken op in kleur 1 (K1).
Basisnaald: Keer het werk niet. Brei met kleur 2 (K2) vanaf de rechterkant van het werk. 1 av., * werkdraad naar voren halen, 1 av. afh., 1 omsl., 1 av. *, herh. van * tot * tot er nog 1 st. over is, 1 av. Let op dat de werkdraad een volledige omslag maakt voordat u de volgende averechte steek breit.

Naald 1: Keer het werk en gebruik K1. 1 av., * werkdraad naar voren halen, 1 afh., 2 av. samenbr. *, herh. van * tot * tot er nog 1 st. over is, 1 av. Haal de steken die u af moet halen in alle naalden averecht af.

Naald 2: Keer het werk niet en gebruik K2. 1 r., * 2 r. samenbr., werkdraad naar voren halen, 1 afh., 1 omsl. *, herh. van * tot * tot er nog 1 st. over is, 1 r.

Naald 3: Keer het werk en gebruik K1. 1 r., * 2 r. samenbr., werkdraad naar voren halen, 1 afh., 1 omsl. *, herh. van * tot * tot er nog 1 st. over is, 1 r.

Naald 4: Keer het werk niet en gebruik K2. 1 av., * werkdraad naar voren halen, 1 afh., 1 omsl., 2 av. samenbr. *, herh. van * tot * tot er nog 1 st. over is, 1 av.

Herhaal deze vier naalden totdat u de gewenste hoogte heeft bereikt. Kant af in een willekeurige kleur, maar wel volgens patroon: brei telkens twee steken samen, maar brei de steken die u anders zou afhalen en maak geen omslagen. Als u wilt, kunt u afkanten in afwisselende kleuren, zodat de streepjes door blijven lopen.

Tweekleurige patentsteek (achterkant)

DIAGONALE STREPEN

Deze diagonale stroken worden gebreid in tricotsteek. De stroken zijn 4 steken breed en kunnen in twee richtingen lopen door het motief telkens 1 steek op te schuiven. Maak de stroken zo smal of breed als u wilt: bij meer dan 6 steken per strook moet u wel aparte bolletjes garen gebruiken in plaats van de kleur achter het werk mee te nemen.

Diagonale strepen

Benodigd aantal steken: 8 steken

Naald 1: * 4 r. in de hoofdkleur (HK), 4 r. in de contrastkleur (CK) *, herh. van * tot * tot het eind van de nld.

Naald 2: 3 av. CK, * 4 av. HK, 4 av. CK *, herh. van * tot * tot er nog 5 steken op de nld. staan, 4 av. HK, 1 av. CK.

Naald 3: 2 r. CK, * 4 r. HK, 4 r. CK *, herh. van * tot * tot er nog 6 steken op de nld. staan, 4 r. HK, 2 r. CK.

Naald 4: 1 av. CK, * 4 av. HK, 4 av. CK *, herh. van * tot * tot er nog 7 steken op de nld. staan, 4 av. HK, 3 av. CK.

Naald 5: * 4 r. CK, 4 r. HK *, herh. van * tot * tot het eind van de nld.

Naald 6: 3 av. HK, * 4 av. CK, 4 av. HK *, herh. van * tot * tot er nog 5 steken op de nld. staan, 4 av. CK, 1 av. HK.

Naald 7: 2 r. HK, * 4 r. CK, 4 r. HK *, herh. van * tot * tot er nog 6 steken op de nld. staan, 4 r. CK, 2 r. HK.

Naald 8: 1 av. HK, * 4 av. CK, 4 av. HK *, herh. van * tot * tot er nog 7 steken op de nld. staan, 4 av. CK, 3 av. HK.

Herhaal deze 8 naalden totdat u de gewenste hoogte heeft bereikt.

Patchwork

Kleurvlakken

PATCHWORK

Voor grotere kleurvlakken gebruikt u aparte bolletjes garen. Bij een kleurwisseling draait u de werkdraden achter het werk om elkaar heen.

Benodigd aantal steken: Elk willekeurig aantal steken

Brei in tricotsteek.

Naald A1: Brei r. met kleur 1 (K1) tot het punt waar de andere kleur moet beginnen. Ga dan verder met kleur 2 (K2). Knoop K2 losjes aan K1 als u dat prettiger vindt. Nadat u een paar naalden heeft gebreid, maakt u het knoopje los en hecht u het staartje van K2 af.

Naald A2: Brei av. met K2, sla de werkdraad van K2 om die van K1 en brei verder met K1.

Herhaal deze beide naalden en draai de werkdraden bij elke kleurwisseling om elkaar heen. Ga zo door totdat u de gewenste hoogte heeft bereikt.

Naald B1: Brei r. met K2 vanaf het begin van de naald en brei alle onderliggende steken die met K1 zijn gebreid. Ga op het punt van de kleurwisseling verder met K1.

Naald B2: Brei av. met K1 tot het punt van de kleurwisseling, draai de werkdraden om elkaar heen en brei verder met K2.

Herhaal deze beide naalden en draai de werkdraden bij elke kleurwisseling om elkaar heen. Ga zo door totdat u de gewenste hoogte heeft bereikt.

TWEEKLEURIG SCHAAKBORD

Dit vier steken brede motiefje is smal genoeg om de draad achter het werk mee te nemen. Voor grotere vlakken gebruikt u aparte bolletjes garen voor elke te gebruiken kleur.

Benodigd aantal steken: 8 steken

Naald 1: * 4 r. in de hoofdkleur (HK), 4 av. in de contrastkleur (CK) *, herh. van * tot * tot het eind van de nld.

Naald 2: * 4 r. CK, 4 av. HK *, herh. van * tot * tot het eind van de nld.

Naald 3 en 4: Herhaal naald 1 en 2.

Naald 5: * 4 av. CK, 4 r. HK *, herh. van * tot * tot het eind van de nld.

Naald 6: * 4 av. HK, 4 r. CK *, herh. van * tot * tot het eind van de nld.

Naald 7 en 8: Herhaal naald 5 en 6.

Herhaal deze 8 naalden totdat u de gewenste hoogte heeft bereikt.

Tweekleurig schaakbord

HONDENTANDEN

Motiefjes met een regelmatige herhaling van twee of meer kleuren worden, wanneer het niet om blokjes gaat, 'mozaïeken' genoemd. Dit mozaïek is gebaseerd op een traditioneel weefmotief, en lijkt op een hondentand. Op de middelste foto ziet u hoe de meegenomen werkdraden er aan de achterkant uitzien.

Benodigd aantal steken: 4 steken

Naald 1: 1 r. in de hoofdkleur (HK), * 1 r. in de contrastkleur (CK), 3 r. HK *, herh. van * tot * totdat er nog 3 st. over zijn, 1 r. CK, 2 r. HK.

Naald 2: * 3 av. CK, 1 av. HK *, herh. van * tot * tot het eind van de nld.

Naald 3: * 3 r. CK, 1 r. HK *, herh. van * tot * tot het eind van de nld.

Naald 4: 1 av. HK, * 1 av. CK, 3 av. HK *, herh. van * tot * totdat er nog 3 st. over zijn, 1 av. CK, 2 av. HK.

Herhaal deze 4 naalden totdat u de gewenste hoogte heeft bereikt.

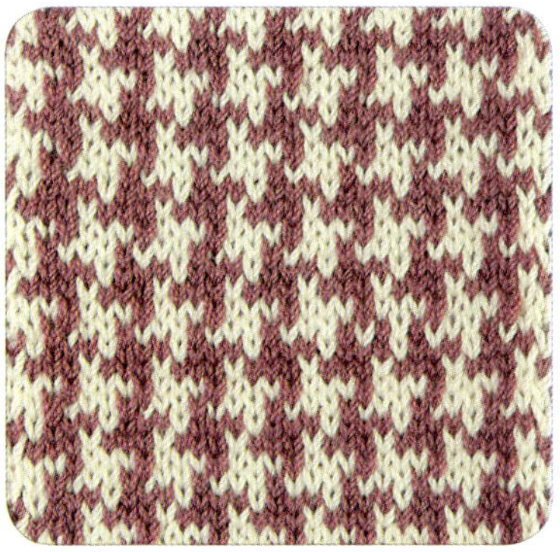

Hondentanden (goede kant)

Hondentanden (verkeerde kant)

Geometrische figuren

GEKLEURDE RUITEN

Benodigd aantal steken: 6 steken

Naald 1: 3 r. in de hoofdkleur (HK), * 1 r. in de contrastkleur (CK), 5 r. HK *, herh. van * tot * totdat er nog 3 st. over zijn, 1 r. CK, 2 r. HK. Neem de werkdraad die u niet gebruikt mee achter het werk.

Naald 2 en alle even naalden: Alle st. av., in dezelfde kleuren als de voorgaande naald.

Naald 3: 2 r. HK, * 3 r. CK, 3 r. HK *, herh. van * tot * totdat er nog 4 st. over zijn, 3 r. CK, 1 r. HK.

Naald 5: * 1 r. HK, 5 r. CK *, herh. van * tot * tot het eind van de nld.

Naald 7: Alle st. r. CK. Neem de HK langs de zijkant mee naar naald 9.

Naald 9: Herhaal naald 5.

Naald 11: Herhaal naald 3.

Naald 13: Herhaal naald 1.

Naald 15: Alle st. r. HK.

Herhaal deze 16 naalden totdat u de gewenste hoogte heeft bereikt.

Gekleurde ruiten

Tweekleurig kussen

De patentsteek geeft dit kussen niet alleen de schitterende kleurschakering, maar ook de zachte, rekbare textuur.

U HEEFT NODIG:

- 2 bollen van 50 g middeldik garen in een donkere kleur (K1)
- 2 bollen van 50 g middeldik garen in een lichtere tint van dezelfde kleur (K2)
- een paar 4 mm-breinaalden zonder knop
- een maasnaald of een 3,5 mm-haaknaald
- een schaar

WERKWIJZE:
Zet 52 steken op in de donkere kleur.

BASISNAALD: Keer het werk niet. Begin te breien met de lichtere kleur (K2) vanaf de rechterkant. 1 av., * werkdraad naar voren halen, 1 av. afh., 1 omsl., 1 av. *, herh. van * tot * tot er nog 1 st. over is, 1 av. Zorg dat het garen een volle omslag heeft gemaakt voordat u de volgende averechte steek breit. Aan het eind van de pen heeft u beide werkdraden aan dezelfde zijde van het werk.

NAALD 1: Keer het werk en ga verder met K1. 1 av., * werkdraad naar voren halen, 1 av. afh., 1 omsl., 2 av. samenbr. *, herh. van * tot * tot er nog 1 st. over is, 1 av. Haal alle af te halen steken in deze en alle volgende naalden av. af.

NAALD 2: Keer het werk niet en ga verder met K2. 1 r., * 2 r. samenbr., werkdraad naar voren halen, 1 afh., 1 omsl. *, herh. van * tot * tot er nog 1 st. over is, 1 r.

NAALD 3: Keer het werk en ga verder met K1. 1 r., * 2 r. samenbr., werkdraad naar voren halen, 1 afh., 1 omsl. *, herh. van * tot * tot er nog 1 st. over is, 1 r.

NAALD 4: Keer het werk niet en ga verder met K2. 1 av., * werkdraad naar voren halen, 1 afh., 1 omsl., 2 av. samenbr. *, herh. van * tot * tot er nog 1 st. over is, 1 av.

Herhaal deze 4 naalden 28 keer (in totaal 112 naalden). Het werk is dan ongeveer 30 cm hoog.

KANT AF MET DE DONKERE KLEUR: brei telkens twee steken samen, maar brei de steken die u anders zou afhalen en maak geen omslagen.

Maak op precies dezelfde wijze nog een tweekleurige lap.

AFWERKEN:
Leg de twee vierkanten met de verkeerde kanten tegen elkaar aan en speld ze vanuit de hoeken aan elkaar vast. Naai beide lappen met de donkere kleur en een overhandse steek (zie blz. 104) aan elkaar vast om een mooie sierrand te verkrijgen, of gebruik de matrassteek (zie blz. 105) voor een onzichtbare afwerking.

Begin in een hoek en maak drie zijden aan elkaar vast. Haal dan de spelden in de vierde zijde weg en doe de kussenvulling in de hoes. Speld dan de vierde zijde dicht en naai de randen aan elkaar, zoals u ook de andere zijden heeft gesloten. Hecht de staartjes van de werkdraden af in de zoom.

Als u kunt haken dan kunt u de stukken stof ook met vasten aan elkaar bevestigen. Dat hebben wij ook gedaan voor het voorbeeld op de foto. Bij een hoek maakt u eerst twee kettingsteken, dan draait u het kussen een kwartslag en maakt u weer een vaste in dezelfde steek.

Gekleurde 3D-blokken

GEKLEURDE 3D-BLOKKEN

Dit motief is gebaseerd op de 3D-blokken van blz. 130, maar bij deze versie zijn verschillende kleuren in plaats van texturen gebruikt voor het vormen van de blokken.

Benodigd aantal steken: 10 steken

Zet op met kleur 1 (K1). Voeg aan de zijkant meteen een tweede kleur toe (K2).

Naald 1: 1 r. K2, 8 r. K1, voeg de derde kleur toe (K3) en brei daarmee 1 r. Voeg een nieuw kluwentje toe van K2 en brei 1 r. K2, 8 r. K1, voeg een nieuw kluwentje toe van K3 en brei 1 r. K3. Brei verder in patroon (1 r. K2, 8 r. K1, 1 r. K3), waarbij u voor K2 en K 3 telkens een nieuw kluwentje neemt. De werkdraad van K1 neemt u mee achter het werk.

Naald 2: * 2 av. K3, sla K3 om K1, 6 av. K1, sla K2 om K1, 2 av. K2, sla K2 om K3 *, herh. van * tot * tot het eind van de nld. waarbij u de vlakken telkens in de juiste kleur blijft breien en K1 telkens meeneemt achter het werk.

Naald 3: * 3 r. K2, sla K2 om K1 aan de achterkant van het werk, 4 r. K1, sla K3 om K1 aan de achterkant van het werk, 3 r. K3, sla K3 om K2 en K1 aan de achterkant van het werk *, herh. van * tot * tot het eind van de nld. waarbij u de vlakken telkens in de juiste kleur blijft breien en K1 telkens meeneemt achter het werk.

Naald 4: * 4 av. K3, sla K3 om K1, 2 av. K1, sla K2 om K1, 4 av. K2, sla K2 om K3 en K1 *, herh. van * tot * tot het eind van de nld. waarbij u de vlakken telkens in de juiste kleur blijft breien en K1 telkens meeneemt achter het werk.

Naald 5 en 7: Laat K1 hangen langs de kant van het werk (de volgende vier naalden gebruikt u die kleur niet). * 5 r K2, sla K3 om K2 aan de achterkant van het werk, 5 r. K3, sla K3 om K2 aan de achterkant van het werk *, herh. van * tot * tot het eind van de nld. waarbij u de vlakken telkens in de juiste kleur blijft breien.

Naald 6 en 8: * 5 av. K3, sla K3 om K2, 5 av. K2, sla K2 om K3 *, herh. van * tot * tot het eind van de nld. waarbij u de vlakken telkens in de juiste kleur blijft breien.

Naald 9: Draai alle werkdraden achter het werk zoals u eerder ook deed en brei * 1 r. K1, 4r. K2, 4 r. K3, 1 r. K1 *, herh. van * tot * tot het eind van de nld. waarbij u de vlakken telkens in de juiste kleur blijft breien en K1 telkens meeneemt achter het werk.

Naald 10: * 2 av. K1, 3 av. K3, 3 av. K2, 2 av. K1 *, herh. van * tot * tot het eind van de nld. waarbij u de vlakken telkens in de juiste kleur blijft breien en K1 telkens meeneemt achter het werk.

Naald 11: * 3 r. K1, 2 r. K2, 2 r. K3, 3 r. K1 *, herh. van * tot * tot het eind van de nld. waarbij u de vlakken telkens in de juiste kleur blijft breien en K1 telkens meeneemt achter het werk.

Naald 12: * 4 av. K1, 1 av. K3, 1 av. K2, 4 av. K1 *, herh. van * tot * tot het eind van de nld. waarbij u de vlakken telkens in de juiste kleur blijft breien en K1 telkens meeneemt achter het werk.

Naald 13: * 4 r. K1, haal de werkdraad van K3 uit het volgende kleurvlak, 1 r. K3, haal de werkdraad van K2 uit het vorige kleurvlak, 1 r. K2, 4 r. K1 *, herh. van * tot * tot het eind van de nld. waarbij u de vlakken telkens in de juiste kleur blijft breien en K1 telkens meeneemt achter het werk.

Naald 14: * 3 av. K1, 2 av. K2, 2 av. K3, 3 av. K1 *, herh. van * tot * tot het eind van de nld. waarbij u de vlakken telkens in de juiste kleur blijft breien en K1 telkens meeneemt achter het werk.

Naald 15: * 2 r. K1, 3 r. K3, 3 r. K2, 2 r. K1 *, herh. van * tot * tot het eind van de nld. waarbij u de vlakken telkens in de juiste kleur blijft breien en K1 telkens meeneemt achter het werk.

Naald 16: * 1 av. K1, 4 av. K2, 4 av. K3, 1 av. K1 *, herh. van * tot * tot het eind van de nld. waarbij u de vlakken telkens in de juiste kleur blijft breien en K1 telkens meeneemt achter het werk.

Naald 17 en 19: Laat K1 hangen langs de kant van het werk tot aan naald 21. * 5 r K3, 5 r. K2 *, herh. van * tot * tot het eind van de nld. waarbij u de vlakken telkens in de juiste kleur blijft breien.

Naald 18 en 20: * 5 av. K2, 5 av. K3, *, herh. van * tot * tot het eind van de nld. waarbij u de vlakken telkens in de juiste kleur blijft breien.

Naald 21: Pik K1 weer op en brei * 4 r. K3, 2 r. K1, 4 r. K2 *, herh. van * tot * tot het eind van de nld. waarbij u de vlakken telkens in de juiste kleur blijft breien en K1 telkens meeneemt achter het werk.

Naald 22: * 3 av. K2, 4 av. K1, 3 av. K3 *, herh. van * tot * tot het eind van de nld. waarbij u de vlakken telkens in de juiste kleur blijft breien en K1 telkens meeneemt achter het werk.

Naald 23: * 2 r. K3, 6 r. K1, 2 r. K2 *, herh. van * tot * tot het eind van de nld. waarbij u de vlakken telkens in de juiste kleur blijft breien en K1 telkens meeneemt achter het werk.

Naald 24: 1 av. K2, knip K2-werkdraad van dit vlak af, 8 av. K1, 1 av. K3 (garen niet afknippen), * 1 av. K2 (garen niet afknippen), 8 av. K1, 1 av. K3 *, herh. van * tot * tot het eind van de nld. waarbij u de vlakken telkens in de juiste kleur blijft breien en K1 telkens meeneemt achter het werk. Knip aan het eind van deze naald de werkdraad van K3 van het laatste blok af.

Herhaal deze 24 naalden – voeg op de juiste plekken de afgeknipte werkdraden van K2 en K3 weer in. Ga zo door totdat u de gewenste hoogte heeft bereikt.

Fair Isle met twee kleuren

H	C	H	C
H	H	C	H
H	C	H	C
C	H	H	H

> Als u een patroon leest, begint u rechts onderin. Brei alle blanco vakjes in de hoofdkleur.

Argyles

Fair Isle

Fair Isle bestaat echt: het is een klein eilandje bij het uiterste puntje van het vasteland van Groot-Brittannië. Fair Isle staat bekend om de kleurrijke patronen die daar van oudsher werden gebreid van de plaatselijk vervaardigde wol.

FAIR ISLE MET TWEE KLEUREN

Dit stofvullende ruitpatroon in twee kleuren is een eenvoudige manier om met Fair Isle te beginnen.

Benodigd aantal steken: 4 steken

Zet de steken op met de hoofdkleur (HK) – in ons voorbeeld is dat groen.

Naald 1: * 3 r. HK, 1 r. CK (roomwit) *, herh. van * tot * tot het eind van de nld.

Naald 2: * 1 av. HK, 1 av. CK, 1 av. HK, 1 av. CK *, herh. van * tot * tot het eind van de nld.

Naald 3: * 1 r. HK, 1 r. CK, 2 r. HK *, herh. van * tot * tot het eind van de nld.

Naald 4: Herhaal naald 2.

Herhaal deze 4 naalden totdat u de gewenste hoogte heeft bereikt.

ARGYLES

Een argyle is een traditioneel (Schots) ruitpatroon doorkruist met fijne lijntjes.

Benodigd aantal steken: 24 steken voor drie kleuren (u kunt ook een 12 steken breed motief maken in twee kleuren).

U kunt het garen achter de diagonale, dunne lijntjes meenemen achter het werk, maar gebruik voor elk kleurvlak wel een apart kluwentje garen. In ons voorbeeld is de hoofdkleur (HK; de lege vakjes in het diagram) roomwit, contrastkleur 1 (K1) is paars en contrastkleur 2 (K2) is groen.

Naald 1: * 1 r. K1, 5 r. HK, 1 r. K1, 5 r. HK, 1 r. K2, 5 r. HK, 1 r. K2, 5 r. HK *, herh. van * tot * tot het eind van de nld.

Naald 2: * 1 av. K2, 3 av. HK, 3 av. K2, 3 av. HK, 1 av. K2, 1 av. HK, 1 av. K1, 3 av. HK, 3 av. K1, 3 av. HK, 1 av. K1, 1 av. HK *, herh. van * tot * tot het eind van de nld.

2				2	2	2				2		1				1	1	1				1	
	2		2	2	2	2	2		2				1		1	1	1	1	1		1		
		2		2	2	2		2						1		1	1	1		1			
	2	2	2		2		2	2	2				1	1	1		1		1	1	1		
2	2	2	2	2		2	2	2	2	2		1	1	1	1	1		1	1	1	1	1	
	2	2	2		2		2	2	2				1	1	1		1		1	1	1		
		2		2	2	2		2						1		1	1	1		1			
	2		2	2	2	2	2		2				1		1	1	1	1	1		1		
2				2	2	2				2		1				1	1	1				1	
					2						2						1						1

Naald 3: * 2 r. HK, 1 r. K1, 1 r. HK, 5 r. K1, 1 r. HK, 1. K1, 3 r. HK, 1 r. K2, 1 r. HK, 5 r. K2, 1 r. HK, 1 r. K2, 1 r. HK *, herh. van * tot * tot het eind van de nld.

Naald 4: * 2 av. HK, 1 av. K1, 1 av. HK, 3 av. K2. 1 av. HK, 1 av. K2, 5 av. HK, 1 av. K1, 1 av. HK, 3 av. K1, 1 av. HK, 1 av. K1, 3 av. HK *, herh. van * tot * tot het eind van de nld.

Naald 5: * 2 r. HK, 3 r. K1, 1 r. HK, 1 r. K1, 1 r. HK, 3 r. K1, 3 r. HK, 3 r. K2, 1 r. HK, 1 r. K2, 1 r. HK, 3 r. K2, 1 r. HK *, herh. van * tot * tot het eind van de nld.

Naald 6: * 5 av. K2, 1 r. HK, 5 av. K2, 1 av. HK, 5 av. K1, 1 av. HK, 5 av. K1, 1 av. HK *, herh. van * tot * tot het eind van de nld.

Naald 7: Herhaal naald 5.

Naald 8: Herhaal naald 4.

Naald 9: Herhaal naald 3.

Naald 10: Herhaal naald 2.

Herhaal deze 10 naalden. Wissel K1 en K2 af zodat de kleurvlakken elkaar afwisselen. Brei zo verder totdat u de gewenste hoogte heeft bereikt.

Fair Isle met drie kleuren

FAIR ISLE MET DRIE KLEUREN

Benodigd aantal steken: 8 steken

U kunt dit patroon als band gebruiken in een achtergrond van tricotsteek, met roomwit als hoofdkleur (HK).

Begin van het Fair Islemotief:

Naald 1: Alle st. r. in kleur 1 (K1). **Naald 2:** Alle st. av. in K1.

Naald 3: Alle st. r. in HK. **Naald 4:** Alle st. av. in HK.

Naald 5: Neem kleur 2 (K2) mee vanaf de zijkant van het werk. * 3 r. K1, 1 r. HK, 1 r. K2, 1 r. HK, 2 r. K1 *, herh. van * tot * tot het eind van de nld.

Naald 6: * 1 av. K1, 1 av. HK, 3 av. K2, 1 av. HK, 2 av. K1 *, herh. van * tot * tot het eind van de nld.

Naald 7: * 1 r. K1, 1 r. HK, 2 r. K2, 1 r. HK, 2 r. K2, 1 r. HK *, herh. van * tot * tot het eind van de nld.

Naald 8: * 2 av. K2, 1 av. HK, 1 av. K1, 1 av. HK, 2 av. K2, 1 av. HK *, herh. van * tot * tot het eind van de nld.

Naald 9: * 2 r. K2, 1 r. HK, 3 r. K1, 1 r. HK, 1 r. K2 *, herh. van * tot * tot het eind van de nld.

Naald 10: * 1 av. HK, 5 av. K1, 1 av. HK, 1 av. K2 *, herh. van * tot * tot het eind.

Naald 11: Herhaal naald 9. **Naald 12:** Herhaal naald 8.

Naald 13: Herhaal naald 7. **Naald 14:** Herhaal naald 6.

Naald 15: Herhaal naald 5. Knip aan het eind van de nld de werkdraad van K2 af.

Naald 16. Alle st. av. in HK. **Naald 17:** Alle st. r. in HK.

Naald 18: Alle st. av. in K1. **Naald 19:** Alle st. r. in K1.

Blijf met de hoofdkleur verder breien in tricotsteek tot de gewenste hoogte.

1	1	1	1	1	1	1	1
1	1	1	1	1	1	1	1
1	1		2		1	1	1
1		2	2	2		1	1
	2	2		2	2		1
2	2		1		2	2	
2		1	1	1		2	2
	1	1	1	1	1		2
2		1	1	1		2	2
2	2		1		2	2	
	2	2		2	2		1
1		2	2	2		1	1
1	1		2		1	1	1
1	1	1	1	1	1	1	1
1	1	1	1	1	1	1	1

Fair Islestropdas

Deze stropdas voor heren wordt van fijn katoen of wol gemaakt, met een traditioneel Scandinavisch sneeuwvlokkenmotief.

U HEEFT NODIG:

* 1 bol van 50 g fijn katoen in elk van de drie te gebruiken kleuren (aubergine, ijsblauw en limoen)
* paar 2,25 mm-breinaalden
* een kleine maasnaald en een schaar

WERKWIJZE:

Zet 3 steken op in de hoofdkleur.

NAALD 1: Alle st. r.
NAALD 2: Alle st. av.
NAALD 3: 1 r., 1 st. meerderen volgens de methode die u het fijnst vindt (zie blz. 80), brei r. verder tot er 2 st. over zijn, meerder 1 st. in de voorlaatste st., 1 r.
NAALD 4: Alle st. av.
Herhaal naald 3 en 4 nog elf keer totdat er 27 st. op de naald staan. Begin dan met het Fair Islemotief, volgens het schema op de volgende pagina. Blijf aan weerszijden van elke rechte naald telkens 1 st. meerderen totdat u 51 steken op de breinaald heeft staan. Brei vanaf dat punt 11 naalden in tricotsteek volgens schema en minder dan als volgt:
VOLGENDE NAALD: 1 r., 2 r. samenbr., brei volgens patroon totdat er nog 3 st. over zijn, 2 r. samenbr., 1 r.
Brei dan 9 naalden in tricotsteek volgens telpatroon. Als u de teltekening af heeft, breit u verder in de hoofdkleur.
VOLGENDE NAALD: 1 r., 2 r. samenbr., brei verder totdat er nog 3 st. over zijn, 2 r. samenbr., 1 r.
Brei nu 7 naalden in tricotsteek.
VOLGENDE NAALD: 1 r., 2 r. samenbr., brei verder totdat er nog 3 st. over zijn, 2 r. samenbr., 1 r.

Brei nu 5 naalden in tricotsteek en blijf elke 6 naalden minderen totdat u nog 25 steken op de naald heeft staan.

Brei nu 11 naalden in tricotsteek en minder in elke 12e naald totdat u nog 21 steken op de naald heeft staan.

Brei verder met deze 21 steken totdat het werk 120 cm lang is.

Minder nu telkens aan weerszijden van elke rechte naald één steek totdat er nog 3 st. over zijn. Kant af.

Hecht alle losse draadjes af in de zijkanten van de stof. Pers de stropdas vanaf de achterkant, maar pas op dat u daarbij niet blijft hangen in de meegenomen werkdraden aan de achterkant van het werk. Vouw de beide zijkanten naar het midden en pers de vouw.

Gebruik de matrassteek (zie blz. 105) bij het aan elkaar naaien van de twee zijkanten.

Als u breinaalden zonder knop heeft in de juiste maat, dan kunt u deze das ook daarop breien. U hoeft de diverse kleuren dan niet zo vaak af en aan te hechten. Breit u op deze manier, zorg dan wel dat u goed bijhoudt in welke naald u bent. Dat is belangrijk voor het meerderen en minderen.

U kunt deze stropdas ook met ander 4-draads garen breien, zoals wol, acryl of zijde.

LET OP: brei de blanco vakjes niet. Begin in de rechterbenedenhoek. Vanaf het midden breit u het telpatroon in spiegelbeeld tot aan de volgende hoek.

Midden

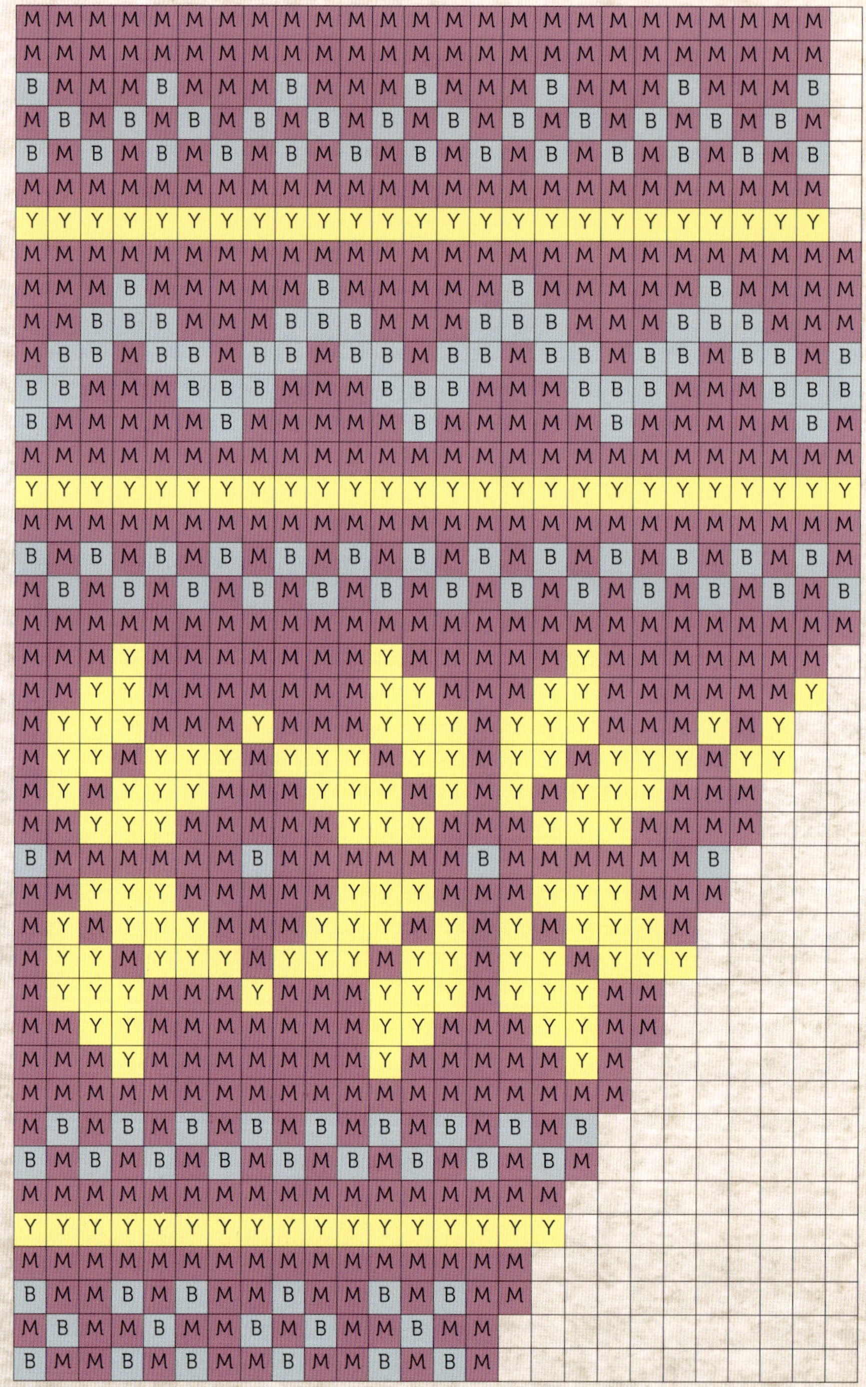

Fair Isle met vier kleuren

1	1	1	1	1	1
1	2	1	2	1	2
			3		
		3	1	3	
	3	1	2	1	3
		3	1	3	
			3		
1	2	1	2	1	2
1	1	1	1	1	1

Fair Isle met vier kleuren: band 1

			3		
		3	3	3	
	3	3	1	3	3
3	3	1	1	1	3
3	1	1	2	1	1
1	1	2	2	2	1
1	2	2		2	2
2	2				2
2					

Fair Isle met vier kleuren: band 2

FAIR ISLE MET VIER KLEUREN

Wanneer u een vierde kleur toevoegt aan een Fair Islepatroon dan opent u daarmee een heel nieuw scala aan mogelijkheden. Dit voorbeeld laat u twee verschillende patroonbanden zien.

Benodigd aantal steken: 6 steken

Brei in tricotsteek met de hoofdkleur (HK). In ons voorbeeld is dat roomwit.

Begin met de eerste band:

Naald 1: Alle st. r. in contrastkleur 1 (C1) – lila.

Naald 2: Voeg contrastkleur 2 (C2) toe – groen. * 1 av. C1, 1 av. C2 *, herh. van * tot * tot het eind van de nld. Knip C2 af.

Naald 3: Alle st. r. in HK.

Naald 4: Voeg contrastkleur 3 (C3) toe – donkerpaars. * 3 av. HK, 1 av. C3, 2 av. HK *, herh. van * tot * tot het eind van de nld.

Naald 5: * 1 r. HK, 1 r. C3, 1 r. C1, 1 r. C3, 2 r. HK *, herh. van * tot * tot het eind van de nld.

Naald 6: Voeg C2 toe aan de rand van het werk. * 1 av. HK, 1 av. C3, 1 av. C1, 1 av. C2, 1 av. C1, 1 av. C3 *, herh. van * tot * tot het eind van de nld. Knip C2 af.

Naald 7: Herhaal naald 5.

Naald 8: Herhaal naald 4. Knip C3 af.

Naald 9: Herhaal naald 3.

Naald 10: Herhaal naald 2.

Naald 11: Herhaal naald 1.

Deze 11 naalden vormen de ruitenband.

Brei met de hoofdkleur zoveel naalden als nodig is in tricotsteek. Begin dan met band 2 in de Fair Isletechniek:

Naald 1: Voeg C2 toe. * 5 r. HK, 1 r. C2 *, herh. van * tot * tot het eind van de nld.

Naald 2: * 2 av. C2, 3 av. HK, 1 av. C2 *, herh. van * tot * tot het eind van de nld.

Naald 3: Voeg C1 toe. * 2 r. C2, 1 r. HK, 2 r. C2, 1 r. C1 *, herh. van * tot * tot het eind van de nld. Knip HK af.

Naald 4: * 2 av. C1, 3 av. C2, 1 av. C1 *, herh. van * tot * tot het eind van de nld.

Naald 5: Voeg C3 toe. * 2 r. C1, 1 r. C2, 2 r. C1, 1 r. C3 *, herh. van * tot * tot het eind van de nld. Knip C2 af.

Naald 6: * 2 av. C3, 3 av. C1, 1 av. C3 *, herh. van * tot * tot het eind van de nld.

Naald 7: Voeg HK toe. * 2 r. C3, 1 r. C1, 2 r. C3, 1 r. HK *, herh. van * tot * tot het eind van de nld. Knip C1 af.

Naald 8: * 2 av. HK, 3 av. C3, 1 av. HK *, herh. van * tot * tot het eind van de nld.

Naald 9: * 2 r. HK, 1 r. C3, 3 r. HK *, herh. van * tot * tot het eind van de nld. Knip C3 af.

Deze 9 naalden vormen het zigzagmotief.

Blijf verder breien in de hoofdkleur totdat u de gewenste hoogte heeft bereikt.

Intarsia

Intarsia is een andere benaming voor het werken met grote kleurvlakken. Meestal vormen die vlakken een plaatje.

Hartmotief

HARTMOTIEF

Benodigd aantal steken: 19 steken (alleen het hart)

Brei met de hoofdkleur (HK) in tricotsteek tot het punt waar het motief moet beginnen.

Naald 1: 9 r. HK, voeg contrastkleur (CK) toe, 1 r. CK, 9 r. HK. (Links en rechts van het motief breit u de rest van alle naalden in de hoofdkleur.)

Naald 2: 8 av. HK, 3 av. CK, voeg nieuw kluwentje HK toe, 8 av. HK. U breit nu met twee werkdraden in de hoofdkleur, aan weerszijden van het motief één. Vergeet in de volgende naalden niet de werkdraden om elkaar te draaien wanneer u van kleur wisselt.

			C	C	C								C	C	C			
			C	C	C	C						C	C	C	C			
		C	C	C	C	C	C				C	C	C	C	C	C		
	C	C	C	C	C	C	C				C	C	C	C	C	C	C	
	C	C	C	C	C	C	C	C		C	C	C	C	C	C	C	C	
C	C	C	C	C	C	C	C	C	C	C	C	C	C	C	C	C	C	C
C	C	C	C	C	C	C	C	C	C	C	C	C	C	C	C	C	C	C
C	C	C	C	C	C	C	C	C	C	C	C	C	C	C	C	C	C	C
C	C	C	C	C	C	C	C	C	C	C	C	C	C	C	C	C	C	C
C	C	C	C	C	C	C	C	C	C	C	C	C	C	C	C	C	C	C
	C	C	C	C	C	C	C	C	C	C	C	C	C	C	C	C	C	
	C	C	C	C	C	C	C	C	C	C	C	C	C	C	C	C	C	
	C	C	C	C	C	C	C	C	C	C	C	C	C	C	C	C	C	
		C	C	C	C	C	C	C	C	C	C	C	C	C	C	C		
		C	C	C	C	C	C	C	C	C	C	C	C	C	C	C		
			C	C	C	C	C	C	C	C	C	C	C	C	C			
				C	C	C	C	C	C	C	C	C	C	C				
				C	C	C	C	C	C	C	C	C	C	C				
					C	C	C	C	C	C	C	C	C					
						C	C	C	C	C	C	C						
						C	C	C	C	C	C	C						
							C	C	C	C	C							
								C	C	C								
								C	C	C								
									C									

Naald 3: 8 r. HK, 3 r. CK, 8 r. HK.

Naald 4: 7 av. HK, 5 av. CK, 7 av. HK.

Naald 5: 6 r. HK, 7 r. CK, 6 r. HK.

Naald 6: 6 av. HK, 7 av. CK, 6 av. HK.

Naald 7: 5 r. HK, 9 r. CK, 5 r. HK.

Naald 8: 4 av. HK, 11 av. CK, 4 av. HK.

Naald 9: 4 r. HK, 11 r. CK, 4 r. HK.

Naald 10: 3 av. HK, 13 av. CK, 3 av. HK.

Naald 11: 2 r. HK, 15 r. CK, 2 r. HK.

Naald 12: 2 av. HK, 15 av. CK, 2 av. HK.

Naald 13: 1 r. HK, 17 r. CK, 1 r. HK.

Naald 14: 1 av. HK, 17 av. CK, 1 av. HK.

Naald 15: 1 r. HK, 17 r. CK, 1 r. HK.

Naald 16: 19 av. CK.

Naald 17: 19 r. CK.

Naald 18: Herhaal naald 16.

Naald 19: Herhaal naald 17.

Naald 20: Herhaal naald 16 nog eens.

Naald 21: 1 r. HK, 8 r. CK, voeg nieuw kluwentje HK toe (u heeft nu drie kluwentjes HK), 1 r. HK, 8 r. CK, 1 r. HK. Neem de werkdraad van CK mee achter het werk in deze en volgende naalden.

Naald 22: 1 av. HK, 7 av. CK, 3 av. HK, 7 av. CK, 1 av. HK.

Naald 23: 2 r. HK, 6 r. CK, 3 r. HK, 6 r. CK, 2 r. HK.

Naald 24: 3 av. HK, 4 av. CK, 5 av. HK, 4 av. CK, 3 av. HK.

Naald 25: 3r. HK (knip HK af), 3 r. CK, 7 r. HK (knip HK af), 3 r. CK (knip CK af), 3 r. HK.

Deze 25 naalden vormen het motief. Blijf met de overgebleven werkdraad in HK verder breien in tricotsteek.

Stermotief

STERMOTIEF

Begin de punten van deze ster met twee kluwentjes gekleurd garen. Maak het motief op een achtergrond van tricotsteek in de hoofdkleur.

Benodigd aantal steken: 15 steken (alleen voor de ster)

Brei met de hoofdkleur (HK) in tricotsteek totdat u met de ster wilt beginnen.

Naald 1: 1 r. HK, voeg een kluwentje van de contrastkleur (CK) toe, 2 r. CK, 9 r. HK, voeg een tweede kluwentje CK toe, 2 r. CK, 1 r. HK. Neem HK mee achter het werk in deze en volgende naalden tot aan naald 6.

Naald 2: 2 av. HK, 2 av. CK, 7 r. HK, 2 av. CK, 2 av. HK.

Naald 3: 3 r. HK, 2 r. CK, 5 r. HK, 2 r. CK, 3 r. HK.

Naald 4: 3 av. HK, 3 av. CK, 3 av. HK, 3 av. CK, 3 av. HK.

Naald 5: 4 r. HK, 3 r. CK (knip CK af), 1 r. HK, 3 r. CK (knip CK niet af), 4 r. HK.

Naald 6: 4 av. HK, 7 av. CK, voeg nieuw kluwentje HK toe, 4 av. HK.

Naald 7: 5 r. HK, 5 r. CK, 5 r. HK.

Naald 8: 5 av. HK, 5 av. CK, 5 av. HK.

Naald 9: 4 r. HK, 7 r. CK, 4 r. HK.

Naald 10: 2 av. HK, 11 av. CK, 2 av. HK.

Naald 11: 1 r. HK, 13 r. CK, 1 r. HK (knip HK af).

Naald 12: 15 av. CK.

Naald 13: Ga verder met HK uit naald 11, 5 r. HK, 5 r. CK, 5 r. HK (neem HK mee achter het werk.

Naald 14: 6 av. HK, 3 av. CK, 6 av. HK.

							C							
							C							
						C	C	C						
						C	C	C						
						C	C	C						
					C	C	C	C	C					
C	C	C	C	C	C	C	C	C	C	C	C	C	C	C
	C	C	C	C	C	C	C	C	C	C	C	C	C	
		C	C	C	C	C	C	C	C	C	C	C		
				C	C	C	C	C	C	C				
					C	C	C	C	C					
					C	C	C	C	C					
				C	C	C	C	C	C	C				
				C	C	C		C	C	C				
			C	C	C				C	C	C			
			C	C						C	C			
		C	C								C	C		
	C	C										C	C	

Naald 15: 6 r. HK, 3 r. CK, 6 r. HK.

Naald 16: Herhaal naald 14.

Naald 17: 7 r. HK, 1 r. CK, 7 r. HK.

Naald 18: 17 av. HK, 1 av. CK, 17 r. HK.

Deze 18 naalden vormen één ster. Blijf met HK verder breien in tricotsteek totdat u de gewenste hoogte heeft bereikt.

Bloemmotief

BLOEMMOTIEF

Met drie kleuren kunt u heel eenvoudig een bloem breien, een heel fleurige vorm van intarsia.

Benodigd aantal steken: 28 steken (alleen de bloem)

Brei dit bloemmotief op een achtergrond van tricotsteek in de hoofdkleur (HK). Gebruik voor elk blaadje een eigen kluwentje contrastkleur 1 (C1). De teltekening van dit motief vindt u op de volgende bladzijde.

Naald 1: 11 r. HK, voeg C1 toe, 3 r. C1, voeg een nieuw kluwentje HK toe, 14 r. HK.

Naald 2: 14 av. HK, 5 av. C1, 9 av. HK.

Naald 3: 8 r. HK, 7 r. C1, 13 r. HK.

Naald 4: 13 av. HK, 9 av. C1, 6 av. HK.

Naald 5: 6 r. HK, 10 r. C1, 12 r. HK.

Naald 6: 4 av. HK, voeg een nieuw kluwentje C1 toe, 4 av. C1, neem HK mee achter het werk, 4 av. HK, 10 av. C1, 6 av. HK.

Naald 7: 7 r. HK, 9 r. C1, 4 r. HK, 5 r. C1, voeg een nieuw kluwentje HK toe, 3 r. HK.

Naald 8: 2 av. HK, 7 av. C1, 3 av. HK, 9 av. C1, 7 av. HK.

Naald 9: 9 r. HK, 7 r. C1, 3 r. HK, 8 r. C1, 1 r. HK.

Naald 10: 10 av. C1, 3 av. HK, 5 av. C1, 4 av. HK, voeg een nieuw kluwentje C1 toe, 4 av. C1, 2 av. HK.

Naald 11: Blijf aan de rechterzijde van het motief met HK verder breien in tricotsteek. 8 r. C1 (neem de werkdraad van HK mee achter het werk en draai die na 4 st. om de werkdraad van C1), 3 r. HK, 4 r. C1 (knip C1 niet af: straks neemt u deze werkdraad op voor het hartje van de bloem), 3 r. HK, 10 r. C1.

Naald 12: 1 av. HK, 10 av. C1, 1 av. HK (knip HK Niet af), voeg een kluwentje van contrastkleur 2 (C2) toe, 5 av. C2, 1 av. HK, 10 av. C1 (neem HK mee achter het werk en draai die na 5 st. om de werkdraad van C1).

Naald 13: 10 r. C1, 7 r. C2, 9 r. C1, 2 r. HK.

Naald 14: 4 av. HK, 7 av. C1, 2 av. C2, neem de werkdraad van C1 van het eerste bloemblaadje, 3 av. C1, 2 av. C2, 10 av. C1.

Naald 15: 10 r. C1, 2 r. C2, 2 r. C1, 2 r. C2, neem de werkdraad van HK van twee naalden eerder, 1 r. HK, 4 r. C1 (knip C1 niet af), 6 r. HK.

Naald 16: 11 av. HK, 2 av. C2, 3 av. C1 (knip C1 niet af), 2 av. C2, voeg een kluwentje HK toe, 1 av. HK, 8 av. C1, 1 av. HK met het garen aan uw rechterhand.

Naald 17: 1 r. HK, 6 r. C1, 3 r. HK, 7 r. C2, 1 r. HK, neem de werkdraad van C1 van het bloemblaadje eronder, 3 r. C1, neem HK mee achter het werk, 7 r. HK.

Naald 18: 3 av. HK, 9 av. C1, 5 av. C2 (knip C2 af), neem de werkdraad van C1 van het hartje, 2 av. C1, 3 av. HK (knip HK af), 4 av. C1, 2 av. HK.

Naald 19: 8 r. HK, 5 r. C1, voeg nieuw kluwentje HK toe, 2 r. HK, 11 r. C1, 2 r. HK.

Naald 20: 2 av. HK, 11 av. C1, 2 av. HK, 5 av. C1, 8 av. HK.

Naald 21: 7 r. HK, 7 r. C1, 2 r. HK, 10 r. C1, 2 r. HK.

Dit is zo'n project waarbij je zo veel draden achter het werk hebt lopen dat je af en toe wel even moet stoppen!

Naald 22: 3 av. HK, 9 av. C1, 2 av. HK, 7 av. C1, 7 av. HK

Naald 23: 6 r. HK, 8 r. C1, 4 r. HK, 7 r. C1, 3 r. HK.

Naald 24: 4 av. HK, 5 av. C1, 5 av. HK, 8 av. C1, 6 av. HK.

Naald 25: 7 r. HK, 7 r. C1, 6 r. HK (knip HK af), 3 r. C1 (knip C1 af), 5 r. HK.

Naald 26: 15 av. HK (knip HK af), 4 av. C1 (knip C1 af), 9 av. HK.

Deze 26 naalden vormen een bloem. Blijf met HK in tricotsteek verder breien totdat u de gewenste hoogte heeft bereikt.

															1	1	1	1									
					1	1	1							1	1	1	1	1	1	1							
				1	1	1	1	1						1	1	1	1	1	1	1	1						
			1	1	1	1	1	1	1					1	1	1	1	1	1	1	1						
			1	1	1	1	1	1	1	1	1			1	1	1	1	1	1	1							
		1	1	1	1	1	1	1	1	1	1			1	1	1	1	1	1	1							
		1	1	1	1	1	1	1	1	1	1	1			1	1	1	1	1								
		1	1	1	1	1	1	1	1	1	1	1			1	1	1	1	1								
			1	1	1	1	1	1	1	1	1	2	2	2	2	2	1	1					1	1	1	1	
							1	1	1		2	2	2	2	2	2	2				1	1	1	1	1	1	
											2	2	1	1	1	2	2		1	1	1	1	1	1	1	1	
						1	1	1	1		2	2	1	1	1	2	2	1	1	1	1	1	1	1	1	1	1
				1	1	1	1	1	1	1	2	2	1	1	1	2	2	1	1	1	1	1	1	1	1	1	1
		1	1	1	1	1	1	1	1	1	2	2	2	2	2	2	2	1	1	1	1	1	1	1	1	1	1
	1	1	1	1	1	1	1	1	1	1		2	2	2	2	2		1	1	1	1	1	1	1	1	1	1
1	1	1	1	1	1	1	1	1	1				1	1	1	1				1	1	1	1	1	1	1	1
1	1	1	1	1	1	1	1	1	1				1	1	1	1	1						1	1	1	1	
	1	1	1	1	1	1	1	1				1	1	1	1	1	1	1									
		1	1	1	1	1	1	1				1	1	1	1	1	1	1	1	1							
			1	1	1	1	1					1	1	1	1	1	1	1	1	1							
				1	1	1	1					1	1	1	1	1	1	1	1	1	1						
											1	1	1	1	1	1	1	1	1	1						
													1	1	1	1	1	1	1	1	1						
													1	1	1	1	1	1	1								
														1	1	1	1	1									
														1	1	1											

PIRATENDOODSHOOFD

Iedere piraat is trots met zo'n doodshoofd op zijn vlag, en draagt dit graag.

Piratendoodshoofd

Benodigd aantal steken: 25 steken (alleen het motief)

Maak de schedel en de onderliggende botten met roomwit (CK) op een zwarte (HK) achtergrond. De aanwijzingen gelden alleen voor het motief, dus brei in tricotsteek totdat u met het motief wilt beginnen.

Naald 1: 2 r. HK, voeg CK toe, 2 r. CK, 17 r. HK, voeg nog een kluwentje CK toe, 2 r. CK, 2 r. HK. Neem de HK-werkdraad steeds mee achter het werk totdat u aan het bredere deel van de schedel begint.

Naald 2: 1 av. HK, 3 av. CK, 17 av. HK, 3 av. CK, 1 av. HK.

Naald 3: 6 r. CK, 13 r. HK, 5 r. HK.

Naald 4: 3 av. HK, 5 av. CK, 9 av. HK, 5 av. CK, 3 av. HK.

Naald 5: 5 r. HK, 5 r. CK, 5 r. HK, 5 r. CK, 5 r. HK.

Naald 6: 7 av. HK, 5 av. CK, 1 av. HK, 5 av. CK, 7 av. HK.

Naald 7: 9 r. HK, 5 r. CK, draai CK om HK en de andere werkdraad van CK, brei verder met de tweede werkdraad CK, 4 r. CK, 9 r. HK.

Naald 8: 9 av. HK, 5 av. CK, draai CK om HK en de andere werkdraad van CK, brei verder met de eerste CK, 4 av. CK, 9 av. HK.

Naald 9: 8 r. HK, 4 r. CK, 1 r. HK, 4 r. CK, 8 r. HK.

Naald 10: 6 av. HK, 4 av. CK, 5 av. HK, 4 av. CK, 6 av. HK.

Naald 11: 4 r. HK, 4 r. CK, 9 r. HK, 4 r. CK, 4 r. HK.

Naald 12: 1 av. HK, 5 av. CK, 5 av. HK, voeg nieuw kluwentje CK toe, 3 av. CK, 5 av. HK, 5 av. CK, 1 av. HK.

Naald 13: 4 r. CK, 5 r. HK, 7 r. CK, 5 r. CH, 4 r. CK.

Naald 14: 3 av. CK, 5 av. HK, 2 av. CK, 5 av. HK, 2 av. CK, 5 av. HK, 3 av. CK.

Naald 15: 1 r. HK, 1 r. CK (knip CK af), 6 r. HK, 1 r. CK, 2 r. HK, 3 r. CK, 2 r. HK, 1 r. CK, 6 r. HK, 1 r. CK (knip CK af), 1 r. HK.

Naald 16: 9 av. HK, 7 av. CK, 9 av. HK.

Naald 17: 8 r. HK, 3 r. CK, 3 r. HK, 3 r. CK, 8 r. HK.

Naald 18: 7 av. HK, 5 av. CK, 1 av. HK, 5 av. CK, 7 av. HK.

Naald 19: 7 r. HK, 11 r. CK (draai HK na vier st. telkens om CK), 7 r. HK.

Naald 20: 6 av. HK, 3 av. CK, 2 av. HK, 3 av. CK, 2 av. HK, 3 av. CK, 6 av. HK.

Naald 21: 6 r. HK, 2 r. CK, 4 r. HK, 1 r. CK, 4 r. HK, 2 r. CK, 6 r. HK.

Naald 22: 6 av. HK, 2 av. CK, 4 av. HK, 1 av. CK, 4 av. HK, 2 av. CK, 6 av. HK.

Naald 23: 5 r. HK, 3 r. CK, 4 r. HK, 1 r. CK, 4 r. HK, 3 r. CK, 5 r. HK.

Naald 24: 5 av. HK, 4 av. CK, 2 av. HK, 3 av. CK, 2 av. HK, 4 av. CK, 5 av. HK.

Naald 25: 5 r. HK, 15 r. CK, voeg nieuw kluwentje HK toe, 5 r. HK.

Naald 26: 5 av. HK, 15 av. CK, 5 av. HK.

Naald 27: Herhaal naald 25.

Naald 28: 6 av. HK, 13 av. CK, 6 av. HK.

Naald 29: 6 r. HK, 13 r. CK, 6 r. HK.

Naald 30: 7 av. HK, 11 av. CK, 7 av. HK.

Naald 31: 9 r. HK, 7 r. CK, 9 r. HK.

Naald 32: 10 av. HK (knip HK af), 5 av. CK, 10 av. HK.

Deze 32 naalden vormen één motief. Brei verder met HK in tricotsteek totdat u de gewenste hoogte heeft bereikt.

										C	C	C	C	C										
									C	C	C	C	C	C	C									
							C	C	C	C	C	C	C	C	C	C	C							
						C	C	C	C	C	C	C	C	C	C	C	C	C						
						C	C	C	C	C	C	C	C	C	C	C	C	C						
					C	C	C	C	C	C	C	C	C	C	C	C	C	C	C					
					C	C	C	C	C	C	C	C	C	C	C	C	C	C	C					
					C	C	C	C	C	C	C	C	C	C	C	C	C	C	C					
					C	C	C	C			C	C	C			C	C	C	C					
					C	C	C					C					C	C	C					
						C	C					C					C	C						
						C	C					C					C	C						
						C	C	C			C	C	C			C	C	C						
							C	C	C	C	C	C	C	C	C	C	C							
							C	C	C	C	C		C	C	C	C	C							
								C	C	C				C	C	C								
									C	C	C	C	C	C	C									
	C							C			C	C	C			C							C	
C	C	C						C	C						C	C						C	C	C
C	C	C	C						C	C	C	C	C	C	C						C	C	C	C
	C	C	C	C	C						C	C	C						C	C	C	C	C	C
				C	C	C	C										C	C	C	C				
						C	C	C	C						C	C	C	C						
								C	C	C	C		C	C	C	C								
									C	C	C	C	C	C	C									
									C	C	C	C	C	C	C									
							C	C	C	C	C		C	C	C	C	C							

11

Zorg voor uw breiwerk

✳ Problemen oplossen ✳ Wassen

✳ Vlekken verwijderen ✳ Chemisch reinigen

✳ Breiwerk drogen ✳ Breiwerk bewaren

Wassen en drogen

Ja, onze huishouding is klein, maar 't huis moet toch op orde zijn. En alles zonder hulp: ik kook, naai, brei en veeg. Van vroeg tot laat.

Margaret, in Johann Wolfgang von Goethes FAUST. DEEL I

Een juiste verzorging van handgebreide stukken is erg belangrijk. Wanneer u zoveel moeite heeft gedaan om een uniek meesterwerk te maken, dan zou het wel heel jammer zijn dat het na een wasbeurt zo sterk is gekrompen of uitgerekt dat het niet meer te dragen is. Wassen en drogen van handgebreide kleding en accessoires hoeven echter geen probleem te zijn. U kunt ze niet samen met uw shirts en broeken in de wasmachine doen, maar ze hoeven niet allemaal met zijden handschoentjes te worden aangepakt of professioneel gereinigd te worden.

Het wordt allemaal eenvoudiger wanneer u ervoor zorgt dat u per kledingstuk maar een soort vezels gebruikt. Op de wikkel van het garen staan wasvoorschriften en die moet u volgen. Heeft u die wikkel niet meer – of heeft u die nooit gehad – dan kan de informatie in dit hoofdstuk u helpen om te bepalen hoe u uw werkstuk het best kunt reinigen en verzorgen.

Problemen oplossen

DE WIKKEL IS ER NIET (MEER)

Wat als u de wikkel van het gebruikte garen niet meer heeft en u zich niet kunt herinneren wat voor vezel er in het garen zit? Met een eenvoudige test kunt u bepalen wat de belangrijkste vezels in uw garen zijn. Daarvoor moet u een vlammetje bij een stukje van het gebruikte garen houden (voorzichtig!) om te zien hoe het verbrandt, hoe het ruikt en wat er overblijft. Doe deze test op een veilige plek, bij voorkeur buitenshuis, ver uit de buurt van gemakkelijk ontvlambare stoffen. Zorg ook dat u een bak water voor het grijpen heeft, zodat u vlammen of gloeiende deeltjes de baas kunt blijven.

Knip een stukje garen van zo'n 5 cm lang af als u nog garen overheeft. Als u alleen het kledingstuk heeft, kijk dan of er aan de binnenkant ervan een stukje garen te vinden is dat u kunt afknippen. Een centimeter is altijd beter dan niets! Houd het stukje draad boven een vuurbestendig oppervlak (een bord, bijvoorbeeld) en gebruik daarvoor een pincet, tangetje of stuk keukengereedschap: daarmee voorkomt u dat u zichzelf brandt. Steek het uiteinde van het garen met een aansteker of lucifer aan. Laat de as rustig op het bord vallen, en dompel het overgebleven stukje garen in de bak met water.

* **Katoen** brandt met een constante vlam, ruikt naar verbrande blaadjes en laat kruimelige as na.
* **Linnen** verbrandt bijna net als katoen, maar het duurt langer voor het vlam vat. Het is niet erg als u deze twee vezels niet van elkaar weet te onderscheiden, omdat de was- en droogvoorschriften grotendeels overeenkomen.
* **Wol** vat moeilijk vlam, maar wanneer het eenmaal brandt, brandt de vlam regelmatig. Het ruikt naar verbrande haren.
* **Zijde** brandt gemakkelijker dan wol en ruikt ook naar verbrande haren, maar de vlam zal meer flakkeren en de as verkruimelt gemakkelijker dan die van wol.
* **Acrylvezels** vatten snel vlam, geven een zure lucht en vormen een hard residu.
* **Nylon** zal smelten en vervolgens snel verbranden. Het ruikt naar verbrand plastic.
* **Polyester** smelt en brandt tegelijkertijd en heeft een kleverig residu dat heel snel hecht aan elk oppervlak waar het op valt. Wees dus voorzichtig! De zwarte rook ruikt ietwat zoet.
* **Viscose** bevat cellulose. Daardoor verbrandt het snel, en blijft er een lichte, kruimelige as over. Het ruikt naar verbrande bladeren, een beetje zoals katoen en linnen.

Via deze methode is het lastig om mengsels van twee vezelsoorten te ontrafelen, omdat ze de eigenschappen van alle vezels bevatten waar ze uit bestaan. Maar als u één van de gebruikte vezelsoorten kunt ontdekken, dan heeft u in elk geval een beetje een idee hoe u het kledingstuk kunt verzorgen.

Van boven naar beneden: wol, katoen, bamboe, viscose, acryl, blend (50% wol, 30% acryl, 20% alpaca)

PROEFLAPJES

Maakt u zich zorgen over het reinigen van een afgerond breiproject, dan kunt u het proeflapje nu als proef-waslapje gebruiken. Was het lapje volgens de instructies op de wikkel of volgens de adviezen die u in dit hoofdstuk vindt. Als het resultaat u niet helemaal bevalt, was het kledingstuk dan anders of laat het chemisch reinigen.

De tabel hieronder vermeldt de beste reinigings-, was-, spoel- en droogvoorschriften voor de belangrijkste vezelsoorten.

VEZEL OF GARENSAMENSTELLING	ADVIES
Katoen en linnen (Deze vezels zijn sterker wanneer ze nat zijn en daarom mag u ze boenen of uitwringen.)	Laat weken in koud water met wat wasmiddel. Was met warm water in de wasmachine. Centrifugeer de stof totdat die bijna droog is. Liggend in de schaduw laten drogen, of in een wasdroger bij lage temperatuur totdat het alleen nog een beetje vochtig is. Strijken als stof licht vochtig is, met heet strijkijzer aan de verkeerde kant van de stof. Laat de stof niet uitrekken.
Zijde	15 minuten weken in lauw water met wat wasmiddel. Was op de hand in lauw water, of in mousselinen zak in de wasmachine. Niet centrifugeren. Droog door ze in een handdoek te rollen, zodat overtollig water wordt geabsorbeerd. Strijken als de stof licht vochtig is, met warm strijkijzer aan de verkeerde kant van de stof. Laat de stof niet uitrekken.
Wol (Wolvezels vervilten door zeep, wrijving en warmte – zie hoofdstuk 13 – daarom moet wol behoedzaam worden gewassen.)	Laat 15 minuten weken in lauwwarm water met wat wasmiddel. Was in warm water met heel mild wasmiddel. Machinaal wassen in mousselinen zak. Til het kledingstuk dan niet uit het water! Het gewicht laat het breiwerk uitzakken. Laat zachtjes draaien in de wasmachine, maar stop wanneer het nog nat is. Nooit centrifugeren of wringen. Liggend drogen in de schaduw. Schud af en toe iets op om vezels luchtig te houden. Wanneer de wol droog aanvoelt, laat u het kledingstuk nog 24 uur luchten. Strijk wol wanneer het nog iets vochtig is, met warm strijkijzer aan de verkeerde kant van de stof. Laat de stof niet uitrekken.
Viscose (De vezels hiervan zijn erg kort en daardoor is het garen in natte toestand erg kwetsbaar. Behandel dit met zorg.)	Niet langer dan 15 minuten weken in lauw water met wat wasmiddel. Was op de hand in lauw water of in mousselinen zak in wasmachine. Niet centrifugeren. Strijken als stof licht vochtig is, met medium heet strijkijzer aan de verkeerde kant van de stof. Laat de stof niet uitrekken.
Nylon (Nylon is nat even sterk als droog en kan gewoon worden gewassen. Nylon wordt meestal gemengd met andere vezels. Was volgens de voorschriften van die andere vezels.)	Wassen met heet water in de wasmachine. Centrifugeren. Liggend in de schaduw laten drogen. Strijken is niet nodig, maar als u dat toch wilt, gebruik dan een koele strijkbout.
Polyester en acryl	Laat weken in warm water met wat wasmiddel. Was in handwarm water op de hand of in de wasmachine. Spoelen met koud water. Na het spoelen kort centrifugeren. Liggend in de schaduw laten drogen.

SPOELEN

Of u nu een pH-neutraal wasmiddel gebruikt of niet: het is heel belangrijk dat u uw breiwerk grondig uitspoelt, zodat alle sporen van het wasmiddel uit de vezels zijn verdwenen. Geef uw breiwerk een extra oppepper door voor katoen, linnen en viscose een eetlepel zuiveringszout (alkalisch) aan het spoelwater toe te voegen. Voor zijde en wol gebruikt u een eetlepel azijn (zuur).

Wassen

Innovaties in de productie leiden ertoe dat veel breigarens nu machinaal gewassen mogen worden. Op de wikkel staat meestal wel of dit het geval is. Maar dat betekent niet dat u het zomaar in de wasmachine kunt stoppen op een 'gewoon' programma. De meeste gebreide stoffen moeten met zorg worden behandeld zodat ze tijdens het wassen niet uitrekken of krimpen. Stop alle gebreide stukken bij voorkeur in een beschermende mousselinen zak of kussensloop: daardoor blijft alles in de machine beter in vorm. Ook het drogen verdient aandacht. Een wasdroger kan vezels verwringen of breken en kan zelfs de vorm uit kleding halen, maar aan de lijn drogen van kledingstukken die nog zwaar zijn van het water leidt tot uitrekken en verlies van elasticiteit van de gebreide stof.

Bij wassen worden in principe twee soorten wasmiddel gebruikt: zure en alkalische (basische) middelen. De belangrijkste vuistregel is dat dierlijke vezels als wol en zijde beschadigd raken door alkalische (basische) middelen, terwijl zuur dat effect teniet doet. Katoen en linnen – plantaardige vezels – beschadigen door zuren, maar alkalische stoffen doen dat effect weer teniet. 'Gewoon' wasmiddel is alkalisch en dat kunt u gebruiken voor katoen en linnen. Maar gebruik het niet voor wol! Wasmiddelen zijn meestal pH-neutraal, maar ze kunnen wel bleekmiddelen bevatten, zoals natriumperboraat of natriumhypochloraat. Daar kunnen wol en zijde niet tegen. Speciale wolwasmiddelen zijn echter volop verkrijgbaar: naast wol kunt u zijde er ook mee wassen.

Vlekken verwijderen

Vertrouw op citroensap en zout als u vlekken moet verwijderen.

Vlekken en verkleuringen kunnen de uitstraling van uw breiwerk en accessoires bederven. Als het even kan, kunt u vlekken het best meteen behandelen – voordat ze de tijd hebben gekregen om in de vezel te trekken en zich daarin te verspreiden of erin op te drogen. Was het kledingstuk (of laat het chemisch reinigen) zo snel mogelijk na de eerste behandeling, zodat de substantie die u heeft gebruikt voor het verwijderen van de vlek niet nog meer schade aan de vezels toebrengt.

Vlekken zijn onder te verdelen in een aantal categorieën: plantaardige vlekken, dierlijke of eiwitvlekken, vetvlekken, vlekken door pigmenten en overige vlekken. De eerste vlekbehandeling is afhankelijk van het type vlek, maar alle vlekbehandelingen moeten worden gevolgd door het wassen van het hele kledingstuk of breiwerk – tenzij het materiaal chemische reiniging vereist. De volgende tabel helpt u bepalen hoe u de diverse vlekken uit diverse vezelsoorten haalt.

SOORT VLEK	VEZELTYPE	BEHANDELING
Van plantaardige oorsprong: vruchtensap, wijn, thee, koffie, gras	Alle stoffen	Bedekken met zout, zodat vlek niet verspreidt; dan wassen.
	Alleen linnen en katoen	Spreid de stof voorzichtig uit boven een bak en strooi er zout overheen. Giet kokend water over de vlek; dan wassen.
Grasvlekken	Alle stoffen	Deppen met alcohol; dan wassen.
Eiwitvlekken: bloed, ei, melk	Alle stoffen	Bedekken met zout, weken in koud water; wassen.
Vetvlekken: olie, vet, lipstick	Katoen en linnen	Weken in heet water met natriumpercarbonaat (zie bleekmiddelen, verderop); dan wassen.
	Wol, zijde, synthetische vezels	Meteen wassen met warm water met natriumpercarbonaat, samen met mild wasmiddel.
	Alle niet-wasbare stoffen	Chemisch reinigen.
Pigmentvlekken: verf (op olie- of acrylbasis), nagellak	Alle stoffen	Verf op oliebasis: voorzichtig deppen met terpentine; dan wassen.
		Verf op acrylbasis: weken in koud water; wassen.
	Alle stoffen, behalve acetaat	Nagellak: voorzichtig deppen met aceton (nagellakremover).
Overige vlekken: inkt	Katoen en linnen	Bedekken met prutje zout en citroensap; dan wassen.
	Wol, zijde, synth.stoffen	Kwartiertje weken in melk of alcohol; dan wassen.
Overige vlekken: organische vlekken als zweet of meeldauw	Alle stoffen	Weken in kaliumpermanganaat; ontstaat bruine vlek die u verwijdert door te weken in oplossing van waterstofperoxide (zie bleken, verderop).

BLEKEN

Bleken is een veel toegepaste manier om vlekken uit witte of lichtgekleurde stoffen te krijgen. Toch moet u er voorzichtig mee zijn: u wilt niet dat met de vlek ook de kleur verdwijnt. Probeer het bleken uit op een stukje stof dat bij het dragen niet zichtbaar is voordat u het kledingstuk met bleekmiddel behandelt.

Bleken is een oxidatieproces waarbij zuurstof een verbinding aangaat met de moleculen van de vlek, zodat de vlek uit de vezels komt. Zonlicht is een bleekmiddel – een heel mild bleekmiddel dat geschikt is voor veel vezelsoorten. Maar langdurige blootstelling aan zonlicht maakt de kleuren uiteindelijk fletser en natuurlijke vezels raken erdoor verzwakt.

STOF	BLEEKMIDDEL
Katoen, linnen en viscose	Chloor; wel goed spoelen!
Zijde en wol	Waterstofperoxide-oplossing. Nooit chloor!
Nylon	Niet bleken!
Nylon, Polyester en acryl	Natriumperboraat of natriumpercarbonaat.

BESPROEIEN MET WODKA

U frist gebreide kledingstukken tussen enkele was- of reinigingsbeurten op door het op een beklede hanger te hangen en het te besproeien met wodka uit een verstuiver (nooit in direct zonlicht!). De alcohol lost geurdeeltjes en vuil op en laat geen akelige geur achter.

Chemisch reinigen

De meeste gebreide werkstukken kunnen chemisch gereinigd worden. Bij chemische reiniging wordt de stof niet uitgerekt of heen en weer bewogen in water. Chemische reinigers gebruiken een oplosmiddel dat tetrachloorethyleen heet (perchloorethyleen) en dat veilig is voor bijna alle vezelsoorten. Andere oplosmiddelen die u voor vlekken kunt gebruiken zijn oplosmiddelen op basis van koolwaterstoffen, zoals wasbenzine, alcohol en terpentine. Dit zijn heel licht ontvlambare stoffen die u met zorg moet gebruiken en bewaren! Ze kunnen ook een geurtje achterlaten.

Breiwerk drogen

Zelfgebreide werkstukken kunt u na het wassen bijna nooit in de wasdroger drogen. Sommige vezels verdragen de hitte, het schudden en de wrijving wel, maar neem het zekere voor het onzekere en droog al uw breiwerk vlak en nooit in direct zonlicht. Nat breiwerk aan de lijn hangen is ook niet verstandig, want het gewicht van het water in het natte kledingstuk trekt de steken uit model.

Er bestaan wel droogrekken voor truien. Meestal zijn dat metalen frames waar een nylon netstof over is gespannen, zodat het breiwerk niet direct op een vlak oppervlak hoeft te liggen en de lucht er helemaal omheen kan circuleren. Heeft u niet zo'n rek, leg dan een handdoek over een opklapbaar droogrek of op een geschikt oppervlak in een omgeving waar veel frisse lucht circuleert maar waar geen direct zonlicht is. Draai het kledingstuk tijdens het drogen af en toe om en schud het een beetje op, zodat de steken gemakkelijker hun oorspronkelijke vorm en elasticiteit terugvinden. De meeste breiwerkjes hoeven niet te worden gestreken, hoewel u ze wel heel voorzichtig kunt persen vanaf de achterzijde van de stof. Gebruik daarvoor een stoomstrijkijzer (zie de tabel op blz. 214 voor adviezen omtrent de temperatuur). Zo kunt u het breiwerk na het wassen en drogen nog helpen in model te komen.

Laat breiwerk liggend en uit de zon drogen.

HET WONDER DAT KLITTENBAND HEET

Soms gaat breiwerk nogal 'pillen'. Vooral acrylvezels doen dit veel. Er ontstaan dan kleine bolletjes op het oppervlak van de stof. Er bestaan diverse methoden om de stof voorzichtig te ontpillen, maar een heel snelle manier is om het haakjesgedeelte van een strook klittenband te nemen die u voorzichtig op het deel met de pillen drukt. De bolletjes blijven in het klittenband hangen en u trekt ze zo mee.

Breiwerk bewaren

Het handige van breiwerk is dat u het gewoon kunt opvouwen en in een la bewaren: wanneer u het uit de la haalt, is het klaar om te dragen. Geen plooien, geen vouwen. Hier volgt een snel lesje in het slim opvouwen van truien, zodat u ze vlak kunt opbergen.

① Leg de trui met de voorkant naar beneden op een glad oppervlak.
② Vouw de zijkanten van de trui naar het midden.
③ Vouw de mouwen vanaf de schouder naar beneden, zodat ze parallel liggen aan de zijkanten.
④ Vouw de trui in tweeën, met de halsopening naar boven. Leg de trui zo in een la of op een plank.

U kunt gebreide kledingstukken ook in een kast hangen. Neem dan wel een beklede kledinghanger, zodat er geen punten in de schouders ontstaan. Hang zwaar breiwerk niet op, zelfs niet wanneer ze droog zijn. Dergelijke projecten hebben de neiging om daardoor uit te rekken. Vouw ze op en leg ze in een la.

Sjaaltjes en dassen kunt u plat opvouwen en in een lade of op plankjes leggen, samen met hoeden en handschoenen. U kunt ze ook losjes aan haakjes of over rails hangen.

LANGERE TIJD OPBERGEN

Als u uw wollen kledingstukken voor de zomer opbergt of als u een handgebreid truitje wilt bewaren nadat uw kind eruit is gegroeid, zorg dan dat dit breiwerk schoon en droog is. Katoen, linnen en synthetische stoffen kunnen zonder verdere behandeling droog worden weggeborgen.

Wol en zijde kunnen motten aantrekken, maar ook andere beestjes die graag aan de vezels knabbelen. Leg droge, schone kleding in een zak van polyetheen (een zak van de stomerij, bijvoorbeeld) en duw er zo veel mogelijk lucht uit. Maak de zak dan dicht met tape of en elastieken band.

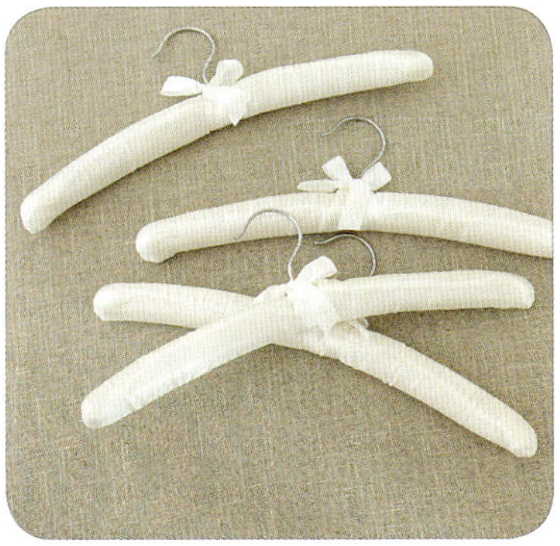

Beklede kledinghangers houden breiwerk beter in vorm.

Hang sjaaltjes aan een haakje of over een rail.

In de mottenballen

Mottenballen zijn een chemische insecticide, bedoeld om opgeslagen kleding te vrijwaren van plaagdieren. Het nadeel is dat deze ballen een doordringende geur achterlaten. Als u uw wolletjes luchtdicht heeft opgeslagen, dan hoeft u zich over motten niet zoveel zorgen te maken. Alternatieven voor chemische mottenballen zijn bollen van cederhout (u kunt uw breiwerk eventueel ook bewaren in een kist van cederhout) of zakjes met lavendel en rozemarijn. Anders dan een insecticide, dat insecten doodt, zullen deze kruiden insecten alleen maar weren. Het effect wordt na verloop van tijd ook minder, doordat de sterke geur afneemt. Zorg dan ook dat u de kruidenzakjes regelmatig ververst.

Polytheen opbergzakken voor breiwerk geven motten geen kans.

Chemische middelen tegen ongedierte in uw breiwerk

12

Repareren en aanpassen

✳ Gaten vullen ✳ Mazen ✳ Oplappen met patchwork ✳ Uithalen en opnieuw breien ✳ Veranderingen aanbrengen

Reparaties uitvoeren

Hè bah! Dat zult u denken wanneer u ziet dat er in uw favoriete trui een gaatje zit. Geen nood: u kunt het vast repareren.

Gaten vullen

Wanneer er een klein gaatje in een breiwerk zit, dan is dat meestal heel eenvoudig te repareren. Als u nog een restje van het garen heeft waarmee u het kledingstuk heeft gebreid, dan kunt u het onzichtbaar repareren. Heeft u dat garen niet meer en vindt u niets wat er ook maar enigszins op lijkt, dan moet u van de reparatie misschien een opvallende versiering maken.

Voordat u het kledingstuk repareert, moet het eigenlijk schoon en droog zijn. Maar het gaatje kan juist groter worden door het wassen en drogen. Maak daarom eerst een provisorische, tijdelijke reparatie en was het kledingstuk dan. Neem een stuk werkdraad en haal daarmee alle losse lusjes rondom het gaatje bij elkaar; leg dan een knoopje in de werkdraad. Die draad voorkomt dat de steken verder gaan ladderen; later kunt u het weer verwijderen.

BASISBENODIGDHEDEN VOOR REPARATIES

Voor het repareren van gebreide werkstukken heeft u de volgende materialen nodig:

- een kleine, scherpe schaar of een draadschaartje (om zomen en garen te knippen)
- maas- of wolnaalden in diverse maten
- restjes garen van eerdere breiwerken
- naainaalden en naaigaren in diverse kleuren
- een kleine haaknaald
- stekenhouders
- visjes (om uitgehaald garen op te winden)

Mazen

Bij het mazen maakt u steken met een maasnaald die precies zo verlopen als de steken van het breiwerk. De gemaasde steken lijken ook precies op breisteken. Als u hetzelfde garen gebruikt als waarmee u heeft gebreid, dan kunt u het gemaasde stukje later nauwelijks terugvinden. Met deze techniek kunt u overigens ook motieven borduren op gebreide stof.

① Rijg een stuk garen in de maasnaald van een restje waar u mee heeft gebreid of iets wat erop lijkt. Steek een uiteinde in de achterkant van de stof en maak een laddertje van garen over het gat (met in elke naald een 'sportje' garen). Haal de draad door alle losse lusjes rondom het gaatje om te voorkomen dat het verder uitrafelt. (In het voorbeeld ziet u een contrasterende kleur, zodat u ziet hoe het naaiwerk verloopt. Zelf zult u waarschijnlijk een bijpassende kleur kiezen.)

② Breng de maasnaald met het garen naar de voorkant van de stof, vlakbij de onderkant van het te repareren stukje. Volg de lussen van het breiwerk en laat de naald achter de bovenliggende steek langs gaan, zodat de nieuwe steek over het dwarse draadje ligt.

③ Blijf de lussen van het breiwerk volgen en laat de naald nu achter de ernaast liggende steek langs gaan.

④ Werk zo verder over de breedte van de naald. Wanneer u links van het te repareren gebied bent aangekomen, brengt u de werkdraad achter de stof langs naar de erboven liggende naald en werkt u de andere kant op over het gaatje. Blijf daarbij de lusjes van het breiwerk volgen. (Lees verder op de volgende bladzijde.)

⑤ Wanneer u boven het gaatje komt, blijf dan de werkdraad door de lusjes halen alsof u de missende gebreide steken volgt.

⑥ Als het gat groot is, dan moet u tijdens het mazen misschien een nieuwe lus in een gebreide naald maken, zonder de steun van zo'n gebreide steek.

⑦ In de volgende gemaasde rij steken neemt u die nieuwe lus tijdens het mazen op alsof het een gebreide steek is.

⑧ Blijf zo verder werken totdat u het gaatje en een aantal omliggende steken helemaal heeft bedekt. Hecht het uiteinde van de werkdraad vervolgens af in de achterkant van het brei- en maaswerk.

BORDUREN

Mazen is, zoals u in het voorgaande voorbeeld heeft gezien, ook een manier om te borduren op gebreide stof. Als u voor een reparatie geen passend garen kunt vinden en u het gaatje dus niet onopvallend kunt vullen, kies dan contrasterende kleuren om een versiering van het maaswerk te maken. U kunt daarvoor eenvoudige motieven gebruiken zoals hieronder getoond en uiteraard kunt u diezelfde motieven desgewenst ook op het niet-beschadigde breiwerk mazen.

Monogram

Een gaatje vullen met een aardbeitje

		V	V	V		
	V	V	V	V	V	
V	V	V	A	V	V	V
V	V	A	V	A	V	V
V	V	A	V	A	V	V
V	V	A	A	A	V	V
V	V	A	V	A	V	V
	V	V	V	V	V	
		V	V	V		

		G		G		
			G			
		V	V	V		
	V	W	V	W	V	
	V	V	W	V	V	
	V	W	V	W	V	
		V	W	V		
		V	V	V		
			V			

W	W	W	W	B	B	B	B	B
W	W	W	W	B	B	B	B	B
W	W	W	W	B	B	B	B	B
W	W	W	W	B	B	B	B	B
B	B	B	B	B	B	B	B	B
B	B	B	B	B	B	B	B	B
B	B	B	B	B	B	B	B	B

Maas de vlag van uw vaderland op uw breiwerk. Ik heb de Australische vlag gekozen, maar u kunt elke willekeurige vlag maken.

Oplappen met patchwork

Sommige delen in een breiwerk hebben meer last van slijtage en rek dan andere. Denk bijvoorbeeld aan de ellebogen. Op die plaatsen kunt u de schade wel even tegengaan door te mazen, maar uiteindelijk slijt dat ook door. Als er een groot gat is ontstaan, dan wordt mazen erg lastig en vervelend om te doen. Het is dan misschien verstandiger om een grotere lap te breien om het gat te bedekken.

U kunt gebreide stof oplappen met andere gebreide stof, maar ook met geweven of anders gebonden stoffen (denk aan wolvilt). Repareert u een wollen vest, dan is vilt een goede optie. U kunt ook leren elleboogstukken gebruiken, om zo en passant wat meer karakter aan een kledingstuk mee te geven. Deze leren stukken moet u heel goed aan de mouwen bevestigen voordat u het kledingstuk weer draagt. Probeer voor reparaties zo veel mogelijk eenzelfde soort stof te gebruiken – wol op wol, katoen op katoen, synthetisch op synthetisch. Dat vergemakkelijkt het wassen na het repareren.

VOORBEREIDING

Voordat u een lapje stof bevestigt, moet u alle losse eindjes van de gebreide stof borgen. Neem een stuk werkdraad dat zo veel mogelijk lijkt op de stof en het breiwerk en ga met de stiksteek (zie blz. 104) door elke steek rondom het gat. Daarna kunt u losse stukjes garen rondom het gat wegknippen.

OPLAPPEN

Bepaal aan de hand van de stiksteek rondom het gat wat de afmetingen en de vorm van het reparatiestuk moeten zijn. Dat reparatiestuk moet groter zijn dan het gat en symmetrisch zijn – denk aan een rechthoek of een ovaal.

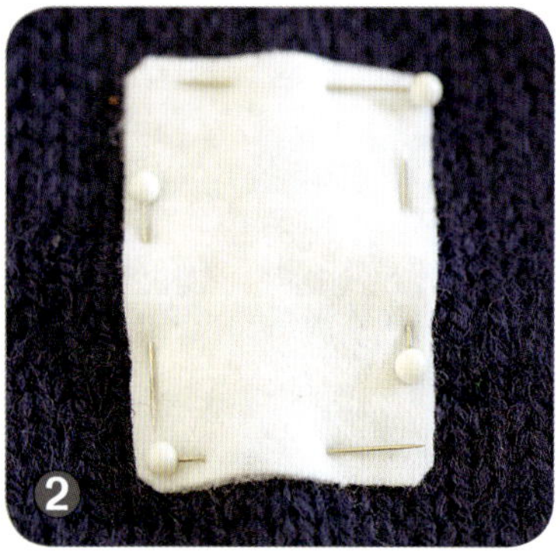

① Naai rondom de randen van het gaatje met de stiksteek. (In het voorbeeld gebruiken we een contrasterende kleur, zodat u de steken goed kunt zien. Zelf kiest u waarschijnlijk voor een bijpassend garen.)

② Knip een stukje materiaal uit dat niet rafelt (vilt of leer), iets groter dan het gestikte randje rondom het gaatje. Leg het lapje over het gaatje en zorg daarbij dat alle stiksteekjes achter dat lapje verdwijnen. Speld het lapje vast.

③ Stik het lapje langs de randen vast, door het breiwerk heen. Gebruik daarvoor stevig naaigaren en een scherpe naald. U kunt elke willekeurige steek gebruiken. In het voorbeeld ziet u de festonneersteek: die accentueert de randen. Als u het breiwerk onder de naaimachine kunt krijgen, dan kunt u het lapje ook machinaal bevestigen (hoewel dat met mouwen van truien erg lastig is!).

Uithalen en opnieuw breien

Kragen, boorden en zomen krijgen meer te verduren dan de rest van het breiwerk en slijten daardoor ook sneller. Als de randjes van de stof op die plaatsen dunner worden, dan kunt u de boordjes uithalen en opnieuw breien. Op blz. 89 ziet u hoe u breiwerk uithaalt. Als het garen niet te erg versleten is, kunt u hetzelfde garen misschien opnieuw gebruiken. In dat geval wordt de boord vaak een naald of twee korter dan het origineel. Doet u dit bij de manchet van één mouw, dan moet u de manchet van de andere mouw dus ook even kort maken.

Als u nog voldoende garen over heeft van het breiproject, dan kunt u de boord ook met het originele garen opnieuw maken. Maar als het kledingstuk zelf al wat ouder is, dan valt dat soms toch te veel op. Doe dit dan ook niet zonder daarover na te denken. Als het uitgehaalde garen te sleets is om opnieuw te gebruiken en u geen restjes meer heeft, dan kunt u de boord ook met contrasterend garen aanbreien.

① Om een stuk breiwerk van een kraag, manchet of boord uit te halen, moet u eerst de naden in dat gebied lostornen. Trek de stukken breiwerk aan weerszijden van de zoom uit elkaar en knip de zoomdraad door met een scherp schaartje. Pas op dat u niet per ongeluk in de gebreide stof knipt! Haal de zoom uit tot enkele centimeters voorbij het eind van de boord.

② Knip het garen aan een zijde van het breiwerk af aan de rand van de boord. (Als er een nieuwe kleur is gebruikt, zoekt u gewoon naar het afgehechte uiteinde van de draad) en gebruik een dunne haaknaald om de boord en de rest van het breiwerk van elkaar te halen. Blijf de haaknaald gebruiken om de laatste naald van de boord uit te halen. Haalt u een kraag uit, begin dan aan de bovenkant en maak de afkantrand los.

③ Als u het garen van de losgehaalde boord opnieuw wilt gebruiken, haal dan het boordje na het loshalen uit. Wind het vrijgekomen garen losjes om een visje of maak er een klein knotje van.

④ Gebruik een breinaald van de juiste dikte voor het opnieuw aanbreien van de boord. Pak de steken op van de rand van de boord.

⑤ Houd de goede kant van de mouw naar u toe. Voeg het garen voor de boord in en brei alle steken met dit nieuwe garen.

⑥ Brei in boordpatroon totdat u de gewenste hoogte heeft bereikt.

⑦ Werk het nieuwe boordje af door de steken af te kanten en de naden opnieuw te sluiten.

Voor: een col in boordsteek

Na: een kraagje van zacht katoen

Veranderingen aanbrengen

Soms moet u een deel van een breiwerk opnieuw maken om een andere reden dan dat het beschadigd is. Een kraag kan te strak zitten: haal die uit en zet meer steken op voor de nieuwe kraag of gebruik dikkere naalden en kant losser af. (U heeft in dat geval wel meer garen nodig dan u heeft gebruikt voor de oorspronkelijke kraag, maar u kunt de nieuwe kraag ook korter maken.) Maar misschien wilt u een kledingstuk ook veranderen: u dacht dat u de lange mouwen leuk zou vinden, maar wilt nu toch liever korte mouwen (of helemaal geen mouwen).

Een topje of rok kan te lang of te kort zijn: mijn vader had een visserstrui die hij heel graag droeg als hij in de winter in of om de boerderij aan het werk was, maar hij klaagde erover dat zijn nieren er te koud in bleven als hij op de tractor zat of balen hooi moest tillen. Hij had een andere, precies gelijke trui, dus op een dag knipte hij gewoon de boord van de eerste trui af, en knipte hij de andere trui juist onder de mouwen af om de beide delen vervolgens aan elkaar te naaien. Het zag er ruig uit en dat was prima voor op de boerderij, maar ik wilde eigenlijk het liefst beide stukken van elkaar halen, de boel uitrafelen en het onderste deel van de trui in een streepjespatroon opnieuw breien.

Ik zal nog een ander voorbeeld geven: de mohairtrui met de strakke col hiernaast oogt heel zacht en aaibaar, maar zo'n harige col kan huid in hals en nek erg irriteren. Daarom heb ik er een andere kraag aan gemaakt. Ik heb eerst de halsboord uitgehaald (heel voorzichtig, omdat mohair zo in elkaar blijft haken). Ik had diverse mogelijkheden voor een nieuwe kraag: een kraagje zonder boordpatroon, losjes afgehecht, of een kortere, lossere versie dan het origineel. Uiteindelijk heb ik toch nog gekozen om met ruig katoen een andere kraag te breien die de halslijn wat zachter maakt en comfortabeler aanvoelt.

13

Vilten en vollen

✳ Vilt maken ✳ Breien om te vilten

✳ Decoraties toevoegen ✳ Naaldvilten

De krimp erin!

Duimedik (...) sliep zo vast dat hij niets merkte. Hij werd pas wakker in de bek van de koe die hem samen met het hooi had opgehapt. 'Hemel,' riep hij uit, 'hoe ben ik in deze volmolen terechtgekomen?' *Jacob en Wilhelm Grimm*, DUIMEDIK

Vilt maken

Wolvezels worden bedekt met microscopisch kleine schubben. Die zorgen ervoor dat wol zo behaaglijk aanvoelt: de schubben houden een laagje warme lucht vast. Maar de schubben vormen ook de reden waarom wol zo voorzichtig moet worden gewassen en gedroogd (zie hoofdstuk 11, blz. 211). Hoge temperaturen, vocht en beweging zorgen ervoor dat de schubben niet alleen in elkaar gaan haken, maar ook in de schubben van andere vezels, zodat de wolvezels aan elkaar vast gaan zitten en vervilten. Dit vormt de belangrijkste handeling bij het maken van vilt, maar meestal zult u liever niet zien dat uw wollen breisels gaan vervilten.

Toch kunnen er ook momenten zijn dat u de wol wel wilt vervilten: als u een stevige stof wilt met een gladder oppervlak dan gebreide stof, dan kunt u de vezels bewust met elkaar laten vervilten. Een opmerkelijke bijkomstigheid van vilten is dat de stof dan wel steviger en dichter is dan ongevilte wol, maar dat

Strengen geverfde wol en zijde om mee te vilten

Het gevilte lapje rechts was oorspronkelijk even groot als het gebreide lapje links.

het de warmte toch minder goed vasthoudt. Dat komt doordat de ruimte tussen de vezels door het vilten sluiten. Vilt is in het dragen dan ook iets koeler dan gebreide of geweven wol.

De term 'vilt' wordt eigenlijk alleen correct gebruikt wanneer het gaat om stof die is gemaakt van door elkaar gewerkte wolvezels. Het proces begint door strengen losse wol parallel naast elkaar te leggen, waarna er in een rechte hoek andere vezels overheen worden gelegd. Zo kunnen diverse lagen worden geplaatst in steeds wisselende richtingen, afhankelijk van de gewenste dikte van de stof. De vezels worden natgemaakt met zeepwater en voorzichtig door elkaar bewogen, totdat ze aan elkaar beginnen te haken en een stof vormen.

Nadat de stof stevig is, wordt de uitgeoefende wrijving krachtiger. Er wordt telkens heet water met zeep aan de stof toegevoegd, waardoor de vezels gemakkelijker in elkaar verstrengeld raken en vervilten. Dit deel van het verviltingsproces kan met de hand worden gedaan (door de stof stevig over een hard oppervlak te wrijven), maar dat is echt zwaar werk. U kunt het ook overlaten aan een wasmachine. Dat is voor u minder zwaar om te doen, maar geeft u ook minder controle over de uiteindelijke vorm en dichtheid van de stof.

De laatste fase van het vervilten is het vollen, waarbij de stof in de uiteindelijke, stevige vorm wordt geklopt. Als u gebreide wollen stof vervilt, dan hoeft u eigenlijk alleen maar te vollen. Dat kunt u opnieuw handmatig doen – door de stof te gooien, rollen en bekloppen totdat het niet langer krimpt – maar ook in de wasmachine.

Alle wollen stof kan worden vervilt door het te vollen. Wanneer dat eenmaal is gebeurd, dan is de stof stabiel en kan het in verschillende vormen worden geknipt zonder dat het bij de geknipte randen rafelt.

Breien om te vilten

Als u iets wilt breien dat u later wilt vervilten, dan moet u al beginnen met de juiste garensoort. Kijk op de wikkel: veel garens zijn behandeld met een coating die vervilting juist tegengaat – er staat dan 'machinewasbaar' op. Alleen wollen vezels vervilten – denk aan nuno vilttechnieken. Dat betekent niet dat u gemengde garens helemaal niet kunt gebruiken: zorg ervoor dat wol de belangrijkste vezel in het garen is.

Sommige garenwinkels verkopen garen dat speciaal is bedoeld voor breiwerk dat gevilt gaat worden. Daar staat dan 'felting yarn' of iets dergelijks op. Zelf heb ik heel mooie werkstukken gevilt met 100 procent wol waar 'alleen handwas' op de wikkel stond, maar ook wel met gemengde garens van wol en andere dierlijke vezels.

Het is belangrijk te bedenken dat de stof bij het vervilten en vollen krimpt. Als u dus stof maakt om te vervilten, zorg dan dat u ongeveer weet hoe groot die krimp zal

Voor: deze wollen trui was te heet gewassen. Het viltproces had ingezet, maar was nog niet afgerond.

Een bewuste hete wasbeurt heeft het viltproces afgerond.

Na: de trui is uit elkaar geknipt en van de stof is een knuffel gemaakt.

zijn. Dat test u het best door een proeflapje te breien en te vilten.

De twee proeflapjes op de foto op de vorige bladzijde zijn gebreid met middeldikke wol, op 4 mm-breinaalden, 30 steken breed en 40 naalden hoog. Het niet-gevilte lapje is 15 cm breed x 15 cm hoog, het gevilte lapje is 13 cm breed x 11 cm hoog. U ziet dat de stof in de hoogte meer krimpt dan in de breedte: houd dat in gedachten wanneer u een breiwerk wilt vervilten. Het gevilte lapje stof heeft een oppervlak van 65 procent van het originele lapje, hoewel het in de breedte bijna 90 procent van de breedte heeft behouden. De hoogte is slechts 75 procent van het origineel.

Wanneer u breit om het te gaan vervilten, dan kunt u een plat stuk breien, dat vollen en vervolgens in vorm knippen om het dan in elkaar te naaien. U kunt ook gevormde patroondelen breien en in elkaar zetten voor het vollen. De tweede methode geeft een solider resultaat, omdat naden en motiefjes met de stof mee worden gevilt.

ROOSJES

U kunt wollen truien en andere kledingstukken die u niet meer draagt vervilten, zodat u de stof kunt hergebruiken in andere projecten. Haal oude, favoriete kledingstukken uit de kast of kijk in de kringloopwinkel naar wollen kleding. Zorg dat er geen 'wasbaar in de machine' op staat, want dat betekent dat het garen is behandeld zodat het niet kan vervilten. Dergelijke kledingstukken zullen wel iets vervilten, maar u krijgt niet die dichte, vlakke stof van goed gevilt breiwerk.

Knip alle knopen, ritsen en andere niet-wollen onderdelen van het kledingstuk. Doe de stof in een wasmachine met wat wasmiddel en laat de machine het heetste programma draaien. Vergeet niet om wat azijn aan het spoelwater toe te voegen om de zeep te neutraliseren (zie hoofdstuk 11, blz. 211). Haal de gekrompen kledingstukken uit de machine en laat ze drogen in de wasdroger of vlak liggend op een rekje, uit direct zonlicht. Daarna kunt u het kledingstuk verknippen, de naden eruit knippen en alle beschadigde of niet-benodigde delen verwijderen.

Hier volgen enkele ideeën voor het maken van spullen van vervilte stoffen:

- tafelaankleding: placemats, lopers, servetringen
- knuffeldieren
- dekens: knip even grote delen uit verschillende kleuren vervilte stof en naai die aan elkaar
- eierwarmers, theemutsen, mokhouders
- kussenovertrekken
- modieuze items, zoals tassen, riemen, hangers, sjaaltjes en hoeden

Zie ook het patroon voor het spelden- en naaldenmapje op blz. 30-31.

Een detail van nuno viltdecoraties

Voor het vilten is een Griekse band in de stof geborduurd.

Een decoratie met kralen

Decoraties toevoegen

U kunt voor of na het vollen decoratieve elementen toevoegen aan de gevilte stof. Het belangrijkst om daarbij te onthouden is dat als u dat doet vóór het vollen, de versieringen de temperatuur en bewegingen van de wasmachine moeten kunnen verdragen. Om die reden kunt u kraaltjes en andere frutsels beter aan het eind van het proces toevoegen.

BORDUREN

Borduren met wollen garen gaat prima voor het vollen. De garens krimpen mee met de stof en raken ermee verbonden. U kunt ook borduren met andere vezels die niet met de stof mee krimpen. Dat kan bijzondere effecten opleveren. Op de sjaal hierboven die volgens de nuno vilttechniek is gemaakt, heb ik bijvoorbeeld een stukje zijde en mohair in een krullenpatroon op de stof gelegd. Toen het werkstuk gevold was, was de vloeiende lijn van garen een speelse lijn geworden.

U kunt ook na het vilten een borduursel aanbrengen op de bovenkant van de stof, zelfs nadat het werkstuk in elkaar is gezet.

KRAALTJES

Kraaltjes, knopen en frutsels in allerlei soorten en maten kunnen bij wijze van decoratie op het vilt worden aangebracht. Hierboven heeft u al kunnen lezen dat u dat het best na het vollen kunt doen, zodat de kraaltjes niet beschadigden door de zeep, het hete water en de bewegingen van de machine. Lintjes, kant en metalen items (gespen, brochespelden en haarclips) bevestigt u ook achteraf.

Gevilte handtas

Deze tas wordt gebreid in een veelkleurig mengsel van mohair en wol en kan in elkaar worden gezet voordat u het vilt in de wasmachine. Is alles klaar, dan bevestigt u de handvatten.

U HEEFT NODIG:

* drie bollen van 50 g dikke, viltbare wol
* 5,5 mm-breinaalden
* een maasnaald en een schaar
* passende handvatten (zie verderop)

WERKWIJZE:

VOORKANT, BODEM EN ACHTERKANT: Zet 45 steken op en brei 112 naalden in tricotsteek. Kant af. Deze rechthoek zal ongeveer 27 x 50 cm meten en u heeft er het grootste deel van de eerste twee bollen voor nodig.

ZIJKANTEN: Zet 16 steken op en begin te breien in tricotsteek.
Minder na elke 8e naald aan weerszijden een steek, in totaal vijf keer. U heeft dan nog 6 steken over.
Brei nu nog 6 naalden in tricotsteek en kant af. Maak op deze manier nog een zijkant.

IN ELKAAR ZETTEN:

Vouw de grote lap stof doormidden en laat de opzet- en afkantranden tegen elkaar liggen. Zet een speld aan weerszijden van de stof, op de vouw. Vouw de lap dan weer open en leg die vlak neer. De goede kant van de stof wijst naar boven. Leg nu de zijkant van de tas langs de zijkant van de grote lap en zorg dat het middenonder van de zijkant uitkomt bij de speld. De goede kanten van de stof liggen op elkaar. Naai de zijkant met een stiksteek vast aan de grote lap, tot aan de speld, en doe hetzelfde met de andere zijkant.

De grote lap ligt nog steeds met de goede kant naar boven. Vouw nu de zijkanten naar voren, zodat de vrije hoek van de top van de zijkant de hoek van de grote lap raakt. Speld de grote lap gelijkmatig langs de zijkant en doe hetzelfde met de andere zijkant. Als het moet, kunt u de stof iets rekken of juist plooien (zie blz. 102), zodat de hoekjes mooi uitkomen. Maak beide zijkanten vast met de stiksteek. Keer de tas nu binnenstebuiten.

LET OP: u kunt de uiteinden van het garen netjes afhechten, maar u kunt ze ook na het vilten gewoon afknippen.

VILTEN:

Doe de tas in de wasmachine met wat wasmiddel en kies een heet programma. Voeg wat azijn aan het spoelwater toe. Door het vilten zal de tas krimpen tot ongeveer 10 cm hoog x 20 cm breed, maar zullen ook de naden heel stevig worden. Duw de tas in de uiteindelijke vorm wanneer die nog nat is en stop er bubbeltjesplastic in om de gewenste vorm tijdens het drogen vast te houden.

HANDVATTEN:

Handvatten zoals die van bamboe op de foto kunt u kopen bij handwerkwinkels. Ik raad u echter aan om eerst de tas te vervilten en dan pas handvatten te kopen. Zo weet u zeker dat u de juiste maat heeft. U kunt ook een strook breien van een bijpassend garen en dit nog voor het vilten aan de tas bevestigen. Andere mogelijkheden zijn gedraaide koordjes, leren hengsels of kettingen. Die maakt u na het vilten aan de tas vast.

Naaldvilten

Een andere techniek om vilten spulletjes van wolvezels te maken, is naaldvilten. Deze techniek wordt vooral gebruikt om driedimensionale werkstukken te maken. In plaats van het heen en weer bewegen van wol in heet water en zeep gebruikt u een heel scherpe, stekelige viltnaald. Daarmee stampt u in een bundel wolvezels, waardoor die vezels in elkaar verstrengeld raken.

① U kunt door naaldvilten decoraties aanbrengen op gevilte werkstukken, zoals op stof die u eerst heeft gebreid en daarna gevilt. Leg de stof vlak neer op een blok piepschuim of een viltborstel (zo beschadigt uw tafel niet).

② Gebruik desgewenst een sjabloon.

③ Leg de strengen wol ruwweg in de gewenste vorm op de stof.

④ Begin de viltnaald door de strengen wol en de stof te slaan. Volg daarbij de contouren van het sjabloon.

⑤ Sla de viltnaald vervolgens binnen de kaders van het sjabloon, totdat de wol aan de onderliggende stof hecht.

⑥ Haal het sjabloon weg en werk alle losse eindjes weg. Werk daarbij naar het midden van het vormpje. Sla ze dan vast met de viltnaald. Blijf de decoratie met de viltnaald bewerken totdat u zeker weet dat de vezels goed aan elkaar hechten.

GEVILTE DECORATIES IN 3D

Als u de stof eenmaal heeft gevilt, kunt u er allerlei vormen uit knippen, die u dan weer als decoratie aan andere werkstukken kunt naaien of lijmen. U kunt gevilte stoffen gebruiken om beschadigd breiwerk te repareren (zie blz. 225-226) of om broches en haarknipjes te maken door vormpjes te knippen die u vervolgens op spelden lijmt. U vindt benodigde materialen in uw handwerkwinkel.

Om de afgebeelde haarband te maken knipt u een hele hoop kleine bloemetjes uit gekleurd vilt, en een paar groene blaadjes. Rangschik die op een haarband en naai ze via het hartje van elke bloem vast met een kruissteekje van een borduurdraad in een contrasterende kleur. Deze kleine bloempjes zijn gemaakt van dun vilt: gebruikt u dikkere stof, dan moet u de bloemen misschien iets groter maken.

Gevilte riem

Maak een passende riem bij uw vilten handtas of voeg extra cachet toe aan uw zwarte jurkje.

U HEEFT NODIG:

* twee bollen van 50 g dikke, viltbare wol
* 6 mm-breinaalden
* een passende gesp (zie verderop)
* een schaar, naainaald en een bijpassende naaidraad

WERKWIJZE:

Reken de vereiste lengte voor uw riem uit door uw tailleomvang te meten en de uitkomst met 1,25 te vermenigvuldigen. Reken daarna de vereiste lengte vóór het vervilten uit. Als uw tailleomvang bijvoorbeeld 85 cm is, vermenigvuldigt u 85 cm met 1,25. De uiteindelijke riem moet dus 106,25 cm lang worden. Deze lengte is 60 procent van de lengte die u moet breien: dat is voldoende om de krimp op te vangen. Om de te breien lengte te berekenen deelt u de uitkomst (106,25) door 0,6 (let op: ga niet vermenigvuldigen!). U komt dan uit op 177,08, en u moet dan ook een strook van 177,08 cm breien.

Zet 16 steken op en brei in tricotsteek zonder te meerderen of minderen. Ga door totdat u de gewenste lengte heeft bereikt. Brei de eerste en laatste steek van elke averechte pen telkens recht: daardoor zal de stof niet gaan omkrullen. Zodra u de gewenste lengte heeft bereikt, kant u af.

Doe de riem met wat wasmiddel in de wasmachine en kies een heet programma. Voeg azijn toe aan het spoelwater. Als de wasmachine klaar is, legt u de riem vlak en recht neer op een handdoek of een ander vlak oppervlak. Laat de stof helemaal drogen.

DE GESP:

U kunt een gesp het best pas kopen wanneer u de riem heeft gevilt. Zo weet u zeker dat die past. De stof is vrij dik: zorg dat de gesp voldoende ruimte heeft om zowel de breedte als de stofdikte op te vangen. Knip de uiteinden van de riem desgewenst bij en vouw een van de uiteinden om de gesp heen. Naai alles vast met een naainaald en stevig naaigaren. Als uw gesp een pinnetje heeft, maakt u gewoon wat gaatjes in het andere uiteinde van de riem met een scherpe schaar of met een priem.

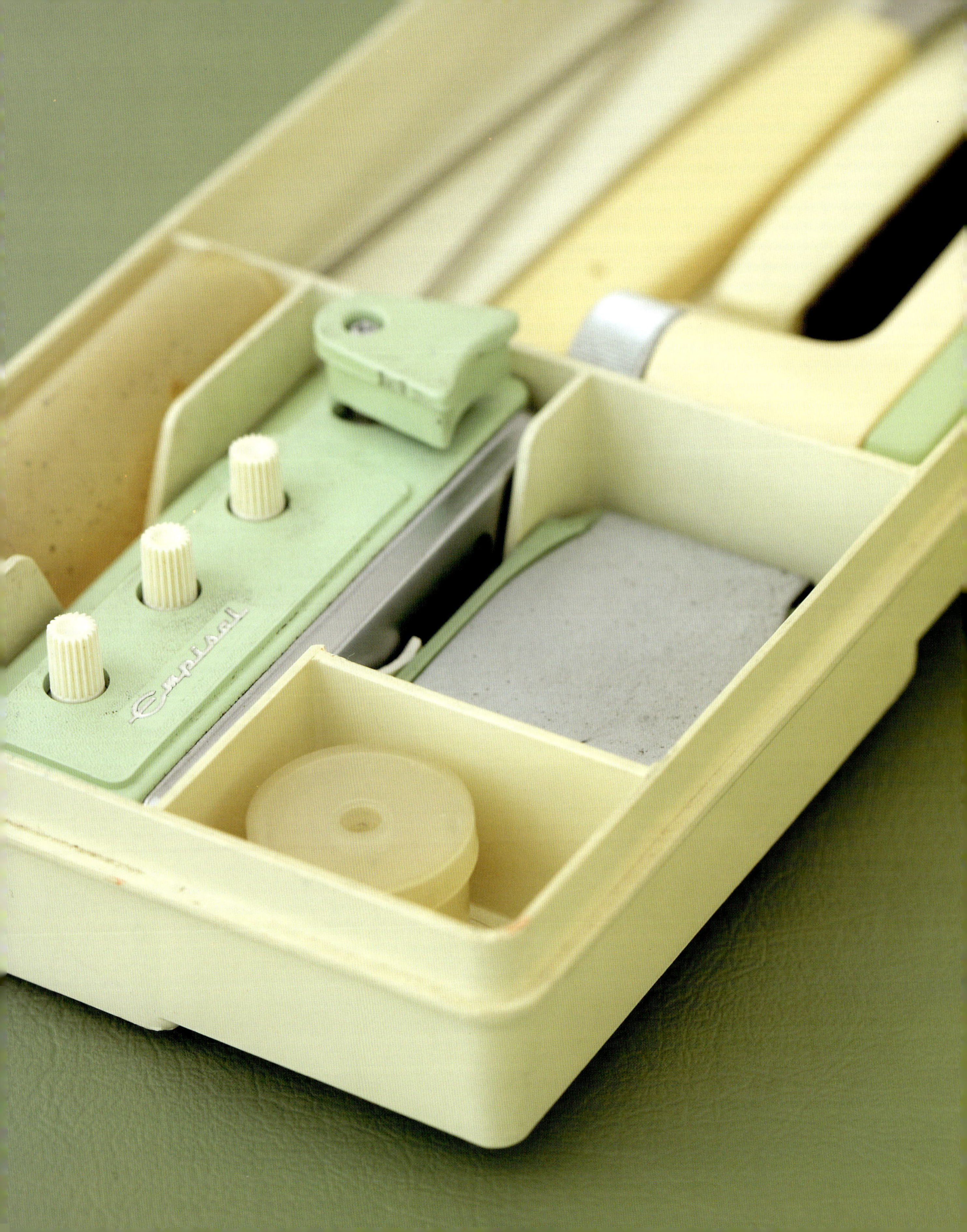
Empisal

14

Breimachines

✶ Hoe een breimachine werkt

✶ Zorg voor uw machine ✶ Garen voor machinaal breien

✶ Kom bij de club!

In vliegende vaart

Net als de spinmachine *Spinning Jenny* en de schietspoel heeft de breimachine een belangrijke rol gespeeld in de revolutie in de textielindustrie die uiteindelijk uitmondde in de Industriële Revolutie. Toch duurde het nog tot de twintigste eeuw voordat er breimachines waren ontwikkeld die geschikt waren voor thuisgebruik.

Ik ben blij met mijn was- en naaimachine, omdat ze saaie karweitjes sneller en gemakkelijker maken. Maar aan machines die in mijn ogen het plezier uit handwerken haalden, wilde ik mijn tijd eigenlijk nooit besteden. Een collega van me heeft ooit geprobeerd me te interesseren voor een computergestuurde naaimachine die bijna even duur was als mijn auto. Met die machine kon ik stof in een ring spannen, een spoeltje en een klosje garen plaatsen, op een programmaknop drukken en dan weglopen. Terwijl ik dan stond af te wassen, zou die machine voor mij borduren. Ik kon er niets leuks aan ontdekken.

Naaldenbed van een breimachine

Ook met breimachines ben ik niet onverdeeld gelukkig. Zelfs toen ik nog maar net leerde breien, vond ik het gewoon leuk om het garen over de naalden te halen en om te zien hoe de stof geleidelijk aan langer werd. Het gevoel van het garen in mijn handen, het ontstaan van een patroon, de voldoening over een afgerond werkstuk en zelfs het rustige ritme van al die herhaalde handelingen: al die dingen samen maakten met de hand breien voor mij zo leuk.

Maar volgens mijn machinaal breiende vrienden moet ik de voldoening van een breimachine niet zoeken in de snelheid van de machine. Voor machinaal breien is evengoed een bepaalde vaardigheid nodig, net als voor handmatig breien. Hoe beter u het proces leert kennen, hoe beter u eigen patronen en ontwerpen kunt toepassen. Uiteindelijk valt er even creatief mee te werken als op breinaalden. Bij machinaal breien zijn daarnaast de steken gelijkmatiger van vorm. Als u dat graag wilt, vooral wanneer u grotere stukken in tricotsteek breit of lange boorden maakt, is dat handig.

Close-up van de klepjes op de naalden

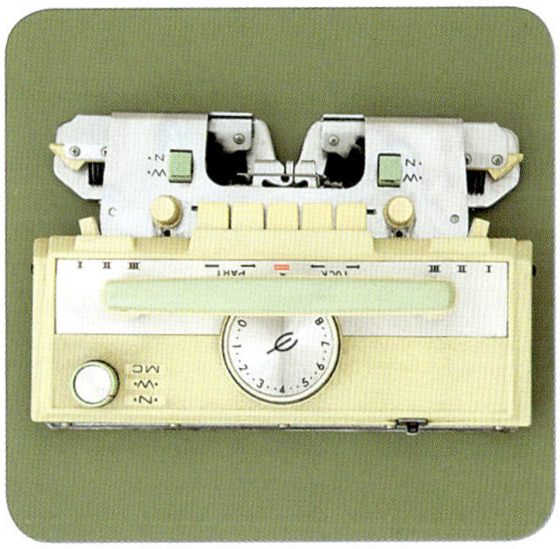

De garenslede

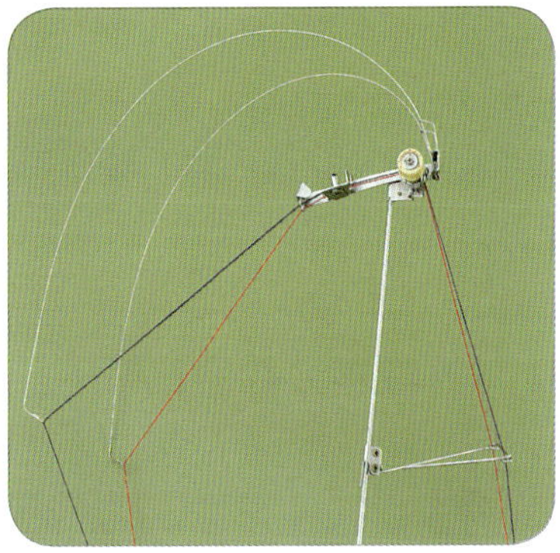

Garengeleiders

Hoe een breimachine werkt

De eerste breimachine heette 'Instant Knitter' – men zegt dat die machine in 1924 in Japan was uitgevonden. Bij deze machine moest het garen voor elke nieuwe naald over een bed vol haken worden gelegd. Moderne breimachines hebben een spanningsregelaar die het garen tijdens het breien automatisch in de machine leidt. Leer uw breimachine kennen en zorg dat u weet hoe alles werkt door de handleiding zorgvuldig uit te pluizen. Heeft u een tweedehands breimachine gekocht waar geen boek meer bij zit, dan kunt u veel van de instructies vinden op internet of in boeken die u bij de bibliotheek kunt lenen. Dergelijke boeken zijn ook wel los in de handel.

De functionele onderdelen van een breimachine zijn een naaldenbed, dat honderden individuele haakjes (voor elke steek één) bevat, en een slede die over het naaldenbed beweegt en ervoor zorgt dat de machine breit. Aan de draadgeleider zitten knopjes waarmee u de draadspanning kunt regelen.

Ook bij een breimachine geldt dat u altijd eerst een proeflapje moet breien. Dat deel van het proces kunt u dus niet overslaan!

De meeste breimachines voor thuisgebruik hebben één naaldenbed, waarmee u alleen recht en averecht kunt breien. Er bestaan hulpstukken om boorden te breien, maar die moet u vaak nog apart aanschaffen. Op machines met een dubbel naaldenbed kunt u boordjes en andere decoratieve steken breien. Breimachines zijn meestal geschikt voor een bepaalde dikte – dun, middeldik, dik of grof – garen.

De manier waarop steken worden gevormd lijkt veel op punniken.

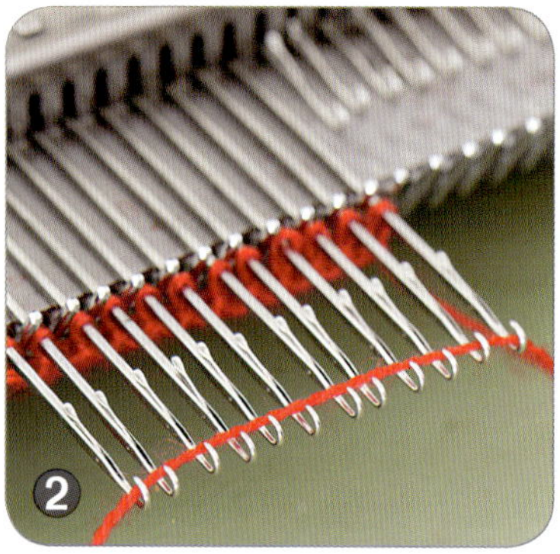

① Leg het garen over de schacht van de naalden. Wanneer het haakje door de lus wordt gehaald, valt het klepje open en glijdt het garen erachter.

② Leg het garen voor de volgende rij steken over de haakjes of laat de machine dat doen.

③ Als de naald terugglijdt, komt de oude steek naar voren, gaat het klepje dicht en neemt het haakje het garen mee.

④ Het haakje met het gesloten klepje trekt de nieuwe steek door de 'oude' lus die vervolgens afglijdt.

PATRONEN VOOR BREIMACHINES

In plaats van geschreven instructies lijken patronen voor breimachines vaak op grafieken vol wiskundige symbolen zoals X, 0, \ of /, streepjes en lijntjes. Deze patronen geven aan waar steken van de goede of van de verkeerde kant (recht of averecht) moeten worden gebreid, waar andere kleuren moeten worden toegevoegd en hoe u ajourpatronen kunt breien of kabels en Fair Isle-patronen. Soms hebben breimachines een ponskaartensysteem dat zelf regelt welke naalden en steken moeten worden gebruikt. Moderne breimachines worden eerder aangestuurd door een computer dan door ponskaarten.

Als u ervaring heeft met een breimachine, dan kunt u patronen die zijn bedoeld voor handmatig breien ook op een breimachine maken.

Een voorbeeld van met de machine gebreide stof in een veer- en waaiersteek

OPZETTEN

Steken opzetten op een breimachine is heel eenvoudig. Begin met alle naalden in de neutrale positie en haal het benodigd aantal naalden (voor elke steek één) vanuit het midden naar voren, in de actieve stand. Met een soort haaknaald (die bij de machine hoort te zitten) haakt u de werkdraad over zichzelf heen en over de volgende naald. Op die manier krijgt u een opzetrand die erg lijkt op handmatig opgezette steken. U kunt ook dubbele zomen of decoratieve randjes maken op breimachines of er boordjes op breien. In de handleiding leest u hoe dat in zijn werk gaat.

Met breimachines kunt u leuke randen en kleurige patronen breien.

MEERDEREN EN MINDEREN

Meerderen en minderen moet u met de hand doen. Wanneer u meerdert, gebruikt u een transfernaald (die bij de machine hoort te zitten) en zet u de eerste lus aan de zijkant van het pand op de eerstvolgende vrije naald. Dat doet u ook met de volgende steek: het derde haakje ligt nu vrij. Neem dan de achterkant van de steek uit de voorgaande naald op de transfernaald en schuif die over de vrijliggende naald. Zodra u de slede over het naaldenbed haalt, wordt deze nieuwe lus gebreid als extra steek.

Als u aan de zijkant van een naald een aantal nieuwe steken moet opzetten, dan doet u dat door handmatig nieuwe steken op te zetten. Daarna haalt u de slede weer over het naaldenbed.

Om te minderen haalt u de laatste steek van de naald en zet u die met de transfernaald op de naald van de eerstvolgende steek. Zodra u de slede over het naaldenbed haalt, wordt er één steek minder gebreid. Wilt u in een keer meer steken minderen, kant ze dan af (zie hieronder).

AFKANTEN

Een manier om af te kanten op een breimachine is door met een grote maasnaald en een werkdraad met een stiksteek door de laatste lussen te gaan. Laat de laatste naald op de haakjes liggen, haal de maasnaald door de tweede steek en dan door de eerste, en trek de werkdraad aan (niet te strak!); haal dan de maasnaald door de derde steek, dan door de tweede en trek de werkdraad weer aan. Ga zo door totdat u alle steken heeft geborgd en haal dan alle steken van de naalden. U kunt ook alle steken op een haaknaald zetten, de steken van de naalden halen en dan met de haaknaald afkanten.

Let eens op hoe netjes het garen aan de verkeerde kant van de stof loopt.

EEN WERKSTUK AFRONDEN

Breimachines kunnen worden gebruikt om randjes te breien – in boordsteek gebreide halsboordjes bijvoorbeeld. De meeste machinale breiers werken hun projecten echter af met de hand, waarbij ze dezelfde technieken toepassen als bij handgebreide werkstukken. In hoofdstuk 6 (blz. 93) vindt u meer informatie voor het aanzetten van naden en het afwerken van breiprojecten.

Zorg voor uw machine

Het is belangrijk dat u uw breimachine afdekt wanneer u die niet gebruikt. Zo voorkomt u dat er stof in het mechaniek terechtkomt. Af en toe kunt u het naaldenbed voorzichtig schoonmaken met de borstelzuigmond van de stofzuiger.

De machine moet ook met zorg worden gesmeerd. De olie moet natuurlijk niet op het breiwerk kunnen komen. Lees de aanwijzingen in de handleiding om te weten waar u moet oliën. In principe kan elk bewegend onderdeel worden gesmeerd, vooral de rails waar de slede overheen glijdt en de achterkantjes van de naalden (maar niet de haakjes).

Sommige fabrikanten raden u aan om een nieuwe machine 'in te werken' door er alleen middeldik garen mee te verwerken. Later kunt u ook dikkere garens gebruiken.

Laat niet-afgemaakte breiwerkjes niet langer dan een paar minuten aan de naalden hangen. Het gewicht van de stof trekt dan aan het garen, verandert de draadspanning en kan ook de oorzaak zijn van verbogen naalden. Als u een werkstuk niet meteen afrondt, til het dan op zodat de lusjes aan de haakjes blijven, maar het gewicht er niet langer aan hangt.

Garen voor machinaal breien

Breimachines zijn echt alleen maar geschikt voor regelmatig gesponnen en getwijnde wol. Het mechaniek van de haakjes en de automatische draadspanning werken niet optimaal met minder elastisch garen, zoals katoen of zelfs acryl. Dat geldt zeker wanneer die garens ook nog eens dik zijn. De naaldenmaat van de machine (fijn, middeldik, dik of grof) bepaalt de dikte van het garen dat u kunt gebruiken. Trendy garens zijn niet geschikt voor breimachines.

CONES EN BOLLEN

Garen voor machinaal breien zit vaak op een cone of op een bolletje waar de werkdraad vanuit het midden komt. U kunt strengen garen zelf om cones winden met een handmatig opwindmachientje, maar u kunt het garen ook rechtstreeks van een bolletje halen (zorg dan wel dat u het garen uit het midden van de bol haalt, niet van de buitenkant). Gebruik wol nooit rechtstreeks van een streng of zelfgemaakt bolletje.

Als u een fabrieksmatig opgewonden bol garen gebruikt, leg die dan in een pot of een andere stevige houder die vlakbij de machine staat. Zo blijft de bol op de plek liggen als de spanningsregelaar er draad vanaf trekt. Een cone blijft wel vanzelf staan.

Garen op cones voor de breimachine

WAXEN

De harige vezels van wol kunnen frictie veroorzaken in het mechaniek van de slede. Daarom worden veel garens voor machinaal breien een beetje gewaxt door de draad over een kaars of wasblok te halen voordat het door de spanningsregelaar gaat. Koop garen dat bedoeld is voor machinaal breien en al gewaxt is, of wind garen zelf op cones of bolletjes (met een opwindmachientje) en wax het zelf.

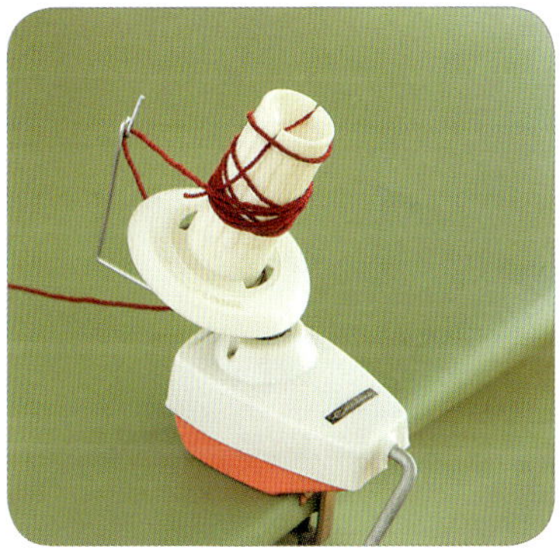

Een handmatige garenwinder maakt het garen klaar voor gebruik op de breimachine.

Kom bij de club!

De beste manier om meer te leren over machinaal breien – of u nu al een breimachine heeft of dat u die misschien wilt proberen – is door u aan te sluiten bij een plaatselijke breimachineclub of -vereniging. U vindt de dichtstbijzijnde club via internet of door ernaar te vragen in de plaatselijke handwerkwinkel.

Vaak kost een lidmaatschap voor zo'n club bijna niets, maar geniet u wel voordelen: toegang tot boeken en patronen, advies van ervaren machinale breiers en contacten voor machineonderhoud en -onderdelen.

U kunt u ook aansluiten bij chatgroepen op internet. Breimachines zijn weliswaar minder 'draagbaar' dan breinaalden, maar ze leveren u wel overal ter wereld vrienden op!

15

Basispatronen

✳ Babytruitje ✳ Kindertruitje

✳ Damestrui ✳ Herentrui

De patronen in dit hoofdstuk zijn patronen voor rechttoe rechtaan truien met boordjes in boordsteek en panden in tricotsteek. De mouwen en armsgaten zijn recht, er is alleen wat vorm gegeven aan de halslijn en schouders. U kunt deze patronen gebruiken als uitgangspunt voor truien, met de steken uit hoofdstuk 7 tot en met 10 van dit boek.

Bedenk dat u altijd een proeflapje breit met de steek die u ook in het patroon wilt verwerken. Daarmee kunt u de afmetingen controleren. Misschien merkt u dat sommige kantachtige steken losser worden dan staat aangegeven. Dat kan acceptabel zijn als u het niet erg vindt dat het werkstuk ruimer valt. Vaak is dat bij ajourpatronen zelfs wel mooi.

Kabels zorgen daarentegen voor een breedte die 20 procent smaller is dan een gewone tricotsteek. Een of twee kabels in een trui die verder rechttoe rechtaan is, hoeft niet zo veel uit te maken. Maar als u meerdere kabels breit of een paar brede vlechtpatronen, dan is het verstandig om wat extra steken op te zetten. Dat doet u door het aantal steken voor de boord gewoon te volgen en vervolgens het aantal extra benodigde steken te meerderen in de laatste naald in boordsteek. Grofweg komt het erop neer dat u per 4 steken brede kabel 1 steek extra breedte moet rekenen, voor 6 tot 8 steken brede kabels 2 steken extra en voor vlechtwerk 3 tot 4 steken extra. Vergeet niet om die extra steken mee te rekenen wanneer u steken afkant voor de hals- en schouderlijnen: kant ze gelijkmatig af, al naar gelang de gewenste breedte.

Met deze vier basispatronen kunt u truien breien voor iedereen in uw gezin!

Babytruitje

Dit patroon is voor een babytruitje in tricotsteek met fijn tot middeldik garen. U kunt er elke siersteek in verwerken die u vindt in de hoofdstukken 7, 8, 9 en 10 van dit boek. De maten zijn geschikt voor de meeste baby's, van pasgeboren tot ongeveer een jaar.

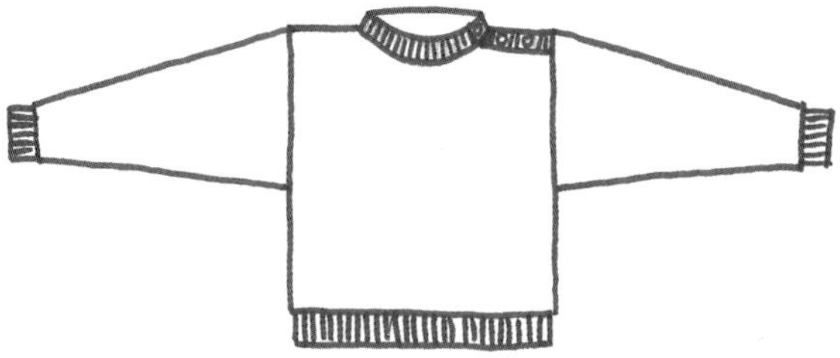

Stekenverhouding

31 st. op 10 cm in tricotsteek.

Maat

(Meet rondom de borst, onder de armpjes.)

Borstomvang, glad gemeten	35	40	45	50 cm
Gebreide borstomvang	38,5	44	49,5	55 cm
Lengte	21	25	28	31 cm
Mouwlengte	26	29	34	39 cm

Materiaal

* 2 (2, 3, 3) bollen van 50 g fijn tot middeldik garen. De hoeveelheden zijn schattingen, omdat ze per breier verschillen.
* 3 mm- en 2,25 mm-breinaalden, of de breinaalden die nodig zijn voor de juiste stekenverhouding
* naaldmarkeerders
* een maasnaald en een schaar
* twee kleine stekenhouders
* 2 (2, 3, 3) kleine, platte knoopjes voor de schouder

Rugpand

Zet 61 (71, 79, 87) st. op met breinaald 2,25 mm.

Naald 1: 2 r,. * 1 av., 1 r. *, herh. van * tot * tot er nog 1 st. over is, 1 r.

Naald 2: 1 r., * 1 av., 1 r. *, herh. van * tot * tot het eind van de nld.

Herhaal deze 2 naalden nog 6 keer. U heeft dan 14 naalden in boordsteek.

Ga nu verder met de 3 mm-breinaalden in tricotsteek. Brei alle oneven naalden recht en alle even naalden averecht totdat het werk vanaf de onderkant van de boord 13 (16, 18, 20) cm hoog is. Eindig met een averechte naald. Haal naaldmarkeerders (stukjes gekleurd garen) door de steken aan beide uiteinden van de naalden: hier beginnen de armsgaten. Er wordt niet geminderd voor de armsgaten. Brei nog eens 30 (34, 40, 44) naalden in tricotsteek.

De schouderlijn vormen

Kant vier keer 6 (7, 8, 9) st. af aan het begin van elke volgende naald en dan twee keer 5 (7, 8, 9) st. Laat de resterende 27 (29, 31, 33) st. op een stekenhouder staan.

Voorpand

Brei het voorpand net als het achterpand. Plaats de naaldmarkeerders ter hoogte van de armsgaten. Brei dan nog 12 (16, 22, 24) naalden in tricotsteek.

Vorm de halslijn

Brei 24 (28, 31, 35) st., keer het werk. Brei met deze steken de linkerschouder. Minder aan halszijde 1 st. in elke nld. totdat er nog 20 (24, 27, 31) st. over zijn, minder daarna 1 st. in elke tweede naald totdat er nog 18 (22, 25, 28) st. over zijn. Brei nu nog 1 naald.

Vorm de linkerschouder

Kant 6 (7, 8, 9) st. af aan het begin van deze naald en doe dat na 2 naalden nog eens. Minder tegelijkertijd 1 st. voor de halslijn. Brei nog 1 naald. Kant af.

Zet dan 13 (15, 17, 17) st. op een stekenhouder en laat die rusten. Brei de naald uit en ga verder met deze 24 (28, 31, 35) st. voor de rechterschouder.

Minder in elke naald 1 st. voor de halslijn, totdat er nog 20 (24, 27, 31) st. op de naald staan. Minder dan elke tweede naald 1 st., totdat er nog 17 (21, 24, 27) st. op de naald staan. Brei dan 8 naalden tricotsteek.

Vorm de rechterschouder

Kant 6 (7, 8, 9) steken af aan het begin van de volgende naald en doe dat na twee naalden nog eens. Brei 1 naald. Kant af.

LET OP: De linkerschouder is aan de voorkant korter dan de rechter: daar komt later het knoopbiesje dat ervoor zorgt dat het truitje beter over baby's hoofdje past.

Mouwen

Beide mouwen zijn gelijk.

Zet 37 (39, 41, 43) st. op met 2,25 mm-breinaalden.

Brei 14 naalden in boordpatroon, volgens de beschrijving voor het rugpand.

Ga dan verder met 3 mm-breinaalden.

Naald 1 tot en met 4: Brei in tricotsteek.

Naald 5: 2 r. 1 st. meerderen in de volgende st., brei verder tot 2 st. voor het eind van de nld, 1 st. meerderen in de voorlaatste st., 2 r.

Brei verder in tricotsteek en meerder net als in naald vijf in elke volgende 8e (6e, 6e, 6e) naald totdat er 43 (49, 55, 61) st. op de breinaald staan.

Brei verder in tricotsteek totdat het werk 11 (13, 16, 19) cm hoog is van begin tot eind. Eindig met een averechte naald.

Kant 4 steken af aan het begin van elke volgende 8e (10e, 12e, 12e) naald. Kant de resterende steken af.

Halslijn

Neem een maasnaald, een stuk garen van de bol waarmee u heeft gebreid en stik voor- en achterpand aan de rechterschouder (de hoogste voorkant) met een stiksteek aan elkaar. Keer de goede kant van het werk naar u toe en neem 73 (77, 81, 87) steken op rondom de halslijn en de schouders. U breit dus 11 st. van de linkerschouder, 13 (15, 17, 17) st. van de stekenhouder aan de voorzijde en 27 (29, 31, 33) st. aan de achterzijde van de halslijn. Brei 25 naalden in boordsteek (zie rugpand), te beginnen bij naald 2. Kant nu losjes af in boordsteek.

Vouw de halsbies naar binnen en zet de afkantrand met onzichtbare steekjes vast aan de steken die u heeft opgenomen. Hecht de uiteinden van de werkdraden af in het naadje.

Voorste schouderbies

Keer het werk met de goede zijde naar u toe en neem gelijkmatig verdeeld over de linkerschouder (voorzijde) 27 (31, 35, 37) st. op. Werk door beide lagen van de halsbies heen.

Naald 1: 1 r., * 1 av., 1 r. *, herh. van * tot * tot aan het eind van de nld.

Naald 2: 2 r., * 1 av., 1 r. *, herh. van * tot * tot er nog 1 st. op de nld staat, 1 r.

Naald 3: Herhaal naald 1.

Naald 4: 10 (14, 6, 8) st. in boordsteek zoals in naald 2, 1 omsl., 2 r. samenbr., 10 st. in boordsteek *, herh. van * tot * 0 (0, 1, 1) keer, 1 omsl., 2 r. samenbr., 3 st. boordsteek. Nu heeft u 2 (2, 3, 3) knoopsgaten gemaakt.

Brei nog 5 naalden in boordsteek. Losjes afkanten.

Achterste schouderbies

Keer de goede kant van het werk naar u toe. Neem met 2,25 mm-breinaalden 27 (31, 35, 37) steken op, gelijkmatig verdeeld over de linkerkant van de achterste schouder. Werk door beide delen van de halsbies heen.

Naald 1: 1 r., * 1 av., 1 r. *, herh. van * tot * tot aan het eind van de nld.

Naald 2: 2 r., * 1 av., 1 r. *, herh. van * tot * tot er nog 1 st. over is, 1 r.

Herhaal deze 2 naalden nog drie keer en herhaal dan naald 1 nog eens (9 naalden in totaal). Kant losjes af in boordsteek.

In elkaar zetten

Leg de voorste schouderband over de achterste schouderband aan de goede zijde van het werk. Zet de bandjes met een overhandse steek (zie blz. 104) aan elkaar vast bij het armsgat. Leg het truitje vlak voor u neer met de goede kant naar boven, leg een mouw tussen de naaldmarkeerders en zet beide delen met een stiksteek aan elkaar vast. Rek de stof desgewenst iets uit of neem die iets in. Doe hetzelfde met de andere mouw.

Vouw voor- en achterkant met de goede kanten over elkaar en maak de zij- en onderarmnaden met een stiksteek aan elkaar. Hecht alle losse draadjes af. Keer de trui om met de goede kant naar buiten. Naai knoopjes op de achterste knoopbies, juist onder de knoopsgaten.

Kindertruitje

Dit patroon is voor een trui in tricotsteek met middeldik garen. U kunt er alle decoratieve steken in verwerken uit hoofdstuk 7, 8, 9 en 10 van dit boek. De aangegeven maten gelden voor kinderen van ongeveer vier tot acht jaar oud.

Stekenverhouding

22 steken op 10 cm, gebreid met 4 mm-breinaalden in tricotsteek.

Maat

(Meet rondom de borst, onder de armen.)

Borstomvang, glad gemeten	60	65	70 cm
Gebreide borstomvang	72	77	82 cm
Lengte	40	44	48 cm
Mouwlengte	28	33	38 cm

Materiaal

- 9 (9, 10) bollen van 50 g middeldik garen. De hoeveelheden zijn schattingen, omdat ze per breier verschillen.
- 4 mm- en 3,25 mm-breinaalden, of de breinaalden die nodig zijn voor de juiste stekenverhouding
- 3,25 mm-breinaalden zonder knop (eventueel)
- naaldmarkeerders
- maasnaald en schaar
- twee stekenhouders

Rugpand

Zet met 3,25 mm-naalden 81 (87, 93) steken op.

Naald 1: 2 r., * 1 av., 1 r. *, herh. van * tot * tot er nog 1 st. over is, 1 r.

Naald 2: 1 r., * 1 av., 1 r. *, herh. van * tot * tot het eind van de nld.

Herhaal deze 2 naalden nog 5 keer. U heeft dan 12 naalden in boordsteek.

Ga nu verder met de 4 mm-breinaalden in tricotsteek, totdat het werk vanaf de onderkant van de boord 21 (24, 26) cm hoog is. Eindig met een averechte naald. Haal naaldmarkeerders (stukjes gekleurd garen) door de steken aan beide uiteinden van de naalden: hier beginnen de armsgaten. Er wordt niet geminderd voor de armsgaten. Brei verder in tricotsteek totdat het werk 36 (40, 44) cm lang is, gemeten vanaf juist boven de boord.

De schouderlijn vormen

Kant vier keer 8 (8, 9) st. af aan het begin van elke volgende naald en dan twee keer 7 (9, 9) st. Er blijven 21 (23, 23) st. over. Laat die staan op een stekenhouder om later de halsboord aan te breien.

Voorpand

Brei het voorpand net als het achterpand. Plaats de naaldmarkeerders ter hoogte van de armsgaten. Brei verder in tricotsteek totdat u 12 (14, 14) naalden minder heeft gebreid dan het begin van de schouderlijn op het rugpand.

Vorm de halslijn

Eerstvolgende naald: Brei 27 (30, 32) r., keer het werk en brei met deze steken de linkerschouder. Minder aan halszijde 3 (4, 4) keer in elke twee nld. 1 st. en dan nog een keer na 4 nld. Er staan nu nog 23 (25, 27) st. op de nld.

Vorm de schouder

Kant 8 (8, 9) st. af aan het begin van deze naald en doe dat na 2 naalden nog eens. Brei nog 1 naald. Kant de overgebleven 7 (9, 9) st. af.

Zet dan 13 st. op een stekenhouder voor de halslijn (evenveel st. voor alle maten) en laat die rusten. Brei de resterende 27 (30, 32) st. voor de schouder en brei de naald uit. Vorm de hals- en schouderlijn volgens het spiegelbeeld van de linkerzijde.

Mouwen

Beide mouwen zijn gelijk.

Zet 39 (39, 41) st. op met 3,25 mm-breinaalden.

Naald 1: 2 r., * 1 av., 1 r. *, herh. van * tot * tot er nog 1 st. over is, 1 r.

Naald 2: 1 r., * 1 av., 1 r. *, herh. van * tot * tot het eind van de nld.

Herhaal deze 2 naalden nog 5 keer. U heeft dan 12 naalden in boordsteek.

Ga dan verder met 4 mm-breinaalden in tricotsteek. Meerder na elke 7 naalden aan weerszijden van de mouw een steek, totdat er 59 (63, 67) steken op de breinaald staan. Brei dan verder zonder meerderen, totdat het werk ongeveer 24 (29, 34) cm hoog is, gemeten vanaf de tricotsteek. Eindig met een averechte naald.

Vorm de mouwkop

Kant 6 keer 7 (7, 8) st. af aan het begin van elke volgende naald. Kant dan 2 keer 5 (6, 8) st. af aan het begin van elke volgende naald. Kant de resterende 7 (9, 9) steken af.

Halslijn

Zet de schoudernaden met een maasnaald en een stuk breigaren aan elkaar.

LET OP: als u geen breinaalden zonder knop gebruikt, laat dan de linkerschoudernaad open. Brei dan eerst de halsboord en dan pas de schoudernaad.

Neem met 3,5 mm-breinaalden zonder knop 16 (18, 18) steken op, gelijkmatig verdeeld over de linkerzijde van de halslijn. Ga verder met de 13 steken van de voorste stekenhouder en neem dan 16 (18, 18) steken op van de rechterzijde van de halslijn. Brei dan de 21 (23, 23) steken van de achterste stekenhouder: 66 (72, 72) steken.

Naald 1: * 1 r., 1 av. *, herh. van * tot * tot het eind van de nld.

Naald 2: Herhaal naald 1 (dit werkt zowel bij rondbreien als bij heen en weer breien).

Herhaal deze 2 naalden nog twee keer. Kant losjes af in boordsteek.

In elkaar zetten

Leg de trui plat neer, met de goede kant naar boven. Leg een mouw tussen beide naaldmarkeerders voor de armsgaten en zet de mouw met stiksteken vast. Rek de stof desgewenst iets uit of neem die iets in. Doe hetzelfde met de andere mouw.
Vouw rug- en voorpand met de goede kanten naar elkaar toe en sluit de zij- en mouwnaden. Hecht alle losse draadjes af. Keer de trui om.

Damestrui

Met dit patroon breit u een trui met V-hals in tricotsteek met middeldik garen. U kunt er alle decoratieve steken in verwerken uit hoofdstuk 7, 8, 9 en 10 van dit boek.

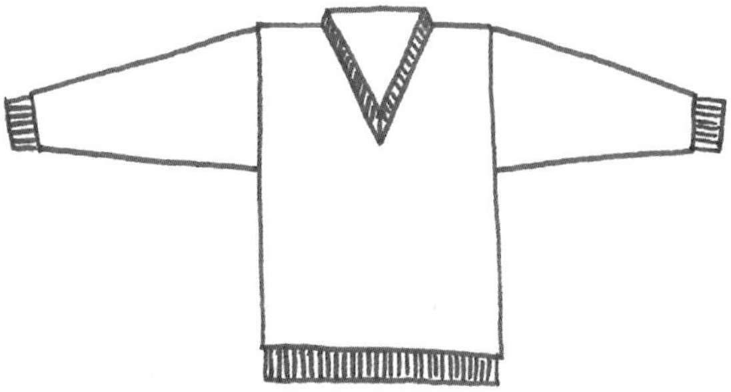

Stekenverhouding

22 steken op 10 cm, met 4 mm-breinaalden en tricotsteek.

Maat

(Meet over de borst, onder de armen.)

Borstomvang, glad			
gemeten	80	85	90 cm
Gebreide borstomvang	90	95	100 cm
Lengte	60	60	61 cm
Mouwlengte	43	43	43 cm

Materiaal

- 11 (12, 12) bollen van 50 g middeldik garen. De hoeveelheden zijn schattingen, omdat ze per breier verschillen.
- 4 mm- en 3,25 mm-breinaalden of de breinaalden die nodig zijn voor de juiste stekenverhouding
- 3,25 mm-breinaalden zonder knop
- naaldmarkeerders
- maasnaald en schaar
- stekenhouder

Rugpand

Zet met 3,25 mm-naalden 104 (108, 114) steken op.
Naald 1: 2 r. * 1 av., 1 r. *, herh. van * tot * tot er nog 1 st. over is, 1 r.
Naald 2: 1 r., * 1 av., 1 r. *, herh. van * tot * tot het eind van de nld.
Herhaal deze 2 naalden nog 6 keer. U heeft dan 14 naalden in boordsteek.
Ga nu verder met de 4 mm-breinaalden in tricotsteek, totdat het werk vanaf de onderkant van de boord 30 cm hoog is. Eindig met een averechte naald.
Haal naaldmarkeerders (stukjes gekleurd garen) door de steken aan beide uiteinden van de naalden: hier beginnen de armsgaten. Er wordt niet geminderd voor de armsgaten.
Brei nu nog 66 (66, 70) naalden.

De schouderlijn vormen

Kant acht keer 7 (7, 8) st. af aan het begin van elke volgende naald, en dan twee keer 6 (7, 6) st. Zet de resterende 36 (38, 38) st. op een stekenhouder.

Voorpand

Brei het voorpand net als het achterpand. Plaats de naaldmarkeerders ter hoogte van de armsgaten. Brei dan nog 12 naalden in tricotsteek.

Verdeel de steken voor de halslijn

Eerstvolgende naald: 52 (54, 57) r., keer het werk en brei de linkerkant verder.
Minder aan halszijde elke tweede nld. 1 st. totdat er nog 42 (42, 47) st. over zijn. Minder dan elke 4e nld. nog een steek, totdat er nog 34 (35, 38) st. over zijn. Brei nog 1 nld.

Vorm de schouder

Kant 4 keer in elke 2de naald 7 (7, 8) st. af aan het begin van deze naald Brei 1 naald. Kant de overgebleven 6 (7, 6) st. af.

Ga dan naar de 52 (54, 57) st. voor de rechterkant. Vorm hals- en schouderlijn volgens het spiegelbeeld van de linkerzijde, maar brei 2 naalden in plaats van 1 voordat u de schouder vormt.

Mouwen

Beide mouwen zijn gelijk.
Zet 50 (50, 52) st. op met 3,25 mm-breinaalden.
Naald 1: 2 r., * 1 av., 1 r. *, herh. van * tot * tot er nog 1 st. over is, 1 r.
Naald 2: 1 r., * 1 av., 1 r. *, herh. van * tot * tot het eind van de nld.
Herhaal deze 2 naalden nog 5 keer. U heeft dan 12 naalden in boordsteek.
Ga dan verder met 4 mm-breinaalden in tricotsteek. Meerder na elke 4 naalden aan weerszijden van de mouw 1 steek, totdat er 60 (68, 68) steken op de breinaald staan. Meerder dan na elke 6 naalden aan weerszijden een steek, totdat er 90 (90, 94) steken op de breinaald staan.
Brei dan verder zonder meerderen, totdat het werk ongeveer 37 cm hoog is, gemeten vanaf het begin van de tricotsteek. Eindig met een averechte naald.

Vorm de mouwkop

Kant aan het begin van de volgende 8 naalden telkens 9 st. af. Kant dan de resterende 18 (18, 22) steken af.

Halsboord

Zet met een maasnaald en een stuk breigaren de schoudernaden aan elkaar.
Neem met 3,5 mm-breinaalden zonder knop 55 (55,57) st. op, gelijkmatig verdeeld over de linkerzijde van de halslijn. Neem 1 st. op in de punt van de V en neem 55 (55, 57) st. op aan de rechterzijde van de halslijn. Brei dan de 36 (38, 38) st. van de stekenhouder in het rugpand: 147 (149, 153) st.
Naald 1: * 1 r., 1 av. *, herh. van * tot * tot het eind van de ronde.
Naald 2: Herhaal naald 1 tot 1 st. voor het midden van de V (54, 54, 56 st.). Breng de werkdraad naar achteren, 1 afh., 2 r. samenbr., afgeh. st. overh. Brei in boordsteek verder tot het eind van de ronde.
Naald 3: Brei in boordsteek tot 1 st. voor het midden van de V, werkdraad naar achteren, 1 afh., 2 av. samenbr., afgeh. st. overh. Brei in boordsteek verder tot het eind van de ronde. Herhaal naald 2 en 3 nog vier keer. Kant losjes af in boordpatroon.

In elkaar zetten

Leg de trui plat neer, met de goede kant naar boven. Leg een mouw tussen beide naaldmarkeerders voor de armsgaten en zet de mouw met stiksteken vast. Rek de stof desgewenst iets uit of neem hem iets in. Doe hetzelfde met de andere mouw.

Vouw rug- en voorpand met de goede kanten naar elkaar toe en sluit de zij- en mouwnaden. Hecht alle losse draadjes af. Keer de trui om.

Herentrui

Met dit patroon breit u een herentrui in tricotsteek, met middeldik garen. U kunt er alle decoratieve steken in verwerken uit hoofdstuk 7, 8, 9 en 10 van dit boek.

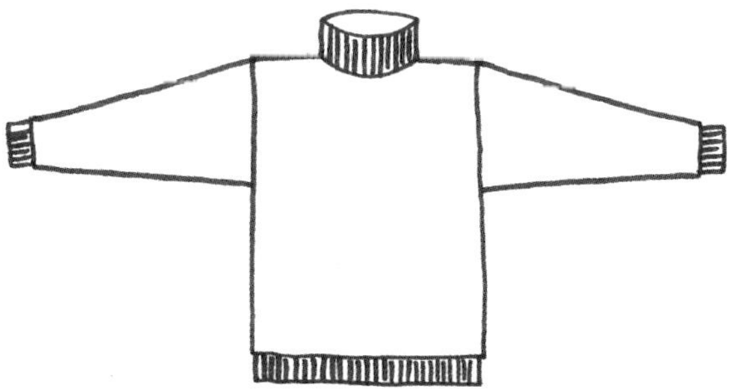

Stekenverhouding

22 steken op 10 cm, met 4 mm-breinaalden en tricotsteek.

Maat

(Meet over de borst, onder de armen.)

Borstomvang, glad gemeten	97-102	107-112	117-122 cm
Gebreide borst-omvang	108	119	129 cm
Lengte	68	69	70 cm
Mouwlengte	48	48	48 cm

Materiaal

- ✱ 16 (17,18) bollen van 50 g middeldik garen. De hoeveelheden zijn schattingen, omdat ze per breier verschillen.
- ✱ 4 mm- en 3,25 mm-breinaalden, of de breinaalden die nodig zijn voor de juiste stekenverhouding
- ✱ 3,25 mm-breinaalden zonder knop
- ✱ naaldmarkeerders
- ✱ maasnaald en schaar
- ✱ twee stekenhouders

Rugpand

Zet met 3,25 mm-naalden 121 (133, 143) steken op.

Naald 1: 2 r. * 1 av., 1 r. *, herh. van * tot * tot er nog 1 st. over is, 1 r.

Naald 2: 1 r., * 1 av., 1 r. *, herh. van * tot * tot het eind van de nld.

Herhaal deze 2 naalden totdat de boord 7 cm hoog is.

Ga nu verder met de 4 mm-breinaalden in tricotsteek, totdat het werk vanaf het begin van de tricotsteek 35 cm hoog is. Eindig met een averechte naald.

Haal naaldmarkeerders (stukjes gekleurd garen) door de steken aan beide uiteinden van de naalden: hier beginnen de armsgaten. Er wordt niet geminderd voor de armsgaten.

Brei verder in tricotsteek tot het werk 60 (61, 62) cm lang is, gemeten vanaf de tricotsteek juist boven de boord. Eindig met een averechte naald.

De schouderlijn vormen

Kant 6 keer 11 (13, 14) st. af aan het begin van elke volgende naald, en dan twee keer 12 (11, 12) st. Zet de resterende 31 (33, 35) st. op een stekenhouder.

Voorpand

Brei het voorpand net als het achterpand. Plaats de naaldmarkeerders ter hoogte van de armsgaten. Brei verder in tricotsteek totdat u 22 (22, 24) naalden minder heeft gebreid dan het begin van de schouderlijn op het rugpand – ongeveer 50,5 (51,5, 51) cm vanaf het begin van de tricotsteek.

Vorm de halslijn

Eerstvolgende naald: 52 (58, 63) r., keer het werk en brei met deze steken de linkerschouder. Minder aan halszijde telkens in elke twee nld. 1 st. , totdat er nog 45 (50, 54) st. over zijn. Brei dan nog 5 naalden.

Vorm de schouder

Kant 3 keer 11 (13, 14) st. af aan het begin van elke tweede naald. Brei 1 naald. Kant de overgebleven 12 (11, 12) st. af.

Zet de eerstvolgende 17 st. op een stekenhouder.

Brei verder met de resterende 52 (58, 63) st. voor de rechterschouder. Vorm hals- en schouderlijn volgens het spiegelbeeld van de linkerzijde.

Mouwen

Beide mouwen zijn gelijk.

Zet 77 st. op met 3,25 mm-breinaalden.

Naald 1: 2 r., * 1 av., 1 r. *, herh. van * tot * tot er nog 1 st. over is, 1 r.

Naald 2: 1 r., * 1 av., 1 r. *, herh. van * tot * tot het eind van de nld.

Herhaal deze 2 naalden totdat de boord 7 cm hoog is.

Ga dan verder met 4 mm-breinaalden in tricotsteek. Meerder 7 naalden aan weerszijden van de mouw 1 st., en meerder vervolgens aan weerszijden van elke 6e (4e, 4e) nld. 1 st. totdat er 113 (91, 97) st. op de breinaald staan. (Meerder daarna voor de beide grootste maten nog eens in elke 6de nld. aan weerszijden 1 st., totdat er 117 en 119 op de nld. staan.)

Brei dan verder zonder meerderen, totdat het werk ongeveer 48 cm hoog is, gemeten vanaf het begin van de tricotsteek. Eindig met een averechte naald.

Vorm de mouwkop

Kant aan het begin van de volgende 8 naalden telkens 11 (11, 12) st. af. Kant dan de resterende 25 (29, 23) st. af.

Kraag

Zet met een maasnaald en een stuk breigaren de schoudernaden aan elkaar. Neem met 3,5 mm-breinaalden zonder knop vanaf de linkerschoudernaad 25 (25, 26) st. op, gelijkmatig verdeeld over de linkerzijde van de halslijn, dan de 17 st. van de stekenhouder en dan nog eens 25 (25, 26) st. van de rechterzijde van de halslijn. Vervolgens nog de 31 (33, 35) st. van de stekenhouder in het rugpand: 98 (100, 104) st.

Naald 1: * 1 r., 1 av. *, herh. van * tot * tot het eind van de toer.

Voor een col: Herhaal naald 1 totdat de boord 15 cm lang is (of de gewenste lengte). Gebruik een 4 mm-breinaald om losjes mee af te kanten in boordpatroon.

Voor een kort boordje: Herhaal naald 1 totdat de boord 6 cm lang is. Kant losjes af in boordpatroon.

In elkaar zetten

Leg de trui plat neer, met de goede kant naar boven. Leg een mouw tussen beide naaldmarkeerders voor de armsgaten en zet de mouw met stiksteken vast. Rek de stof desgewenst iets uit of neem die iets in. Doe hetzelfde met de andere mouw.

Alleen voor een trui met col: Sla de boord om naar de verkeerde kant en zet de afkantrand met een overhandse steek losjes vast aan de opzetrand voor de boord.

Vouw rug- en voorpand met de goede kanten naar elkaar toe en sluit de zij- en mouwnaden. Hecht alle losse draadjes af. Keer de trui om.

PATRONEN AANPASSEN

Als u kleine aanpassingen wilt maken aan een patroon (u wilt bijvoorbeeld een ronde halslijn vervangen door een V-hals) dan kunt u dat het best uittekenen op een stuk ruitjespapier. Teken de trui uit op dit papier, waarbij een ruitje staat voor één steek (of, als het papier dan te klein blijkt, dan staat elk ruitje voor twee steken en twee naalden). Op die manier ziet u bij het aanpassen van het patroon meteen waar uw breiwerk afwijkt van de beschrijving.

Woordenlijst

1 afh., 1 r., afgeh. st. overh. in patronen gebruikte afkorting voor 1 afhalen, 1 recht breien, afgehaalde steek overhalen

1 av. in patronen gebruikte afkorting voor 1 averecht gebreide steek

1 av., dan r. br. in patronen gebruikte afkorting voor het eerst averecht en dan recht breien van dezelfde steek in dezelfde naald

1 r. in patronen gebruikte afkorting voor 1 recht gebreide steek

1 st. afh. in patronen gebruikte afkorting voor 1 steek afhalen

1 st. meerderen afkorting voor 1 steek meerderen

2 afgeh. st. overh. in patronen gebruikte afkorting voor het overhalen van 2 afgehaalde steken

2 afgeh. st. r. samenbr. in patronen gebruikte afkorting voor 2 afgehaalde steken recht samenbreien

2 afgeh. st. av. samenbr. in patronen gebruikte afkorting voor 2 afgehaalde steken averecht samenbreien

2 av. samenbr. in patronen gebruikte afkorting voor 2 steken averecht samenbreien

2 r. samenbr. in patronen gebruikte afkorting voor 2 steken recht samenbreien

achter inst. in patronen gebruikte afkorting voor achter insteken

afgeh. st. overh. in patronen gebruikte afkorting voor het overhalen van een afgehaalde steek.

afh. in patronen gebruikte afkorting voor afhalen

afkanten een stuk stof door de gebreide steken zodanig van de naald te halen dat ze niet gaan ladderen (zie blz. 94)

av. in patronen gebruikte afkorting voor ribbel verkeerde kant van tricotsteek

beanie een gebreide muts die precies over het hoofd past, ook wel 'toque' genoemd

beg in patronen gebruikte afkorting voor begin

bol een bol garen is een hoeveelheid garen die handig is voor handmatig breien en wordt meestal op gewicht en lengte gemeten

boord een strook afwijkend, vaak elastisch breiwerk, meestal langs de onderrand, mouw of hals van een kledingstuk

breinaald zonder knop breinaald met aan weerszijden een punt

col hoge, vaak nauw aansluitende boord rond de halslijn die wordt dubbelgevouwen en bij het dragen het grootste deel van de hals bedekt

draad afknippen knip het garen af, maar laat een stukje van 10 tot 15 cm over om later netjes te kunnen afhechten

dub. br. in patronen gebruikte afkorting voor dubbel breisel

Fair Isle traditionele manier van breien in gekleurde patronen, afkomstig van Fair Isle, Groot-Brittannië

garen algemene term voor gesponnen vezels die worden gebruikt om mee te breien; kan echter ook slaan op niet-gesponnen vezels zoals plastic en papier (zie hoofdstuk 3)

garen achter (zie **werkdraad achter het werk)**

garen naar voren (zie **werkdraad voor het werk**)

gebonden stoffen stoffen zoals vilt, waarbij de vezels bijeen worden gehouden door middel van een fysieke of chemische binding en niet door breien of weven

gk. goede kant van de stof

herh. in patronen gebruikte afkorting voor herhalen

intarsia breien techniek voor meerkleurig breien

inzetstuk een stuk stof, meestal driehoekig, dat tussen andere stukken stof wordt gezet om er vorm aan te geven

jacquard breien techniek voor meerkleurig breien

kabelnld. in patronen gebruikte afkorting voor kabelnaald

ketting rij steken in de hoogte van een breiwerk

knot zie bol

kraal plaatsen aanwijzing voor het inbreien van kralen

maasnaald zie wolnaald

min. in patronen gebruikte afkorting voor minderen

motief herhalen het beschreven motief herhalen

naaldenbed het mechanisme van een breimachine waar rijen naalden met haken liggen

nld. in patronen gebruikte afkorting voor 1 naald (of horizontale rij) steken

nr. in patronen gebruikte afkorting voor nummer

nuno vilten vilttechniek waarbij wolvezels op een geweven onderlaag worden gelegd waarna ze worden vervilt

omsl. in patronen gebruikte afkorting voor een omslag maken

omslag garen om de breinaald slaan zonder door te halen

opzetten steken maken en die op de linker breinaald zetten om te breien (zie blz. 67)

overgebleven aantal steken dat nog op de naald staat

oversl. in patronen gebruikte afkorting voor overslaan

patroon in patronen gebruikte afkorting voor patroon

pompon bolletje van bijeengebonden draadjes

r. in patronen gebruikte afkorting voor recht breien

r. in patronen gebruikte afkorting voor recht

reliëf stof met een reliëfpatroon. Zie blz. 128 voor voorbeelden

ribbels een patroon dat ontstaat door alle steken heen en weer gaand recht te breien

rondbreinaald twee korte breinaalden die aan elkaar zijn bevestigd door een stuk metaaldraad; u kunt ermee heen en weer breien maar ook mee rondbreien (zie blz. 90)

samen steken tegelijkertijd breien

slee bewegend deel van een breimachine dat het garen achter het naaldbed legt

st. in patronen gebruikte afkorting voor steek, steken

stekenverhouding geeft aan wat het globaal aantal te gebruiken steken is voor een bepaalde afmeting, meestal aangegeven in aantal steken en aantal naalden per 10 cm. Meer steken dan aangegeven betekent dat u strakker breit, minder betekent dat u losser breit.

stof het materiaal dat ontstaat door het breien is een soort stof.

streng gebundeld garen dat niet op een bol of kluwen zit.

tricotst. tricotsteek

tricotsteek 'glad' breiwerk, waarbij u (bij het heen en weer breien) telkens een naald recht en vervolgens een naald averecht breit

uiteinden losse eindjes garen van het begin (of eind) van een (nieuwe) bol of kleur

V-hals een v-vormige halslijn

verder breien verder breien zoals aangegeven

verfbad een enkele partij geverfd garen of geverfde stof. Zelfs al zijn de vezel, het verfrecept en het proces hetzelfde, dan kan garen uit verschillende verfbaden in kleur verschillen.

vk. in patronen gebruikte afkorting voor verkeerde kant van het breiwerk

vervolgen, doorgaan, verder

volg. in patronen gebruikte afkorting voor 'volgende'

werkdraad de draad waarmee u breit

werkdraad achter het werk breng de werkdraad van voor het breiwerk naar achteren

werkdraad voor het werk breng de werkdraad van achter het breiwerk naar voren

wolnaald een grote naald met een stompe punt, gebruikt voor het afhechten van losse eindjes en om werkstukken in elkaar te zetten

zelfk. in patronen gebruikte afkorting voor zelfkant

Register

C

D

E

F

N

O

Dankbetuiging

Ik ben veel dank verschuldigd aan mijn beide grootmoeders, mijn moeder en tantes voor het geduld waarmee zij me hebben leren breien.

Graag bedank ik ook Silvana Holler die me de Duitse (continentale) manier van breien heeft geleerd.

Dit boek zou nooit tot stand zijn gekomen zonder de enthousiaste hulp van Anne Lewis, voor haar adviezen en het opsporen van foutjes.

Ook wil ik graag Macknit Inc (de NSW Machine Knitters Association) bedanken en dan in het bijzonder Fay Butcher en June Fortunat. Zij lieten mij hun machinaal gebreide kleding fotograferen die u in hoofdstuk 14 ziet. http://mkansw.org.au

Citaten die in dit boek zijn gebruikt:

Blz. 6: Jacob en Wilhelm Grimm, *Sneeuwwitje*, uit *Volledige uitgave van de 200 sprookjes verzameld door de gebroeders Grimm*, Lemniscaat, 2011 (vert. Ria van Hengel)
Blz. 10: Willa Cather, *One of ours*, D. Appleton, 1920, heruitg. Bartleby.com, 2011 (boek niet vertaald in het Nederlands)
Blz. 17 en 66: Jane Austen, *Trots en vooroordeel*, dwarsligger, 2012 (vert. Annelies Roeleveld en Margret Stevens)
Blz. 20: Theodor Fontane, *Dolingen dwalingen*, Aspekt, 1999 (vert. Theodor Duquesnoy)
Blz. 38: William Shakespeare, *Eind goed, al goed*, 4.3.84; Het Spectrum, 1983 (vert. L.A.J. Burgersdijk)
Blz. 54: Theodor Storm, *De Schimmelruiter*, Veen, 2009 (vert. Kees de Both)
Blz. 94: William Makepeace Thackeray, Kermis der IJdelheid, Just Publishers, 2006 (vert. M.A. Knape, Hilversum)
Blz. 212: J.W. von Goethe, *Faust, een tragedie, Deel I*, Athaeneum-Polak & Van Gennep, 2001 (vert. Ard Posthuma)
Blz. 232: Jacob en Wilhelm Grimm, *Duimedik*, uit *Volledige uitgave van de 200 sprookjes verzameld door de gebroeders Grimm*, Lemniscaat, 2011 (vert. Ria van Hengel)

Oorspronkelijke titel: Knitting Basics

Oorspronkelijk uitgegeven in Australië in 2012 door Murdoch Books Pty Limited

Oorspronkelijke uitgever: Tracy Lines
Ontwerp: Debra Billson
Lay-out: Katy Wall
Fotografie: Natasha Milne
Productie: Joan Beal

Nederlandstalige uitgave:

Vertaling: Janke Greving/Vitataal
Redactie en productie: Vitataal, Feerwerd
Opmaak: De ZrIJ, Utrecht
Omslagontwerp: Fenatic, Oostwold

ISBN 978 90 483 0817 0

Voor meer informatie: www.veltman-uitgevers.nl